Lutz Hübner

Frau Müller muss weg und andere Stücke

Lutz Hübner
Frau Müller muss weg und andere Stücke

Theater der Zeit

Impressum

Lutz Hübner
Frau Müller muss weg und andere Stücke

Alle Aufführungs- und Abdruckrechte bei
Hartmann & Stauffacher GmbH,
Verlag für Bühne, Film, Funk und Fernsehen
Bismarckstr. 36, 50672 Köln
www.hsverlag.com

Verlag Theater der Zeit
Verlagsleitung Harald Müller
Im Podewil | Klosterstraße 68 | 10179 Berlin | Germany
www.theaterderzeit.de

Lektorat: Nicole Gronemeyer
Gestaltung: Sibyll Wahrig

ISBN 978-3-942449-23-6

Inhalt

Ehrensache

PERSONEN

CEM 19 Jahre, Lehrling
SINAN 17 Jahre, Schüler
ELLENA 16 Jahre, Schülerin
ULLI 15 Jahre, Schülerin
KOBERT 30 Jahre, Polizeipsychologe

BÜHNE

Die Bühne ist in drei Ebenen unterteilt.

1 Die Gespräche zwischen Cem bzw. Sinan mit Kobert
2 Die Erzählebene von Ulli
3 Die Rückblenden

Die Elemente müssen so unterteilt sein, dass in der Schlusssequenz die Ebenen ineinander übergehen können. Die Bühne so spartanisch wie möglich, nur wenige Requisiten, um die verschiedenen Spielorte der Rückblenden anzudeuten.

ZEIT

Verhandlung vor Beginn des Prozesses und Rückblenden zum Ablauf des Tages der Tat.

1. SZENE

Kobert, Cem

KOBERT Ich heiße Kobert.

Cem nickt.

Ich möchte mich mit dir unterhalten. Willst du, dass ich dich sieze?

Cem schüttelt den Kopf.

CEM Unterhalten.

KOBERT Ich werde dir ein paar Fragen stellen. Du musst nicht antworten. Das ist dir überlassen. Du kannst auch von dir aus erzählen.

CEM Und was soll das?

KOBERT Ich werde ein Gutachten über dich schreiben. Für das Gericht.

CEM Ein Zeugnis oder was?

KOBERT Nein, ein Gutachten.

CEM Damit ich verurteilt werden kann?

KOBERT Es soll dem Gericht helfen, eine Entscheidung zu fällen.

Cem nickt.

CEM Also wenn du sagst, ich bin verrückt, dann komme ich zu den Bekloppten, oder was?

KOBERT So ein Gutachten soll helfen zu verstehen, was passiert ist.

CEM Ja, ist schon klar, das habe ich kapiert.

KOBERT Schön, also fangen wir an.

CEM Was ist denn, wenn du denen sagst, ich ticke nicht richtig? Was ist denn dann?

KOBERT Das ist keine Kategorie.

CEM Was?

KOBERT Ich schreibe nicht, dass jemand verrückt ist, ich versuche zu beschreiben, wie ich jemand erlebe und wie ich ihn einschätze.

CEM Und jetzt?

KOBERT Was jetzt?

CEM Denkst du jetzt, der ist irgendwie aggressiv? Der hat Wut oder was, klar, dass der das Mädchen umgebracht hat, so wie der sich aufführt, merkt man doch. Der ist nicht freundlich, der ist so ein Scheißkerl, das merkt man sofort.

KOBERT Ich denke noch gar nichts, und ich bin nicht gegen dich, ich werte nicht, ich weiß nichts, oder? Dafür müssen wir uns kennen lernen.

Cem nickt.

CEM Jetzt kommen Fragen nach meiner Kindheit, oder?

KOBERT Ach ja?

CEM Das ist immer so, in den Filmen. Die erzählen dann, wie sie so kleine Hosenscheißer waren. Die liegen auf einem Sofa und irgendwann flennen sie los.

KOBERT Würdest du dich gerne hinlegen?

CEM Ich sage ja nur, dass das in den Filmen so ist. Ich weiß doch nicht, ob man das wirklich so macht. Ich war noch nie bei einem ... was bist du?

KOBERT Gutachter.

CEM Das ist ein Beruf? Gutachter? Du bist doch Polizist, oder?

KOBERT Ich bin Psychologe.

Cem nickt.

Willst du denn über deine Kindheit sprechen? Oder über deine Familie?

CEM Ich habe gesagt, dass das in den Filmen so ist. Hörst du mir nicht zu? Das ist kein Film, oder?

KOBERT Nein.

CEM Und meine Familie ist korrekt. Okay? Alle. Die haben da nichts mit zu tun. Gar nichts.

KOBERT Du hast drei Brüder?

CEM Ja, habe ich. Und?

KOBERT Nichts, ich frage ja nur.

CEM Und meine Kindheit war schön. Darum geht es nicht.

KOBERT Okay.

CEM Guck mal, meine Haare.

KOBERT Was ist mit deinen Haaren?

CEM Die fallen mir aus. Wenn ich mich kämme, habe ich immer so ein Büschel in der Bürste. Ich gehe einmal mit der Hand durch. So. Siehst du? Wieder.

KOBERT Ja, ich sehe es.

CEM Was ist das denn? Du bist doch Arzt. Wieso fallen mir die Haare aus?

KOBERT Das kann vorkommen. Die Belastung, das hört auch wieder auf. Das ist ein psychosomatisches Belastungssymptom.

Cem nickt.

CEM So heißt das.

KOBERT Ja. Hast du sonst noch Beschwerden?

CEM Beschwerden. Du weißt, dass ich drei Brüder habe, also weißt du auch, warum ich hier bin, oder?

KOBERT Ja.

CEM Und warum?

KOBERT Du wirst verdächtigt, ein Mädchen getötet zu haben. Und ein zweites Mädchen hat nur schwer verletzt überlebt.

Cem fährt sich durch die Haare.

CEM Siehst du? Schon wieder. Das macht mich verrückt, total verrückt.

Stille.

Und? Was hast du jetzt rausgekriegt? Dass ich Haarausfall habe. Mehr nicht.

KOBERT Ein bisschen mehr schon.

CEM Waren da jetzt irgendwelche Tricks dabei?

KOBERT Nein, ich rede mit dir, habe ich dir doch gesagt.

Cem nickt.

Genug für heute.

CEM Jetzt warte doch mal.

KOBERT Was ist?

CEM Das war's jetzt oder was?

KOBERT Ich komme morgen wieder.

CEM Das war doch jetzt nicht Reden, oder?

KOBERT Willst du noch irgendwas sagen?

Cem winkt ab.

Bis dann.

2. SZENE

Ulli

ULLI Ich dachte, das sind Elektroschocks. So wie diese Dinger, diese Schocker, die man so in der Hand ... diese Scherzartikel. Solche Schläge waren das. Ich habe ja nichts gesehen, ich lag auf dem Bauch, und im Rücken waren diese Schläge. Ich habe nicht gewusst, dass das Stiche sind. Messerstiche. Immer nur Schock, Schock, Schock. Das tut auch weh, aber ... wie Elektroschocks. In den Rücken. Ellena hatte die Stiche vorne, die hat gewusst, das sind Messerstiche. Aber vielleicht spürt man das ja auch nur wie Elektroschocks, nicht wie Stiche. Wie ich denke, dass sich Stiche anfühlen. Dachte. Jetzt weiß ich es ja. Wenn sie von hinten kommen. Aber wenn es von vorne auch so ist, dann war es ja vielleicht nicht so schlimm für sie. Die Schmerzen, meine ich. Dass sie das Messer gesehen hat, die Stiche, aber nur Elektroschocks gespürt hat. Dass es nicht so wehgetan hat, zu sterben. Sie war ja schnell tot. Ich weiß nicht. Ich weiß so vieles nicht mehr. Ich spüre die Stiche noch, aber ich weiß so vieles nicht. Jetzt sind es Stiche. Die Wunden sind Messerwunden, ich spüre sie, wenn ich mich bewege, und wenn ich mich bewege, denke ich daran. Denke an etwas, was ich nicht genau weiß. Denke an Ellena. Das habe ich ihr geschrieben. Ich denke jede Minute an dich. Wenn ich eine Bewegung mache, ist Ellena da. Wenn ich mich bewege, um ihr einen Brief zu schreiben, ist sie da. Sie ist immer da. Und ich denke an sie, an diesen Tag, und kriege das alles nicht zusammen. Das ist auch wie Elektroschocks, im Kopf.

3. SZENE

Sinan, Kobert

SINAN Man kennt sich vom Sehen, man weiß ja, wer wer ist, auch wenn man noch nicht miteinander geredet hat, eben so: Kennst du den? Das ist doch der und der, alles klar, und so eben, das ist Cem, alles klar, der arbeitet jetzt bei Lubecca und so, was man so weiß, und dass er drei Brüder hat. Der eine ist noch klein, gerade mal zehn oder so, aber die Großen, die kannte man, und Cem war eben mit, die großen Brüder waren eben Männer und Cem war so ein Ruhiger, der kleine Bruder. Der Kleine, der gilt nicht so, wegen der Großen, auch wenn der zwei Jahre älter ist als ich. Wenn du zwei große Brüder hast, bist du der Kleine, auch wenn der Dritte noch kleiner ist, aber der zählt ja nicht, also Cem war mit, wenn man so unterwegs war, und wenn er alleine da war, kam gleich die Frage, wo sind Hassan und Gülem? Das waren die drei, verstehst du? Aber das war vor Lubecca, da hat er ja gearbeitet, bei Lubecca, der Firma. Da hatte er dann Geld, und hat sich auch gleich den BMW gekauft und war dann alleine auf Piste. Hassan und Gülem sind dann auch nicht mehr unterwegs gewesen, weil die dann ihr Ding gemacht haben, und in der ersten Zeit war Cem immer auf Tour, unterwegs mit dem Wagen und so, die Karre ausfahren, hat die Leute nach Hause gefahren. Mich auch, ich wohne ja in Brökel draußen, da geht der letzte Bus um zehn, da hat er mich gebracht, wenn es spät war. Um zehn kann man ja noch nicht nach Hause, und dann konnte ich noch mit, ins Traxx und so, oder nur rumfahren, was läuft, was geht ab und man trifft sich dann immer wieder und dann wird man ein Team, dann geht das so los.

KOBERT Was?

SINAN Dass man Freunde wird, verstehst du?

KOBERT Weil er ein Auto hat?

SINAN Nein, weil es okay war. Ich kannte die Leute, wo man so hingeht, und dann zieht man los, hey und morgen, alles klar, da und da, das kommt dann so, wie das halt so läuft.

KOBERT Eine Freundschaft.

SINAN Ja, so, ja.

KOBERT Was ist Freundschaft für dich?

SINAN Habe ich doch gerade gesagt.

KOBERT Ist Cem dein bester Freund?

SINAN Weißt du, ich habe jetzt gesagt, wie ich den kennen gelernt habe und was wir so gemacht haben.

KOBERT Aber welche Bedeutung hat das für dich?

SINAN Ich find das gut.

KOBERT Ja, das verstehe ich. Aber warum ist Cem dein Freund geworden?

SINAN Weißt du, auf der Schule, das sind welche, mit denen kannst du nicht reden, die sind assi, die kapieren nichts, gar nichts, also bis auf einen oder zwei vielleicht. Die sind echt hohl im Kopf. Oder so Proleten, so ganz Dumme, weißt du, Hauptschule eben, die können keinen Satz sagen, kriegen die nicht hin, und ich glaube, die Türken da, die können noch nicht mal Türkisch, okay? Die gehen nach Hause, Computer an und spielen, bis das Hirn weich ist, die gehen nicht raus, die machen nichts, die können auch über nichts anderes reden, nur so: hey Alter, kennst du das Spiel, oder zweitausendachthundert Punkte, Level Vier ... die sind kaputt, verstehst du? Ich geh lieber raus, Leute treffen, auf Piste sein, ich will was machen, verstehst du?

KOBERT Ja.

SINAN Und Cem auch, der achtet auf sich, der will was machen, der ist nicht blöd, der denkt nach, der weiß was läuft, die Brüder auch, zu Hause bei denen, das ist echt super, die Mutter total nett, der Vater auch, streng, aber total nett, das ist nicht so mit vor der Glotze hängen auf dem Sofa und so, da ist kein Gegröle und Sprüche und so, nichts. Alles total korrekt. Mit so Leuten will ich was zu tun haben, ich achte auf mich, und wenn du mit Leuten zu tun hast, die nichts drauf haben, kriegst du selber nichts hin, dann wirst du so, da kenne ich viele, und in der Schule, ich hab's dir gesagt, da sag ich nein, läuft nichts, mit denen habe ich nichts zu tun, das ist Dreck, ich bin nicht arrogant oder so, aber die sind ... verstehst du?

KOBERT Ja, verstehe ich. Aber mit Cem kann man was machen?

SINAN Die können so sein, habe ich nichts gegen.

KOBERT Ist klar.

SINAN Nicht dass du jetzt denkst, ich will was Besseres sein, echt nicht.

KOBERT Es ist okay, Sinan.

SINAN Willst du so was überhaupt hören?

KOBERT Ja, natürlich.

Stille.

SINAN Also, der war mein Freund.

KOBERT War?

SINAN Ist. Aber ich war nicht immer mit. An dem Abend, wo er Ellena angequatscht hat, war ich nicht mit. Da musste ich zu Hause sein, weil klar war, dass wir am nächsten Tag auf Piste sind. Da war ich nicht dabei. Im Traxx. Das hat er klargemacht.

KOBERT Als er Ellena das erste Mal getroffen hat?

SINAN War ich zu Hause.

KOBERT Kanntest du Ellena vorher?

SINAN Von der Schule, klar, da kannte die jeder.

KOBERT Warum?

SINAN Naja, die war ... oh Mann.

Lichtwechsel, laute Musik setzt ein.

4. SZENE

Ellena, Cem

Discobeleuchtung, Ellena tanzt, Cem steht an der Tanzfläche und beobachtet sie. Ellena hört auf zu tanzen und geht ein Stück zur Seite. Cem kommt mit zwei Flaschen Cola.

CEM Willst du was trinken?

ELLENA Warum?

CEM Du hast lange getanzt, du musst Durst haben.

ELLENA Und jetzt rennst du rum und bringst allen Mädchen, die schwitzen, was zu trinken?

CEM Ich bringe dir was zu trinken.

ELLENA Dann heule ich jetzt mal vor Glück.

CEM Solltest du tun.

ELLENA Und wie soll ich wissen, dass du da nicht irgendwas rein getan hast?

Cem trinkt.

Du glaubst doch nicht, dass ich deine angelullte Cola nehme.

CEM Dann nimm meine, habe ich noch nicht angerührt.

Ellena nimmt die Cola, trinkt, sieht Cem an, Cem trinkt ebenfalls.

ELLENA Und jetzt?

CEM Was jetzt?

ELLENA Was kommt jetzt? Willst du meinen Namen wissen und dann sagen, dass das ein schöner Name ist?

CEM Ellena ist ein schöner Name.

ELLENA Und woher weißt du den?

CEM Von Sinan, der ist bei dir auf der Schule.

ELLENA Kenn ich nicht.

CEM Der kennt aber dich.

ELLENA Das macht mich richtig stolz. Also Sinan kennt mich. Und Sinan hat gesagt, kauf der mal 'ne Cola.

CEM Sinan ist nicht da. Ich bin alleine da.

ELLENA Jetzt kennst du ja mich.

CEM Eben, das wollte ich.

ELLENA Hast du auch einen Namen? Weißt du den schon auswendig?

CEM Cem.

ELLENA Türken, wo man hintritt.

CEM Dein Vater ist doch auch Türke.

ELLENA Aber meine Mutter nicht.

Stille.

Dann hätten wir das ja, oder? Alles klar, Cem.

CEM Ich mache morgen eine Tour nach Köln.

ELLENA Super für dich.

CEM Sinan kommt mit, also habe ich noch zwei Plätze frei in meinem BMW. Morgens hin, abends zurück.

ELLENA Ja und?

CEM Ist 'ne schöne Stadt. Läden, Cafés, Kirmes und so.

ELLENA Ich kenne Köln.

CEM Willst du mit?

ELLENA Was soll ich denn da mit euch?

CEM Einen schönen Tag machen.

ELLENA Ich fahre doch nicht mit zwei wildfremden Typen nach Köln.

CEM Kannst ja jemanden mitbringen.

ELLENA Dann bring ich meinen Freund mit.

CEM Hast du nicht.

ELLENA Hat dein Sinan auch rausgekriegt, welche Farbe mein Slip hat?

CEM Nimm deine Freundin mit. Wir können zusammen was machen, oder ihr macht euer Ding und wir treffen uns zur Rückfahrt wieder. Ich fahr sowieso hin, ich hab da was zu erledigen. Was ist?

ELLENA Ich denk drüber nach.

CEM Mal einen Tag einen draufmachen, raus aus dem Scheiß hier.

ELLENA Ich denke drüber nach.

CEM Sag mir in einer halben Stunde Bescheid, okay?

ELLENA Hetz mich nicht.

CEM Ich ruf dich morgen an, gib mir deine Nummer.

ELLENA Du sagst mir, wann ihr losfahrt, und ich bin da oder nicht.

CEM Oder du rufst mich an.

ELLENA Hallo? Hörst du schwer?

CEM Also um elf Essotankstelle an der B 12.

ELLENA Wenn ich bis viertel nach nicht da bin, komme ich nicht mehr. Und dann will ich auch kein Gemotze hören, wenn wir uns hier mal wieder über den Weg laufen, okay?

CEM Ist nur ein Angebot.

ELLENA Danke für die Cola.

Ellena geht, Lichtwechsel.

5. SZENE

Ulli

ULLI Sie kam von draußen und lachte, weil wieder irgend so ein Typ sie angequatscht hatte, Tour nach Köln machen, Cola spendiert.

Das ist dauernd vorgekommen. Manchmal haben auch mich welche angesprochen, ich wäre doch die Freundin von Ellena und so.

Man hat die schnell erkannt, die lungerten so um einen rum und irgendwann kamen sie dann, was trinken und alles klar, und wir haben uns einladen lassen, und dann muss man sehen, wie man wegkommt. Manchmal hat Ellena einen Streit angefangen, wegen nichts, sie war plötzlich beleidigt wegen irgendwas und dann hat sie gesagt: Los, wir gehen, blöde Wichser. Danach haben wir uns totgelacht über die. War das falsch?

Ich frage mich, ob das falsch war. Sie hat keine Typen angemacht, auch wenn das alle jetzt erzählen. Sie war nicht so.

Nicht so, wie die alle gedacht haben. Die alle, die dachten, Ellena, mit der, klar, die ganzen Geschichten, wie sie ist, was sie macht. Was haben die sich denn gedacht? Ich sage nicht, dass sie ein Engel war. Es war ihr nur egal, und wenn es ihr egal war, war es mir auch egal. Ich weiß, dass sie ausrasten konnte, ziemlich heftig. Ich habe das erlebt. Wegen Kleinigkeiten.

Sie war nicht freundlich zu denen, die hat die nie ermutigt, die waren einfach da. Aber wenn jetzt alle so tun, als ob sie ... alle ... das stimmt einfach nicht.

Wie die Bären um den Honigtopf, habe ich mal gesagt, und sie meinte, nein, wie die Fliegen um die Scheiße. Die halten mich für die Scheiße.

6. SZENE

Kobert, Cem

KOBERT Frauen?

CEM Da willst du jetzt drüber reden?

KOBERT Willst du es?

CEM Klar, reden wir über Frauen. Was willst du wissen, Doktor?

KOBERT Wie stehst du zu Frauen?

CEM Wenn es gute Frauen sind: so.

Cem macht eine Faust und winkelt einen Arm an, lacht.

KOBERT Du bist ein Frauentyp?

CEM Du meinst, ob Frauen mich gut finden?

KOBERT Tun sie das?

CEM Ich kann das so sagen: Ich habe einen Job, also ich hab Geld, ja, ich habe ein Auto, einen Dreier BMW, ich weiß, wie man mit Frauen redet, ich pflege mich, also ich lauf nicht so rum mit Hosen, die am Arsch hängen und mit Pickeln und so, Turnschuhe und schlampig mit fettigen Haaren. Ich pass auf, dass ich gepflegt bin, wir alle, nicht so dreckskanakermäßig. Das kann keiner sagen, dass ich ein Prolet bin und so. Ich habe eine gute Familie und ich bin wer. Und das man reden kann, nicht so nur rumprollen.

KOBERT Wie redet man denn mit Frauen?

CEM Man muss freundlich sein, höflich, Frauen muss man ehren, das kapieren viele nicht, die machen Sprüche und belästigen die Frauen, haben eine große Fresse. Frauen muss man ehren. Korrekt?

KOBERT Ja, völlig richtig.

CEM Das habe ich so gelernt, das muss so sein.

KOBERT Und hast du öfters mal Frauen angesprochen?

CEM Ich bin ein Mann, oder?

KOBERT Schon mal richtig verliebt gewesen?

CEM Die Frau, die ich mal heirate, werde ich lieben.

KOBERT Ist es egal, ob deine Frauen deutsch oder türkisch sind?

CEM Ich will schöne Frauen, verstehst du? Oder stehst du auf hässliche Frauen?

KOBERT Und deshalb hast du Ellena angesprochen? Du hast sie gesehen und gedacht, die spreche ich an?

CEM Worüber willst du jetzt reden? Du hast mich gefragt, wie ich über Frauen denke, oder?

KOBERT Ja. Und du ehrst die Frauen.

CEM Und jetzt fragst du mich nach Ellena.

KOBERT Gibt es da einen Unterschied?

CEM Natürlich gibt es Unterschiede.

KOBERT Und welche?

CEM Die war eine Schlampe. Wenn du über Frauen reden willst, dann reden wir über Frauen, die Ehre haben, die deine Freundin sein können, Frauen, die man heiraten kann, das ist was völlig anderes. Das muss ein sauberes Mädchen sein. Wenn ich heirate, dann muss das ein Mädchen sein, das nicht mit allen im Bett war. Ich will kein benutztes Mädchen, das ist was völlig anderes. Ellena war eine Schlampe.

KOBERT Die muss man nicht ehren?

CEM Da geht es um was völlig anderes, die will ja auch was völlig anderes. Das kann man nicht vergleichen. Ich meine, warum ist die denn alleine unterwegs, oder? Und wenn die mir frech kommt, wenn ich die was frage, dann weiß ich, wo das herkommt, die sind so.

KOBERT Die?

CEM Die so sind.

KOBERT Wie sind die?

CEM Du weißt doch, was ich meine, oder? Man weiß doch, mit wem man es zu tun hat, das checkt man doch, oder? Wo was geht und wo nichts geht. Oder was die Leute sagen. Über die. Oder dann über einen selbst.

KOBERT Die Leute?

CEM Mit wem du zu Hause auftauchst, oder bei Freunden, oder? Das ist doch nicht alles eins und egal und so. Das verstehst du doch, oder?

KOBERT Wer entscheidet das?

CEM Kapierst du das nicht? Bist du schwul oder was?

KOBERT Ich will es nur erklärt haben. Du hast von Sinan gewusst, wer Ellena ist.

CEM Ja.

KOBERT Und du hast sie eingeladen, mit dir einen Ausflug zu machen.

CEM Sie für mich, und ihre Freundin, wenn sie mitkommt, für Sinan. Das ist doch eine klare Sache, oder?

KOBERT Was wäre denn, wenn sie was mit Sinan angefangen hätte?

CEM Für Sinan war die Freundin.

KOBERT Aber es hätte ja sein können.

CEM Ich habe die angequatscht. Das war alles korrekt.

KOBERT Aber das Mädchen kann doch auch entscheiden.

CEM Du kapierst das nicht, echt nicht.

KOBERT Schlampen dürfen nicht entscheiden?

CEM Ich habe die angesprochen. Ich habe die eingeladen. Die sind gekommen. Ich habe die nicht gezwungen, oder?

KOBERT Warum regst du dich auf? Ich kapiere nur den Unterschied zwischen Schlampen und Frauen nicht.

CEM Dann kennst du vielleicht nur Schlampen.

7. SZENE

Ulli

ULLI Sie wollte nicht mit, ich auch nicht. Sie hat das nur gesagt, um den loszuwerden, und weil sie Spaß daran hatte, sich vorzustellen, dass er und sein Kumpel sich morgen mit geölten Haaren an der Esso die Beine in den Bauch stehen. Das fand sie lustig.

Wir sind dann gleich gegangen, damit der nicht noch mal ankommt, und sind noch ins Alcazar. Ich bin früher los und Ellena blieb noch. Eine Stunde später klopft es an meinem Fenster, Ellena war da, sie hatte zu Hause tierischen Ärger bekommen, weil sie zu spät kam, und sie ist gleich wieder abgehauen und zu mir. Sie war stinksauer und sagte, wir fahren nach Köln, die sollen sich Sorgen machen, ich will einen Tag weg sein.

Meine Eltern sind am nächsten Tag früh los, weil sie zum Wildwesttreffen nach Dorsten wollten, und ich habe ihnen gesagt, ich mache was mit Ellena. Von den Typen habe ich nichts erzählt.

War das falsch? Ich weiß nicht, Ellena hatte das doch im Griff, die wusste doch was läuft und was nicht. Und ich kannte Sinan und dachte, das ist doch ein Clown, mit dem kann nichts passieren, das ist so ein Faxenmacher, da hat man doch auch Vertrauen, dass das alles okay läuft, wenn wir da mitfahren. Das ist doch Ehrensache, oder?

8. SZENE

Cem, Sinan

SINAN Viertel nach, die kommen nicht mehr.

CEM Jetzt mach dich mal locker.

SINAN Weißt du, was ich glaube? Soll ich es dir sagen?

CEM Findest du das gut? Das Shirt da?

SINAN Findest du das nicht gut? Ich find das voll gut. Hugo Boss Shirt.

CEM Hast du extra angezogen, oder? Damit du gut aussiehst, wenn die kommen, oder?

SINAN Das sieht gut aus, ja.

CEM Also hast du es angezogen, weil du denkst, die kommen, oder?

SINAN Ja. Wenn die kommen, klar.

CEM Also.

SINAN Weißt du, was ich glaube?

CEM Was denn?

SINAN Die hat das gesagt, um dich loszuwerden, so Motto, klar, warte du mal, Handynummer ist nicht, mach mal, viertel nach, dann ab dafür.

CEM Du stehst da mit deinem verkackten Hugo Shirt, pisst dich ein vor Aufregung und sagst mir, die kommen nicht?

SINAN Ich sage ja nur, was ich glaube, ja?

CEM Glaubst du, ich habe die blöd angemacht, so dass die denkt, lass den warten, was will ich von dem? Glaubst du, ich habe das nicht gepackt, so mit der zu reden, dass die kommt? Glaubst du, ich habe da eine Arschlochtour gefahren? Glaubst du das? Hältst du mich für so bescheuert?

SINAN Nein, nicht wegen dir.

CEM Ist hier noch einer?

SINAN Wegen ihr. Weil die so ist, weil die heftig drauf ist.

CEM Die ist, wie sie ist, okay? Weiß ich auch. Okay. Heftig. Okay. Juckt mich nicht. Ich weiß, was ich will. Ich war da, ich habe mit ihr geredet. Das läuft alles nach Plan. Wer soll denn kommen? Du? Hast du das drauf?

SINAN Nein, sage ich ja nicht.

CEM Ich habe das Auto, ich habe den Ausflug geplant, ich war nett zu ihr, ich habe gesagt, sie kann ihre Freundin mitbringen, und die ist für dich. Wir machen es denen richtig nett, wir haben Spaß, wir machen ein gutes Programm, die werden einen schönen Tag haben und wir auch, okay?

SINAN Klar.

CEM Kennst du ihre Freundin?

SINAN Ja, vom Sehen. Ist nicht so doll.

CEM Motz jetzt nicht rum. Wenn was geht, ist doch egal, oder?

SINAN Klar.

CEM Und darum geht es, oder? Geht es dir darum? Wir wollen einen schönen Tag, mit allem, was geht. Perfekt. Ein perfekter Tag.

SINAN *(singt)* Was geht, was geht,
komm sag's mir ganz konkret

Cem lacht.

CEM Klär du dein Ding und ich meins, okay? Und lass hier keine Sprüche ab, was da

Sache ist und was nicht. Klär einfach dein Ding und steh mir nicht in der Sonne. Steh mir heute einfach nicht in der Sonne, okay?

Sinan lacht. Cem gibt Sinan Geld.

Dann hol uns mal Chips, Cola und so Scheiß.

SINAN Sollen wir nicht damit warten?

CEM Komm, mach. Wenn du in fünf Minuten nicht zurück bist, fahren wir ohne dich.

SINAN Okay.

Sinan geht, Cem zündet sich eine Zigarette an, Ellena und Ulli kommen.

ELLENA Es ist fast halb, du bist ja immer noch da.

CEM Frauen sind nie pünktlich.

ELLENA Frauenkenner, was?

CEM Merkt man das nicht?

ELLENA Woran soll man das denn merken?

CEM Ich habe Sonne bestellt, und ein paar Wolken, damit es im Auto nicht so heiß wird. Denkt nicht jeder dran. Macht einen Ausflug mit schönen Frauen und es pisst in einer Tour. Ist doch Scheiße. Könnte mir nicht passieren. Muss man vorher dran denken. Sonne und ein paar Wolken. Ist nicht billig, lohnt sich aber. Oder? Soll doch schön werden.

ULLI Sonst wären wir nicht hier.

CEM Wie heißt du?

ULLI Ulli. Wo ist Sinan?

CEM Kauft ein, Fahrtverpflegung, alles, was Frauen brauchen.

ELLENA Und das weißt du?

CEM Denk schon. Oder was meinst du?

ELLENA Kann sein?

ULLI Ich habe auch was eingepackt.

CEM Brauchst du nicht. Ihr sagt, was ihr wollt, ich bringe es euch.

ELLENA Dann bring uns nach Köln, wir wollen was erleben.

CEM Sinan! Du Arschnase! Beeil dich, wir wollen los!

Die Mädchen lachen.

9. SZENE

Sinan, Robert

SINAN Das war schon arschcool, echt. Das war so ein Moment, perfekt irgendwie. Du gehst da raus aus der Tanke, da steht Cem mit den beiden Weibern neben dem

BMW, Samstagmorgen, Sonne, Ausflug machen, und Ulli sah irgendwie auch geil aus, und die war für mich. Superfrauen. Ellena sowieso, die zwei und wir, den ganzen Tag Zeit und alles war klar. Ich war stolz, verstehst du?

KOBERT Worauf?

SINAN Dass das alles nach Plan lief, dass mal alles so ist, wie es sein soll. Das ist doch krass, oder?

KOBERT Wieso, die kannten dich doch von der Schule. Warum sollten die nicht mitkommen?

SINAN Die kannten mich nicht, nur so, wie man mich halt kennt, mich kennen doch alle, aber nur so: hey, der Spinner und so.

KOBERT Du kennst viele Leute?

SINAN Ich kenne alle, ich kann mir Leute gut merken, einmal gesehen, dann sind die gespeichert.

KOBERT Und viele kennen dich.

SINAN Ich rede halt gerne, was läuft, was ist Sache, was machst du ...

KOBERT Und was glaubst du, wie du eingeschätzt wirst?

SINAN Was die Leute denken, meinst du?

KOBERT Ja.

SINAN Scheiße, der Laberkopf, rette sich, wer kann.

Sinan lacht.

Ich mache halt gerne Jokes, Party, Sachen klarmachen.

KOBERT Kennst du viele Mädchen?

SINAN Ich sag doch, ich kenne alle, aber Freundin und so, nee.

KOBERT Und warum nicht?

SINAN Das musst du die Weiber fragen. Die spinnen. Ich bin doch ein super Typ. Oder?

Sinan lacht.

Die stehen halt nicht auf rumquatschen und so. Weißt du, wenn du Kohle hast, Karre, Job und so, oder dicke Muskeln, gute Klamotten, dann ...

Aber das ist mir egal, weißt du? Ich mach meine Lehre, dann einen eigenen Laden, dann gehe ich zurück in die Türkei, mit Mercedes, Haus, alles, dann mache ich die Sache klar, dann lasse ich mir die Frauen kommen und suche mir eine aus. Oder zwei. Eine für die Familie, Kinder und das Haus und so und eine fürs Bett, so eine, die richtig für die harten, wilden Sachen ist, eine, die immer geil ist.

Zwei Frauen, machen viele, musste dich nur umhören.

KOBERT Mit der eigenen Frau geht das nicht?

SINAN Klar muss die auch gut im Bett sein, und hübsch, aber das ist ja was anderes. Da geht es ja auch um andere Sachen, das muss ja laufen.

KOBERT Was?

SINAN Das Leben und was man ist, ich bin ja dann ein angesehener Mann, dann bin ich ja Chef, da muss die mich doch achten können, oder?

Und ich schaffe das auch, ich bin ja nicht blöd im Kopf, oder? Hauptschule, okay, aber was brauche ich denn da?

KOBERT In der Türkei?

SINAN Das läuft ganz anders als hier.

KOBERT Woher weißt du das?

SINAN Kannste jeden fragen. Ich sage auch immer zu meinem Vater: Komm, wir gehen zurück, da sind wir die Kings. Aber der will das nicht, der macht sich hier fertig, glaubt das nicht, der ist echt irgendwie fertig, und dann meine Mutter und meine Schwester, weil die hier einen Job haben und was sollen wir da, ich meine, wir sind doch Türken, oder? Ist doch scheißegal, dass wir hier geboren sind und dann: mein Job und so. Das ist doch bescheuert, oder? Da arbeitet dann mein Vater wieder, was müssen die sich da krumm machen, du kannst da der King sein. Immer nein nein, das geht nicht ...

Das geht, wenn man will. Das ging ja auch, dass ich da rauskomme mit der Cola und den Chips und die Schlampen waren da. Wenn man will, geht das, man muss halt was bieten, muss ranklotzen.

KOBERT Glaubst du wirklich, dass Frauen auf Geld, Auto und so etwas bei einem Mann sehen?

SINAN Ich meine, die sind gekommen? Oder? Die sind gekommen, weil Cem das klargemacht hat. Da geht es nicht um Liebe und so, das ist nur in den Filmen so. Deshalb geht man ja ins Kino.

KOBERT Aber es ist nicht gelaufen, wie es sollte, oder?

SINAN Nein, natürlich nicht. Lag aber nicht an mir. Ich habe mein Ding gemacht.

KOBERT Was ist dein Ding?

SINAN Jokes. Ich habe das gemacht.

Sinan fängt an zu singen, Lichtwechsel.

10. SZENE

Cem, Sinan, Ulli, Ellena. Sinan singt.

Hier möglicherweise ein deutscher Rap.

SINAN Self protection is the name of the game
cops taking bribes
take you for a ride

government drinks wine
what's yours will be mine
he kills she kills
in cities in hills
murders on the street
blood is a bitch on heat
some are killers some are killed, no one is the same
self protection is the name, the name of the game.

Sinan hört auf zu singen, Ellena und Ulli klatschen.

Na? Ist das geil? Sido, Azad, Kool Savas, die ganzen Aggro Wichser können alle einpacken, ich bin Nummer eins, ich bin besser, oder? Oder? Oder? Bin ich besser? Ich frage euch. Bin ich besser? Ich will ein Ja hören. Leute, ich hör nichts. Sido, gib dir die Kugel. Ich bin da.

ULLI Mann, du brauchst auch so eine Maske.

ELLENA Oder zieh dir die Chipstüte drüber.

Die Mädchen versuchen, Sinan die Chipstüte über den Kopf zu ziehen. Er rangelt mit Ulli.

SINAN Findest du mich nicht schön? Findest du, ich sehe scheiße aus? Tschüs, ich suche mir einen Laster, Kopfsprung und weg. Ich will sterben!

CEM Du siehst doch jetzt schon aus, als wäre ein Laster über dich drüber.

Sinan setzt sich wieder neben Ulli, die Cola und die Chips kursieren.

ULLI Kannste noch was singen? Mach doch noch was.

SINAN Alter, hörst du? Der sing ich jetzt ein Liebeslied, dann reißt die sich die Klamotten runter, die wird total ausrasten. Ich singe, Ulli, warts ab, ich mach das, ich habe dich gewarnt.

ULLI Mach doch, mach doch.

ELLENA Ist noch Cola da?

CEM Willst du noch was? Soll ich dir was holen?

ELLENA Nein, ist nicht so dringend.

SINAN Okay, Pornohiphop, total abgefahren, versaut. Volles Rohr, sing ich dir ins Ohr ... hör mal, komm ran.

Sinan beugt sich zu Ulli, singt ihr leise ins Ohr, Ulli kichert.

ELLENA Was starrst du mich so an?

CEM Ich wollte was sagen.

ELLENA Was denn?

CEM Vergessen. Aber wenn ich dich ansehe, fällt es mir vielleicht wieder ein.

ELLENA Dann denk mal schön nach. Sollen wir weiter?

Cem zeigt auf seine Zigarette.

CEM Drei Züge.
ELLENA Rauch doch im Auto.
CEM Ich will nicht, dass die Karre stinkt.
ELLENA Wie lange brauchen wir noch?
CEM Zwanzig Minuten, wenn wir gut durchkommen.
ELLENA Wo fahrt ihr hin in Köln?
CEM Wo wollt ihr hin?
ELLENA Du hast doch irgendwo was zu erledigen, oder?
CEM Habe ich das?
ELLENA Deswegen seid ihr doch unterwegs.
CEM Ist schon erledigt, der Tag gehört euch.
Ellena sieht ihn an.
ELLENA Ganz Schlauer, was? Und wenn wir nicht gekommen wären?
CEM Ihr seid aber da.
ELLENA Wir fahren nur mit, wir haben unser eigenes Programm. Oder, Ulli? Lass doch mal den Quatschkopf. Was machen wir?
ULLI Was du willst.
ELLENA Shoppen gehen, Kaffee trinken, Leute gucken. Wann fahrt ihr zurück? Wann treffen wir uns?
CEM Hast du überhaupt Kohle zum Shoppen?
ELLENA Nicht dein Problem. Also wann?
CEM Weiß nicht.
ELLENA Okay, dann bleiben wir in Köln.
CEM Wie soll das gehen?
ULLI Eine Tante von mir wohnt da.
ELLENA Na? Was sagste jetzt, Oberschlauer? Haste nicht doch was zu erledigen?
CEM Wir machen euch ein super Programm, alles, was ihr wollt.
ELLENA Lass mal hören.
CEM Auf die Kirmes in Deutz.
ELLENA Weiter?
CEM Lecker was essen.
ELLENA Weiter?
CEM Shoppen in der City.
ELLENA Weiter?
CEM Nichts weiter.
Stille.
ULLI Ich find das gut. Und du, Ellena?

Ellena sieht Cem an, der etwas irritiert wirkt.
ELLENA Machen wir.
CEM Zusammen?
ELLENA Wenn ihr euch benehmt.
CEM Okay.
ELLENA Schiss gekriegt?
CEM Wieso?
ELLENA Also los. Gib mir mal 'ne Zigarette, ich will im Auto eine rauchen.
Cem gibt ihr eine Zigarette und Feuer, sie gehen.

11. SZENE

Ulli

ULLI Einmal sind wir in der großen Pause zu der Mauer gekommen, wo wir immer rauchen, und da saßen welche aus der Siebten. Ellena sagte nur: weg da. Aber die quatschten einfach weiter. Ich weiß nicht, ob sie es nicht gehört haben oder nicht hören wollten. Ich wollte schon gehen, mir ist es eigentlich egal, aber Ellena packte die eine und zog sie mit einem Ruck von der Mauer, sie fiel hin, Ellena hat ihr sofort eine reingetreten und hatte schon die nächste am Wickel, verpasste ihr eine Ohrfeige, dass sie nach hinten in den Busch fiel. Dann rappelte die sich auf und rannte los, die andere wollte hochkommen, aber Ellena hat ihr sofort noch eine reingereicht. Dann hat Ellena sich hingesetzt, sich eine Zigarette angezündet und mir auch eine gegeben. Dann kam die Pausenaufsicht mit der einen, Leute standen schon um uns rum, große Aufregung. Ellena war ganz ruhig. Der Lehrer hat sie angemacht, was das soll. Sie hat gesagt: Das ist unser Platz. Mehr nicht. Der fing an mit: Der Schulhof ist für alle da, und sie hat nur gesagt: Dieser Platz nicht. Der Rest ja, aber nicht diese Mauer. Das gab dann später noch Riesenärger, sie musste zum Direktor, die eine hatte richtig was abgekriegt, aber das war Ellena egal. Ich hätte auch woanders rauchen können, ich scheiß auf diese Mauer. Aber da hat sie nicht nachgegeben, sie konnte das nicht haben, wenn ihr einer blöd kam, oder wenn ihr einer was ansagen wollte. Das lief nicht. Lieber hat sie den schlimmsten Ärger bekommen, aber sie hat nicht nachgegeben. Nie. Habe ich nie erlebt. Auf der Mauer ist nie mehr jemand gesessen, wenn wir kamen.

12. SZENE

Cem, Ellena, Sinan, Ulli

Kirmes, an einer Schießbude, Sinan mit einem Gewehr, Ulli kommt mit Zuckerwatte für sich und Ellena, sie gibt Cem Restgeld zurück.

SINAN Ist die geladen?

Sinan sieht in den Lauf des Gewehrs.

Hallo? Ist da wer?

ULLI Lass das doch, das ist gefährlich.

SINAN Hast du Angst um mich? Liebst du mich? Ist da jemand drin?

ELLENA Du nervst, lass den Scheiß.

SINAN Cem, hörst du? Beide lieben mich, sie wollen nicht, dass ich sterbe.

CEM Quatsch nicht rum. Schieß endlich.

SINAN Schießen, ich werde schießen. Wen soll ich erschießen? Ich mach sie alle nieder. Möge die Kraft mit dir sein. Da, da hinten, die Luftballons. Sie sind überall, Scheiße. Überall Luftballons!

ULLI Jetzt komm mal runter.

SINAN Ich komm runter. Holst du mir einen runter, ich meine mich, wie heißt das, mich oder mir? Ich bin Türke, ich nix wissen.

ELLENA Du nervst!!

SINAN Okay, okay. Drei Treffer sind ein Bär. Willst du einen Bären?

ULLI Hauptsache, du schießt endlich.

SINAN Okay, ich schieße, für dich, ich tue es für dich, Baby.

Sinan dreht sich um und schießt auf die Luftballons, er hat drei Treffer. Kurzes Erstaunen.

ULLI Booah, nicht schlecht.

SINAN Habe ich doch gesagt.

Sinan nimmt einen Plüschteddy von der Wand.

Was kriege ich?

Ulli gibt ihm einen Kuss auf die Wange.

ELLENA Du hast es drauf. Okay, weiter?

CEM Ich bin dran.

SINAN Komm, wir fahren Scooter, da ist Cem unschlagbar, was, Alter?

CEM Welchen willst du, Ellena? Such dir einen aus.

ELLENA Den kleinen Dino.

Cem legt an, schießt, trifft nicht.

Scheiß drauf.

CEM Ich habe mich nur warm geschossen. Jetzt richtig.

SINAN Hau rein, Alter.

Cem schießt wieder, trifft nur einmal.

CEM Der Lauf ist schief, das Teil ist Schrott.

Ellena lacht, wuschelt Cem kurz durch die Haare.

ELLENA Krampf dich nicht ein, ich brauche das Teil nicht.

CEM Hört doch mal auf rumzulabern, ich muss mich konzentrieren.

ELLENA Wegen mir brauchst du hier keine Show abzuziehen.

ULLI Das nervt hier langsam, sollen wir schon mal los?

SINAN Der kriegt das noch, echt.

Cem schießt wieder, trifft nicht.

CEM Sinan, du Fotze, quatsch nicht rum, habe ich gesagt.

SINAN Aber ich sage doch, du schaffst das.

CEM Dazu brauche ich deine Sprüche nicht. Bloß weil du an deinem Computer rumballerst, musste hier nicht das Maul aufreißen.

SINAN Das war nur Zufall, dass ich getroffen habe.

ELLENA Mach dich nicht klein, das war supergut geschossen.

ULLI Können wir dann mal weiter?

CEM Jetzt haltet doch mal alle die Fresse.

ELLENA Was ist? Heute noch?

CEM Du willst doch den Dino von mir.

ELLENA Ich will gar nichts von dir.

Cem zielt mit dem Gewehr auf Ellena.

CEM Du kriegst das Teil, das will ich so.

Cem zielt, schießt, trifft zweimal, reißt den Dino von der Wand und drückt ihn Ellena in die Hand.

Den wolltest du. Jetzt hast du ihn. Wenn ich was will, dann kriege ich das auch. So bin ich.

Cem nimmt Ellenas Kopf und küsst sie auf den Mund, sie macht sich los.

Alles klar. Scooter, Alter?

SINAN Es kann nur einen geben, Alter.

CEM Also los.

Cem zeigt auf den Dino in Ellenas Hand.

Süßes Ding.

ELLENA Der kann sogar fliegen.

Ellena wirft den Dino in hohem Bogen weg, Cem geht los, Sinan folgt ihm.

13. SZENE

Cem, Kobert

CEM Die wollten mich fertigmachen, ganz klar. Da lief irgendwas, aber ich habe das gecheckt. Ich lasse mich nicht verarschen.

KOBERT Aber es war doch deine Entscheidung.

CEM Die haben mich da reingetrieben, alle drei.

KOBERT Sinan auch?

CEM Der weiß, dass ich auf dem linken Auge kurzsichtig bin.

KOBERT Der wollte doch zu den Scootern mit dir.

CEM Nur Verarsche. Lächerlich machen. Die Schlampe auch. So hat sie gemacht.

Cem wuschelt Kobert durch die Haare.

Alles klar, oder?

KOBERT Das kann doch nett gemeint sein.

CEM Als ob ich ein Kind wäre, oder ein Köter. Nicht bei mir.

KOBERT Wie hätte sie dich denn anfassen sollen?

CEM Ich fass die Frau an, nicht die mich.

KOBERT So wie du sie geküsst hast?

CEM Die wollten mich bloßstellen, alle, ich musste zeigen, dass ich der Boss bin. Kapierst du das nicht? Kennst du dich nicht aus? Das kapiert doch jeder Idiot.

KOBERT Beruhige dich.

CEM Scheiße, so was macht mich wütend, mit dir kann man doch nicht reden, du checkst ja nichts. Schluss, echt.

KOBERT Bist du jähzornig?

Stille.

CEM Jetzt willst du mich kriegen, was?

KOBERT Warum solltest du nicht wütend sein, wenn du drei Leute gegen dich hast?

CEM War nur so eine Idee.

KOBERT Du hast mit dem Gewehr auf sie gezielt. Warst du wütend?

CEM War nur ein Joke, mehr nicht. Ich denke nie, dass ich jemanden töten könnte.

KOBERT Ich denke das manchmal schon.

CEM Ach ja?

KOBERT Jeder Mensch.

CEM Ach ja?

KOBERT Ich würde töten können, wenn jemand meiner Familie was antut. Kannst du dir das vorstellen?

CEM Ja, klar, man muss seine Familie verteidigen.

KOBERT Also, die haben dich provoziert ...

CEM Hör mir mal zu. Die haben meine Ehre beleidigt, die wollten mich fertigmachen, und das ist so schlimm, als wenn sie mich angegriffen hätten. Aber da gehe ich nicht hin und beschließe, jemanden zu töten, klar? Ich bin kein Mörder, ist das klar?

KOBERT Klar, wenn du das sagst.

CEM Ich bin kein Mörder. Mord ist was anderes. Und du wirst nicht mehr versuchen, mir irgendwelche Sachen unterzuschieben, du sollst mich nicht ankumpeln, du hast keine Ahnung, du hast Familie und so, du bist bei der Polizei und du erzählst mir, dass du töten könntest. Wir reden hier nicht von Mann zu Mann, klar? Du weißt nicht, worum es in meinem Leben geht, du hast doch nichts zu verteidigen, dich pisst keiner an, klar? Und wenn du jetzt schreibst, dass ich gewalttätig bin, oder einer, der ausrastet, dann ...

KOBERT Dann? Was ist dann?

CEM Willst du mir drohen?

KOBERT Du drohst mir.

CEM Warum soll ich dir drohen, ich will dir was erklären. Ich bin hier im Knast, du kannst mich fertigmachen, aber du darfst mich nicht wie ein Arschloch behandeln.

KOBERT Das tue ich nicht.

CEM Ich bin nicht jähzornig.

KOBERT Sage ich auch nicht.

CEM Ich sage nur, dass das nicht gut gelaufen ist, mehr nicht. Alles, was gelaufen ist, kam von denen, nicht von mir. Alles, kapierst du? Alles!

14. SZENE

Ulli

ULLI Ich dachte, das ist gelaufen. Ich weiß nicht, warum Ellena mit ist. Normalerweise wäre sie nach so einer Nummer abgehauen oder hätte durchgezogen. Sie war scheißwütend, das weiß ich, aber sie hat gesagt: Los, shoppen gehen. Dabei war doch klar, dass dieser Cem ein Macker ist. Sinan hat versucht, die Sache rauszuhauen, hat gute Stimmung gemacht, der tat mir richtig leid, hat sich abgezappelt. Cem ist hinterhergeschlichen, Ellena hat Schaufenster geguckt, hat sich nichts anmerken lassen, und irgendwann dachte ich, okay, vielleicht bin ich empfindlich, vielleicht war es einfach nur eine blöde Nummer. Wenn Ellena das wegpackt, dann ist es vielleicht auch nicht wichtig. Und ich mochte Sinan, er ist ein Spinner, aber er war lustig. Also sind wir in die Ehrenstraße in einen Klamottenladen.

Musik setzt ein, Lichtwechsel.

15. SZENE

Cem, Sinan, Ulli

Ulli hält sich ein Kleid vor.

ULLI Findest du das gut?

SINAN Weiß nicht, was meinst du, Cem?

CEM Weiß nicht.

SINAN Ich auch nicht.

ULLI Das musste dir mit anderen Schuhen denken.

SINAN Was haben denn die Schuhe damit zu tun?

ULLI Keine Ahnung von nichts, echt.

Ellena kommt aus der Kabine, sie trägt ein leichtes Sommerkleid, hohe Schuhe, trägt die Haare offen. Sie geht wie ein Model einige Schritte durch den Raum, bleibt kurz vor Cem stehen, sieht ihn kurz an, geht dann weiter zu Sinan.

ELLENA Mach den Mund zu, Milchtüte, es zieht.

Sie geht weiter zu Ulli.

Was meinst du? Steht mir das? Findest du das gut?

ULLI Vielleicht ein bisschen zu durchsichtig.

Ellena sieht an sich herunter.

ELLENA Wenn man braun ist, sieht das bestimmt geil aus. *(zu Sinan und Cem)* Na? Langweilig? So ist es, wenn Weiber shoppen gehen. Wollt ihr draußen warten? Holt euch doch 'nen Döner solange.

CEM Ist schon okay.

ELLENA Ist doch noch ein super Tag geworden, oder? Ihr macht ein Spitzenprogramm, Jungs. Aber du musst mir das Kleid nicht kaufen, Cem, lass stecken. Wenn ich was brauche, kriege ich das.

CEM Soll ich dir das Kleid kaufen?

ELLENA Musst du nicht, lass stecken.

Ellena geht zurück in die Kabine.

16. SZENE

Sinan, Kobert

SINAN Sie hat ihn total angemacht, sie hatte ein Kleid an, in dem man alles gesehen hat, den Slip, die Titten, die war nackt in dem Kleid, ist zu Cem gegangen und hat ihn geil gemacht. So war die drauf, richtig pornomäßig war die drauf. Die ist auf Cem abgefahren, das war echt deutlich.

KOBERT Ich dachte, die Stimmung war mies?

SINAN Wer sagt so was?

KOBERT Nach dem Rummel. Dem Schießen.

SINAN Da war nichts, das war alles okay.

Stille.

Glaubste mir nicht? Was soll denn gewesen sein? Nur weil Cem nicht sofort getroffen hat? Das war egal, die hat ihn sogar da schon angefasst, so durch die Haare. Das ging alles von ihr aus.

KOBERT Cem war nicht sauer?

SINAN Wir waren gut drauf.

KOBERT Ihr habt ihn nicht dazu getrieben zu schießen?

SINAN Wie? Wir?

KOBERT Ist gut.

SINAN Hat Cem das gesagt?

KOBERT Also sie hat ihn provoziert?

SINAN Was sagt denn Cem? Hat der was gegen mich gesagt?

KOBERT Nein.

SINAN So genau weiß ich das alles auch nicht mehr.

KOBERT Cem war gut drauf?

SINAN Was hat er denn gesagt?

KOBERT Nichts, er hat das wohl anders erlebt.

17. SZENE

Ulli

ULLI Wir hatten mal einen Referendar, der Ellena gleich in der ersten Stunde angemacht hat, weil sie zu spät gekommen ist, so ein richtiges Arschloch. Ellena hat nichts gesagt, hat ihn toben lassen. Ab der nächsten Stunde kam sie mit den schärfsten Klamotten, die sie hat, Rock knapp unterm Arsch, die Brüste hingen fast raus. Saß so da in seinen Stunden und hat ihn angesehen. Der wurde richtig rot, hat kaum zu ihr hinsehen können, aber sie hat ihn angestarrt, die ganze Zeit, ist dicht an ihm vorbeigelaufen, wenn sie raus ging. Der hat nie mehr was gesagt zu ihr, der war mit den Nerven runter, das spürte man. Sie hat das eiskalt durchgezogen, egal, wie die anderen sich wieder das Maul zerrissen haben. Wenn sie sich schön gemacht hat, war sie unbesiegbar. Ich möchte sie in diesem Kleid in Erinnerung behalten, unverwundbar.

18. SZENE
Cem, Kobert

KOBERT Du willst heute nichts erzählen?
Cem schüttelt den Kopf.
Ich will dich zu nichts zwingen.
CEM Das bringt doch alles nichts. Alles, was ich erzählt habe, war anders.
KOBERT Und wie war es?
CEM Weiß nicht mehr.
KOBERT Bist du müde?
CEM Ja.
Stille.
Was ist los mit mir? Du bist doch der Seelendoktor. Was ist los mit mir?
KOBERT Ich weiß nicht, erzähle mir etwas.
CEM Ich träume irgendwelchen Blödsinn.
KOBERT Was?
CEM Ich träume von ganz hellen Räumen, Neonlicht, wie in der Lagerhalle, dicke Neonröhren, und ich bin klein, ganz klein, ich komme kaum noch an die Klinke, komme nicht mehr raus.
KOBERT Bist du alleine in deinen Träumen?
CEM Das Mädchen ist da, riesig groß. Sie steht vor mir und sieht runter auf mich.
KOBERT Sagt sie etwas?
CEM Sieht mich nur an.
KOBERT Und wie wirkt sie auf dich? Wütend? Freundlich?
CEM Kann ich nicht erkennen, ist zu weit weg, ich bin viel zu klein, sie ist irgendwo da oben. Sie grinst mich so verächtlich an und sagt, dass sie nichts von mir braucht, dass sie alleine klarkommt, ganz prima sogar.
Stille.

Ich bin doch wer, oder? Kobert?

Stille.

Warum sagste denn nichts?

KOBERT Weil ich dir nicht glaube.

CEM Mir geht es echt scheiße.

KOBERT Kann sein.

Cem sieht Kobert an.

CEM Glaubste nicht?

KOBERT Nein, glaube ich nicht.

Stille.

CEM So blöd bist du gar nicht.

KOBERT Nein, komischerweise nicht.

CEM Dafür haste dir aber schon eine Menge Scheiße angehört.

KOBERT Das ist mein Job.

CEM Scheißjob, oder?

KOBERT Nein, irgendwas ist immer dabei, was stimmt.

CEM Bei mir nicht. Von wegen auf der Kirmes fertiggemacht werden, Blödsinn, ob die Schlampe in dem Laden eine dicke Lippe hat, egal, das war mir alles egal. Glaubste, ich habe die ernst genommen? Keine Minute. Die wollte mich zappeln lassen, das wusste ich von Anfang an.

KOBERT Also war alles in Ordnung?

CEM Ja.

KOBERT Alles super?

CEM Ja.

Kobert steht auf, geht ein paar Schritte.

Hast du ein Problem?

KOBERT Ich werde einen anderen Gutachter beauftragen, ich werde darum bitten, von diesem Job entbunden zu werden, ich habe keine Lust mehr, meine Zeit mit dir zu vergeuden, deine Spielchen gehen mir auf die Nerven, ich ertrage das nicht mehr.

CEM Musst du aber.

KOBERT Muss ich nicht.

CEM Das ist dein Job.

KOBERT Man wird dir mitteilen, wann der neue Gutachter kommt. Tschüs.

CEM Jetzt warte doch.

KOBERT Und? Willst du mir noch erzählen, dass Ellena mit dreißig Messerstichen Selbstmord begangen hat? Und dass Ulli sich in einem Messer gewälzt hat, weil sie auch eine Schlampe ist?

CEM Verdammte Scheiße, ich weiß doch auch nicht, wie das alles passieren konnte, ich habe doch keine Ahnung. Das war Notwehr.

KOBERT Ich höre mir das nicht mehr an!

CEM Ich wollte das doch nicht!

KOBERT Tschüs.

CEM Du kannst doch nicht abhauen.

KOBERT Ich höre mir seit Tagen Geschichten von einem flotten Ausflug an und kriege das nicht ganz zusammen mit der Tatsache, dass ein Mädchen tot ist und ein anderes nur knapp überlebt hat.

CEM Ich kriege das auch nicht zusammen!

KOBERT Aber du hast sie getötet, oder?

CEM Ja, aber was hätte ich denn sonst machen sollen?

19. SZENE

Cem, Sinan, Ellena, Ulli

ELLENA Okay, wohin?

SINAN Wollt ihr noch weiter gucken?

ELLENA Ich habe alles, was ich brauche. Braucht ihr was?

CEM Nein.

ELLENA Brauchst du was, Ulli?

ULLI Ich habe nichts gefunden.

ELLENA Probiere das mal.

Ellena holt ein T-Shirt aus ihrer Tasche und gibt es Ulli.

SINAN Cool.

Ulli hält sich das T-Shirt vor.

ELLENA Mein Kleid war geil. Mochtest du das?

CEM Es war okay.

ELLENA Es war nicht okay, es war super.

CEM Okay, es war super.

ELLENA Ich sollte das unbedingt haben.

CEM Wenn du das meinst?

ELLENA Das Kleid wollte zu mir, ist mir direkt in die Tasche gesprungen, und da wollten die Schuhe auch nicht alleine bleiben.

Ellena holt das Sommerkleid und die Pumps aus ihrer Tasche.

Nur kein Neid. Für dich ist auch was dabei.

Sie holt eine Boxershorts aus ihrer Tasche und gibt sie Cem.

Passt da alles rein?

Cem reagiert nicht.

Komm, jetzt krampf dich nicht ein, das ist nur ein kleines Geschenk. Es sind keine Strapse, es ist eine Männerunterhose, okay?

SINAN Mensch Cem, das ist doch nett.

CEM Ich habe genug Unterhosen.

ELLENA Kann ich ja nicht wissen.

Sie wirft Sinan die Boxershorts zu.

Hier, Sinan, für dich.

SINAN Danke. Und ihr?

ELLENA Tragen wir Unterwäsche, Ulli?

ULLI Manchmal.

ELLENA Haben wir genug Unterwäsche, Ulli?

ULLI Nie.

ELLENA Das sollten wir aber ändern. Traut ihr euch?

SINAN Für euch zu klauen?

ELLENA Traust du dich, Kleiner?

SINAN Was ist, Alter?

CEM Mach doch.

SINAN Sei doch kein Spielverderber.

CEM Ist doch Kindergarten.

ELLENA Stringtanga, sechsunddreißig, was für 'ne Farbe?

ULLI Für das Kleid? Rosa.

SINAN Und du?

ULLI Achtunddreißig, schwarz, auch Tanga.

Cem holt einen Fünfzigeuroschein aus seiner Hose.

CEM Reicht das?

SINAN Das kriegen wir doch hin.

ULLI Kaufen macht keinen Spaß.

ELLENA Wenn er doch will?

SINAN Wenn wir dann beim Anprobieren zugucken dürfen?

ELLENA Porno-Hiphop, was? Hast du überhaupt schon Haare auf dem Sack? Cem, brauchst du eine Quittung für zu Hause?

ULLI Sei doch nicht so gemein.

ELLENA Der versteht das schon.

Die Mädchen gehen.

20. SZENE
Sinan, Kobert

SINAN Der soll zusammengeklappt sein?
KOBERT Cem?
SINAN Ja, fertig irgendwie.
KOBERT Wer sagt so was?
SINAN Hört man so, wundert mich nicht.
KOBERT Warum nicht?
SINAN Passt zu ihm.
KOBERT Klingt nicht sehr freundschaftlich.
SINAN Ich habe nie gesagt, dass wir Freunde sind.
KOBERT Nein?
SINAN Würde mich nicht wundern, wenn er Scheiße über mich erzählt.
KOBERT Warum?
SINAN Weil er es nicht im Griff hat. Alles, was gut lief, lief wegen mir gut. Alles was scheiße lief, lief wegen ihm scheiße. Klingt jetzt hart, ist aber so.
KOBERT Also hast du bisher gelogen?
SINAN Nein, aber ich war zu freundlich. Sollte man nicht. Freunde machen nur Probleme. Ich habe echt versucht, alles rauszureißen, aber der hat nichts gerafft, nichts. Ohne den wäre das alles locker gelaufen, aber er ist halt irgendwie nur der kleine Cem, nur so einer, der nichts kapiert. Nur damit du weißt, wenn er irgendwas erzählt. Dem darfst du nicht glauben.
KOBERT Aber dir soll ich glauben?
SINAN Ich habe den nicht hängen lassen, ich hätte jeden Grund gehabt.
KOBERT Warum?
SINAN Er hat es nicht gebracht.
KOBERT Ist das unter Freunden nicht egal?
SINAN Er ist doch nicht mein Freund.

21. SZENE
Cem, Sinan

CEM Findest du das gut, was du hier abziehst? Machst dich hier zum Idioten für die Weiber. Was willst du? Was? Willst du beide ficken? Willst du mich fertigmachen? Was läuft da?

SINAN Sind doch nur Jokes.

CEM Wir haben eine klare Ansage. Du kannst auch abhauen, dann sieh mal, wie du zurückkommst, und lauf mir nicht mehr über den Weg. Ich hab so einen Hals, so einen!

SINAN Was mach ich denn?!

CEM Du schleimst rum, machst dich zum Deppen für die. Ist das der Joke?

SINAN Ich verstehe dich nicht, echt nicht.

CEM Ich habe das alles hier klargemacht, das hier ist mein Spiel, nicht deines, Schlüpfer klauen, mein toller Kumpel, der bringt das noch und so. Du machst mich hier nicht zum Deppen, du nicht. Hast du das mit denen abgecheckt?

SINAN Ich mach das alles nur, damit du ...

CEM Was denn? Was denn? Die behandeln mich wie den letzten Dreck. Wer bin ich? Ein Hurensohn? Bin ich nicht.

SINAN Dann schrei die an, nicht mich.

CEM Du schleimst um die rum.

SINAN Ich rede mit denen, wie man mit Schlampen redet, die sind mir doch scheißegal.

CEM Und ich weiß nicht, wie man mit Schlampen redet, oder wie?

SINAN Wir sind ein Team, das sind nur Schlampen, oder? Und ich habe dich gewarnt, die ist heftig, ich habe dir gesagt, dass die spinnt, die ist nur Dreck.

CEM Ich ficke die heute noch, dann kriegt sie einen Arschtritt, so trete ich hier nicht ab.

SINAN Klar, mach doch.

CEM Mach ich auch.

SINAN Okay.

CEM Glaubste nicht?

SINAN Ich geb dir alle Vorlagen, musste ihn nur noch reinmachen.

CEM Glaubst du, ich schaffe das nicht?

SINAN Du bist der Chef.

CEM Ich habe die gestern schon gefickt. Und jetzt spinnt die rum. Die gehört mir, klar? Jetzt tut sie, als ob nichts war.

SINAN Gratuliere.

CEM Glaubste nicht?

SINAN Warum sagste mir das denn nicht?

CEM Weil es dich nichts angeht.

Ellena und Ulli kommen angerannt, sie sind außer Atem.

ULLI Das war echt knapp.

Ellena zieht den Fünfzigeuroschein aus ihrer Tasche.

ELLENA Den haben wir gar nicht gebraucht. Dafür lade ich euch jetzt ins Kino ein, okay?

CEM Okay.
ELLENA Haste dich wieder eingekriegt?
CEM Alles super, Ellena. Oder, Alter? Alles super?
SINAN Alles super.
ULLI Cinemaxx, oder?
CEM Was ihr wollt.
Sie gehen ab.

22. SZENE

Ulli

ULLI Ich weiß nicht, was die in der Zwischenzeit geredet haben, aber Sinan war auf einmal so still, als ob man ihm den Stecker rausgezogen hätte. Cem war freundlich, hat nicht mehr rumgemault, er war wieder charmant wie am Anfang des Ausflugs, hat uns Popcorn und Getränke geholt, alles ganz locker. Das Kino war fast leer, wir haben uns in die Loge gesetzt, ich mit Sinan und in der Reihe vor uns Ellena mit Cem. Sinan hat immer noch wenig gesagt, und vor uns haben Ellena und Cem leise miteinander geredet. Dabei dachte ich, sie will ihm die Augen auskratzen, weil er sich so arschig verhalten hat, ich habe es nicht kapiert, auf einmal reden die da miteinander, und ich dachte, dass ich eigentlich keine Ahnung von der Liebe habe, wie die Liebe funktioniert und wie Leute sich finden, wie sie zusammenkommen und warum das jetzt so ist und nicht anders. Dann wurde es dunkel, und noch in der Werbung sind Cem und Ellena aufgestanden, sie hat mir gesagt, dass sie uns nach dem Kino abholen, und ich saß da in Köln im Kino mit diesem Jungen, den ich gar nicht kenne und habe nichts mehr kapiert, gar nichts, und ich fühlte mich so verdammt alleine, so ratlos, irgendwie wollte ich das alles ja gar nicht, und nun saß ich da, und Ellena war mit diesem Macker da draußen und machte wer weiß was, und da habe ich mich ein bisschen an Sinan gekuschelt, er war ja nett, aber irgendwie war das auch verrückt, deshalb lief auch nicht zu viel. Ich dachte nur, dass ich langsam nach Hause will, und ich dachte auch, dass ich mal ein bisschen Ruhe von Ellena brauche. Für mich war der Ausflug gelaufen, als ich aus dem Kino kam, ich habe mich richtig auf meine Eltern gefreut. Ellena und Cem waren richtig derbe drauf, da muss was ganz übel gelaufen sein, und das nervte mich, das alles, und ich habe mich dermaßen auf zu Hause gefreut, ich wollte nur, dass das alles vorbei ist.

23. SZENE

Cem, Kobert

CEM Kannst du schreiben, dass ich verrückt bin?

KOBERT Warum sollte ich das?

CEM Weil ich verrückt bin. Was ich gemacht habe, macht doch keiner, da muss man doch verrückt sein. Alles, alles ist völlig verrückt.

KOBERT Du willst damit sagen, dass du nicht zurechnungsfähig warst, als du die Tat begangen hast?

CEM Kannst du so was schreiben?

KOBERT Warum? Erwartest du eine geringere Strafe? Wenn du als psychisch krank eingestuft wirst, kämst du in eine Klinik, das ändert nichts.

CEM Ist mir egal, ich bin sowieso tot.

KOBERT Was soll das jetzt?

CEM Wenn ich rauskomme, wird mich irgendeiner von denen fertigmachen.

KOBERT Deshalb willst du in eine Klink?

CEM Da werden sie mich auch fertigmachen. Irgendwann kriegen die mich. Aber das ist egal.

Stille.

KOBERT Worum geht es dann?

CEM Wenn ich verrückt bin, gibt es keinen Prozess, oder?

KOBERT Hast du Angst vor dem Prozess?

CEM Ich war es, basta, ab in die Klapse, Ruhe im Karton. Da muss niemand mehr rumschnüffeln.

KOBERT Wovor hast du Angst?

CEM Du darfst Sinan nicht glauben, der lügt.

KOBERT Und du? Lügst du auch?

CEM Jetzt nicht mehr.

KOBERT Du hast Sinan erzählt, dass du mit Ellena geschlafen hast.

CEM Habe ich auch.

KOBERT Im Park?

CEM Nein, am Abend vorher.

Stille.

KOBERT Tut mir leid, das glaube ich nicht.

CEM Ich bin denen hinterhergefahren, die sind noch ins Alcazar. Irgendwann ist Ellena nach Hause und ich bin noch rumgefahren, ich wollte noch nicht nach Hause. Dann habe ich Ellena auf der Straße gesehen, sie wollte trampen, ich habe sie mitgenommen. Sie war völlig fertig, hatte wohl Stress zu Hause, sie wollte zu ihrer Freundin, aber erst noch ein bisschen rumfahren, die Karre ausfahren, zweihundert Sachen, Musik bis zum Anschlag, Fenster auf, bis zur Talsperre, Rauchpause, in meinem Wagen wird nicht geraucht. Und da haben wir dann ...

KOBERT Ging das von dir aus?

CEM Danach hat sie gesagt, sie fährt vielleicht mit, mal sehen, sonst nichts, dann habe ich sie bei ihrer Freundin abgesetzt. Und dann das.

KOBERT Was?

CEM Wie das so lief. Habe ich nicht kapiert.

Stille.

KOBERT Warst du verliebt in sie?

CEM Darum geht es nicht. Ich kannte die doch gar nicht, die mich doch auch nicht.

KOBERT Warum hast du es Sinan nicht gesagt?

CEM Sinan ist ein Schwätzer. So was mache ich alleine klar, deshalb bin ich mit ihr raus in den Park.

24. SZENE

Cem, Ellena

CEM Nichts ist aus, nichts.

ELLENA Nein, es ist ja auch nichts.

CEM Und das gestern?

ELLENA Das zählt nicht, da ging es mir nicht gut. Das ist nicht passiert. War ein Versehen. Okay?

CEM Ich bin aber kein Versehen.

ELLENA Ich hätte heute nicht mitfahren sollen, war alles Quatsch, passt nicht.

CEM Jetzt bist du aber da.

ELLENA Na und? Fahren wir eben wieder zurück.

CEM Mich den ganzen Tag fertigmachen, dann Arschtritt und zurück, so läuft das nicht. So geht man nicht mit mir um.

ELLENA Siehst du? Genau das nervt mich schon den ganzen Tag.

CEM Ich nerve, ja?

ELLENA Mach dich mal locker, das passt nicht, sorry, okay?

CEM Ich habe dich gefickt, ja? Also.

ELLENA Also was?

CEM Gestern so und heute so.

ELLENA Jetzt nimm mal deine Pfoten weg. Wir reden, okay? Mann, ich dachte echt, du bist besser drauf, was hast du denn für ein Problem?

CEM Du hast ein Problem.

ELLENA Und welches?

CEM Du benimmst dich wie eine Hure.

ELLENA Mann, wieso kann man einem Kerl nicht einfach sagen, dass nichts geht.

CEM Fällt dir spät ein.

ELLENA Hast du irgendwelche Rechte? Du hast mich nicht gekauft, ja?

CEM Du bist mitgefahren. Du hast mich angemacht.

ELLENA Ach ja?

CEM Du kriegst noch zwanzig von mir, dann ficken wir und dann ist die Sache gelaufen.

ELLENA Das haste dir vorgenommen, was? Brauchste das, damit du ein Kerl bist?

Cem holt einen Geldschein heraus, zeigt ihn ihr.

So dringend ist das?

CEM Ich habe ein Recht darauf.

Ellena sieht ihn an.

ELLENA Na, dann pack ihn mal aus.

Cem öffnet seine Hose. Ellena sieht ihn an.

CEM Mach schon.

ELLENA Weißte, sogar Huren haben manchmal keinen Bock.

Wir müssen los, die anderen abholen.

Ellena geht.

25. SZENE

Sinan, Kobert

SINAN Wir kamen aus dem Kino, die beiden warteten auf uns und die Stimmung war scheiße. Cem hat nichts gesagt und Ellena wollte sofort nach Hause, ich dachte, okay, er hat sein Ding gemacht, hat sie im Park gefickt und ihr einen Arschtritt verpasst. Ich wollte noch mal bei Ulli sehen, wie es weitergeht, aber da hat Ellena giftig reagiert und Ulli hat mich nicht mehr angesehen, und ich dachte, okay, das war es also, ich fühlte mich richtig verarscht, ich dachte, wozu habe ich den ganzen Aufriss gemacht, für das bisschen Gemache im Kino? Die haben ihr Ding gemacht, und ich kann sehen, wo ich bleibe, ich war sauer, richtig sauer, Ellena und Ulli haben ausgemacht, dass sie noch ins Traxx wollen, und von mir war nicht mehr die Rede,

Cem hat nicht mit mir gesprochen, also sind wir ins Auto und haben an der Tanke gehalten, und da ging es dann los.

Cem, Ulli, Ellena.

ELLENA Bringst du mir eine Cola mit?

Cem reagiert nicht.

Hallo? Bringst du mir eine Cola mit?

CEM Leck mich am Arsch.

ELLENA Was?

CEM Nichts bekommst du von mir, gar nichts, einen Arschtritt könntest du haben, aber ich will mir nicht die Schuhe schmutzig machen.

ELLENA Sag mal, geht's noch?

CEM Haut ab, alle beide, ich will keinen Dreck im Auto, abhauen sollt ihr, kapiert? Soll ich nachhelfen?

ULLI Komm, Ellena, wir können zu meiner Tante, hauen wir ab.

ELLENA Ich gehe doch nicht, wenn dieser Idiot mich runtermacht, so weit kommt es noch.

CEM Sag mal hört ihr schwer? Ihr kommt nicht mehr in mein Auto! Dreckshuren.

SINAN Da habe ich mir gedacht, dass da was schiefgelaufen ist zwischen denen. Aber das ist ja nicht mein Bier, und ich hatte meine Kiste mit Ulli noch nicht ganz abgeschrieben.

Sinan spricht hoch in die Szene zu Cem.

Was soll denn das, Alter, lass die doch mit, was war denn los?

CEM Du hättest mal erleben sollen, wie die sich vorhin aufgeführt hat, bloß weil ich sie nicht rangelassen habe, echt, aber ich mache mir an so einer nicht die Finger schmutzig, der Tag hat mir gereicht, ich habe gemerkt, was für eine Hure das ist, und jetzt will sie frech werden, weil ich mir zu schade für die bin.

ELLENA Was? Was habe ich?

CEM Halt die Schnauze, wenn Männer reden. Mit dir bin ich fertig.

ELLENA Ach ja? Da wäre ich mir nicht so sicher.

CEM Wieso, was denn?

ULLI Dann hat sie angefangen, türkisch mit Cem zu reden. Ich wusste nicht, was sie gesagt hat, aber er hat die Schnauze gehalten, wir sind eingestiegen, er hat nicht mehr rumgemeckert, die hat irgendeinen Klopper gebracht, ich habe versucht, rauszukriegen, was da läuft. Sie saß vorne neben Cem, die beiden haben gestritten die ganze Zeit, sie hatte ihn bei den Eiern, das merkte man. Sinan sagte gar nichts mehr, hat sich das angehört, und ich hatte eine Scheißangst, ich habe mich nicht mal getraut, Ellena zu fragen, was los ist. Das kann doch nur wegen mir gewesen sein, dass sie plötzlich türkisch gesprochen hat, ich wusste nicht, ob sie uns gerade aus irgendwas raushaut oder reinreitet, ob sie das noch alles im Griff hat, ich habe sie so wütend noch nicht gesehen, und ich kenne sie wütend, sie war wie elektrisch, wenn ich sie angefasst hätte, hätte ich einen Schlag bekommen. So Blödsinn hatte ich im Kopf, und nur noch bitte, bitte, lass uns eine Panne haben, einen Stau, irgendetwas, egal wo wir landen, egal wie viel Ärger es zu Hause gibt, das soll nur alles vorbei sein, Cem hat geraucht, der hat gezittert, und ich dachte, wenn er in seinem Auto raucht, muss er ganz schön fertig sein, so Zeug fällt einem da auf, ich war hellwach, ich dachte, wie komme ich raus, wenn der Wagen hält, warum hat der nur zwei Türen, ist das eine Falle, immer so, immer weiter habe ich so einen Scheiß gedacht.

KOBERT Was war da los?

CEM Die wollte mich fertigmachen, das war ein Plan von Anfang an.

KOBERT Was für ein Plan? Was meinst du, wenn du sagst, du hättest nichts anderes tun können, als sie zu töten?

ELLENA Was ist denn, wenn ich schwanger bin? Was machste denn dann? Was machste denn, wenn du die Hure heiraten musst? Wie geht es dir damit? Ein Kind von einer Hure? Von einer, mit der man sich nicht sehen lässt, eine, für die du zu schade bist? Der Dreck, die Hure, was denn dann? Na? Bist du jetzt immer noch der tolle Kerl? Willste weiter Lügen über mich erzählen? Was glaubst du denn, wer dann mit dem Finger auf dich zeigt? Willste mich nicht deinen Eltern vorstellen? Deinen Brüdern? Na? Schnell mal die Schlampe ficken, weil du so ein toller Kerl bist, und dann Mist erzählen über mich. Geschieht dir recht, Supertyp, dann kannst du einpacken. Also überlege dir mal, wie du mit mir sprichst, du hängst drin, und ich werde mir von dir nichts mehr anhören, nichts, ich kenne genug Typen wie dich, ich weiß, wie ihr über mich rumquatscht, und das steht mir bis hier. Jetzt ist Schluss, jetzt musst du mal Farbe bekennen, was machste denn dann?

KOBERT Das hast du geglaubt?

CEM Ich hätte doch mein Gesicht verloren, ich wäre doch entehrt gewesen, wir alle, das kann ich doch meiner Familie nicht antun, die wollte mir mein ganzes Leben kaputt machen, meine Pläne, meine Zukunft, meine Ehre, kein Mann hätte mehr mit mir gesprochen, ich wäre doch von allen verachtet worden, ich hätte doch niemandem unter die Augen treten können. Die hatte schon am Abend geplant, mich in eine Falle zu locken, die wollte mich die ganze Zeit fertigmachen, solchen Frauen darf man nicht trauen.

KOBERT Du hast das wirklich geglaubt?

CEM Die hatte es auf mich abgesehen. Warum hätte sie das denn sonst machen sollen?

KOBERT Hast du nicht daran gedacht, dass es daran liegt, wie du mit ihr umgegangen bist?

CEM Ich habe die behandelt, wie sie es verdient! Das kapierst du wieder nicht, was?

SINAN Ich wusste, dass das gelogen ist. Keine Frau weiß am nächsten Tag, dass sie schwanger ist. Aber ich dachte, da soll er ruhig mal Panik schieben, geschieht ihm recht. Er hat mir die Tour versaut, er hat genervt, soll er ruhig mal was abkriegen. Und er hat es abgekriegt, volles Rohr. Aber ich wusste ja nicht, wie weit er geht. Als er anhielt, war sie von dem Schwangertrip schon runter, sie hat ihn einfach beschimpft, voll krass beschimpft, er muss die ganz schön verletzt haben, so sauer wie die war.

ELLENA Na? Jetzt hältst du die Klappe, was? Und sag nie wieder Schlampe oder Hure zu mir, kapiert? Und du wirst dich für alles entschuldigen, was du zu mir gesagt hast, du wirst alles klarstellen, was du an Scheiße über mich erzählt hast, sonst fange ich an zu erzählen, und dann kannst du einpacken, klar?

Cem springt auf, zieht ein Messer und geht auf Ellena los. Er sticht auf sie ein, sie geht zu Boden, er sticht weiter auf die Liegende ein. Ulli duckt sich weg, verbirgt ihr Gesicht in ihren Händen. Cem lässt von Ellena ab, steht mit dem Messer in der Hand über ihr.

KOBERT Warum hast du nicht eingegriffen?

SINAN Ging alles zu schnell.

CEM Die andere muss auch weg!

SINAN Die andere hat er auch abgestochen.

CEM Lüg nicht!

KOBERT Es gibt zwei Einstichwinkel, es haben zwei zugestochen.

SINAN Ich habe einmal zugestochen, damit er denkt, sie ist tot. Ich wollte sie schützen.

KOBERT Es gibt mehrere Stiche.

SINAN Vielleicht habe ich ein paar Mal zugestochen.

KOBERT Warum denn? Du hattest doch nichts damit zu tun?

SINAN Darüber habe ich nicht nachgedacht.

KOBERT Weil Cem dein Freund ist?

SINAN Ist er nicht.

KOBERT Weil du sauer auf Ulli warst?

SINAN War ich nicht.

KOBERT Hattest du Angst, dass Cem dich auch angreift?

SINAN Nein.

KOBERT Es gibt nicht einen Grund, warum du auf Ulli eingestochen hast, nicht einen.

SINAN Sie war doch Zeuge.

KOBERT Du doch auch.

SINAN Ich war mit Cem unterwegs. Sie war Zeuge.

KOBERT Ja und?

SINAN Zeugen müssen weg.

KOBERT Das hast du gedacht?

SINAN Das muss man nicht denken. Dazu war auch gar nicht die Zeit. Das war doch Ehrensache.

CEM Die andere muss auch weg!

Sinan springt auf, rennt auf die Bühne, stößt Ulli zu Boden, nimmt ein Messer und sticht auf Ulli ein. Er lässt von ihr ab, Cem sticht noch ein paar Mal zu. Stille.

Los weg hier.

Sinan und Cem schnell ab.

ULLI Ich habe mich tot gestellt. Nachdem die beiden weg waren, habe ich Ellena gesucht. Die war aber schon tot. Also habe ich mich neben sie gelegt und wollte auch sterben. Aber das ging nicht. Also bin ich zur Straße gekrochen. Ich hatte solche Schmerzen. Ich dachte nur: Gott, bitte hol mich.

Dream Team

Mitarbeit Sarah Nemitz

PERSONEN

TOM (20)
BRUNO (20)
HERR SCHMITZ (44)

ORT

Wohnung Tom

1. SZENE

Bruno kommt herein, Männerbegrüßung.

TOM Mann, siehst du scheiße aus.
BRUNO Ich hab die ganze Nacht nicht gepennt.
TOM Aber du warst doch hackendicke, da pennt doch jeder.
BRUNO Ist einfach komisch wieder draußen zu sein. Kapierst du das nicht?
TOM Klar. Wir gehen es heute ruhiger an. Bierchen?
BRUNO Yo.
Tom holt Bier.
TOM *(off)* Was hast du den Tag über gemacht?
BRUNO Rumgehangen. Meine Mutter hat genervt. Wo gehst du hin? Mit wem? Ihr macht doch keine Dummheiten? Wie als wenn ich zwölf wäre.
Tom kommt mit zwei Flaschen Bier wieder.
TOM Kann man doch verstehen, oder?
BRUNO Klar. Mama halt.
TOM Wäre doch auch schlimm, wenn's anders wäre.
BRUNO Prost.
TOM Prost.
Sie trinken.
BRUNO Heute gehen wir noch mal auf Piste. Und ab morgen hauen wir rein.
TOM Yo.
Sie trinken.
Trink nicht so schnell, du verträgst nichts mehr.
BRUNO Das wird schon wieder.
TOM Alter, warst du gestern breit.
BRUNO Zehn Monate Tee und Apfelschorle. Bist du heute Morgen rausgekommen?
TOM Ich wäre mal besser liegen geblieben.
BRUNO Macht sich aber immer gut, wenn man zur Arbeit geht.
TOM Dann hätte ich aber jetzt nicht ein Problem.
BRUNO Wieso?
Tom holt ein iPhone aus der Hosentasche und legt es auf den Tisch.
Geil. Wo hast du das her?
TOM Das ist das Problem.
BRUNO Was ist das Problem?
TOM Das Teil ist das Problem.
BRUNO Du hast ein Problem mit dem iPhone?

TOM Dass das Teil hier ist, ist das Problem.

BRUNO Ist doch ein super Teil.

TOM Weiß ich auch, deshalb habe ich es ja.

BRUNO Geklaut?

TOM Nein, mitgenommen. Aber jetzt sieht das so aus, als ob ich es geklaut hätte.

BRUNO Kapiere ich nicht.

TOM Erkläre ich dir. Leg es wieder hin.

Bruno legt das iPhone hin, Tom gibt ihm ein Bier, sie trinken.

BRUNO Wem seins ist das?

TOM Der Tochter von meinem Chef. War heute im Betrieb.

BRUNO Die gibt dir so was?

TOM Nein. Die saß heute im Büro, weil sie mit ihrem Alten was zu verhandeln hatte.

BRUNO Was denn?

TOM Weiß ich doch nicht. Auf jeden Fall sehe ich sie da hinter der Scheibe sitzen und in dem Teil rumtippen.

Bruno greift wieder nach dem iPhone.

Lass das Teil liegen, ich erkläre dir was.

BRUNO Ich kann dabei zuhören.

TOM Kannst du nicht, das ist nämlich kompliziert.

BRUNO Das Teil zu klauen?

TOM Siehst du? Du hörst mir nicht zu. Ich hab es mir nur angesehen. Die musste nämlich mal raus, weil sie vor der Laderampe geparkt hatte und ich bin rein, um mir das Teil anzusehen. Kann man doch verstehen, oder?

BRUNO Ja, ist normal.

TOM Dann kam der Alte aus der Halle wieder hoch.

BRUNO War der vorher weg?

TOM Sonst wäre ich doch nicht in sein Büro, oder?

BRUNO Das hast du nicht gesagt.

TOM So war es aber.

BRUNO Das ist nicht kompliziert, du erzählst nur kompliziert.

TOM Kompliziert wird es erst jetzt. Ich habe das Teil nämlich eingesteckt, als der Alte kam, und bin raus.

BRUNO Warum hast du es nicht wieder hingelegt?

TOM Weil er dann gedacht hätte, ich will das klauen.

BRUNO Du hast es geklaut, damit er nicht denkt, dass du klaust?

TOM Was soll er denn denken, wenn er mich im Büro sieht mit dem Teil in der Hand? Ich wollte nur schnell raus.

BRUNO Er hätte gedacht, dass du es dir ansehen willst. Wo ist da das Problem?

TOM Seit dem Werkzeugkasten denkt er, dass ich klaue. Bloß weil ich vergessen habe, den nach dem Wochenende wieder mitzubringen. Und das Teil hätte ich später auch wieder hingelegt, wenn die Ische nicht so einen Aufstand gemacht hätte, als sie wieder hochkam. Aber da ging das nicht mehr, weil die richtig durchdrehten, alles gefilzt haben, vor allem mich, weil ich oben bei der Tür vom Alten war und wegen dem Werkzeugkasten und weil die einfach Vorurteile haben. Ich habe das Teil gerade noch in den Helm unter den Nierengurt gestopft, sonst wäre das rundgegangen.

BRUNO Glück gehabt.

Sie prosten sich zu, trinken.

Wo ist jetzt das Problem?

TOM Der weiß, dass ich das war. Hat er mir aufn Kopp zugesagt. Wenn das Teil morgen nicht da ist, fliege ich. Ist noch Probezeit. Der hat mich voll unter Druck gesetzt. Die Arschlochtour. Weil er mich eben oben an der Treppe beim Büro gesehen hat.

BRUNO Komisch, dass er dich nicht besser filzt, wenn er dich auf dem Kieker hat.

TOM Der war tierisch nervös, seine Tochter voll am Flennen, dann kam gerade da noch eine Lieferung und so.

BRUNO Beweisen kann er dir nichts.

TOM Trotzdem, der will mich fertigmachen, der hat die Schnauze voll von mir. Und ich kann jetzt nicht rausfliegen, wenn wir was aufziehen wollen. Wenn das mal läuft, okay, aber nicht jetzt, das wäre übel.

BRUNO Leg es doch morgen irgendwo hin und Schluss.

TOM Dann weiß er genau, dass ich es war.

BRUNO Kompliziert.

TOM Sag ich doch.

Stille, sie trinken.

BRUNO Ist doch kein Problem. Kann doch irgendwer reinmarschiert sein.

TOM Habe ich auch gesagt. Der mit der Lieferung. Kann doch sein, oder? Das war so ein Türke mit Eddingbärtchen und Schnellfickerhose. So diese Baureihe.

BRUNO Klar, der war das.

TOM Wäre doch möglich, oder?

BRUNO Klar.

TOM Aber mir will er es anhängen. Bloß wegen dem Werkzeug. Ist doch voll ungerecht. Und ich kann das nicht beweisen mit dem Türken. Der würde das nie glauben. Weil er mich auf dem Kieker hat.

BRUNO Ist doch sein Problem. Das war der Türke und Schluss.

Stille, sie trinken.

TOM Aber das mit dem Türken zu beweisen ist schwer.

BRUNO Also dem Alten beweisen, dass es der Türke war?

TOM Was denn sonst! Du raffst ja gar nichts!

BRUNO Alter, ich bin gerade mal zwei Tage draußen, wenn ich penne, träume ich, dass ich noch auf Zelle bin, ich hab noch so einen Schädel vom Feiern gestern und da kommst du mir mit so was.

TOM Du konntest heute wenigstens ausschlafen, ich musste malochen und der Scheiß mit dem Handy ist mir auch nur passiert, weil ich noch halb besoffen war.

BRUNO Jetzt bin ich Schuld, oder was?

TOM Nein. Oh Mann, du bist richtig empfindlich geworden im Bau.

BRUNO Lass mich doch erst mal ankommen.

TOM Ich schaff das schon. Du musst ja nur mitdenken, mir fällt schon was ein, und dann gehen wir schön einen trinken und reden über unseren Plan. Das geht aber nur, wenn ich den Kopf frei habe, ist doch logisch, oder?

Sie trinken.

BRUNO Sag doch, du hast gehört, dass einer so ein Teil verticken will.

TOM Der soll nicht denken, dass ich mit solchen Leuten rumhänge. Das macht einen schlechten Eindruck.

BRUNO Das ist mir alles zu kompliziert.

TOM So weit war ich auch schon.

BRUNO Du solltest so was einfach nicht machen.

TOM Jetzt bin ich Schuld oder was?

BRUNO Nein, ich verstehe das ja, ist ein super Teil.

Bruno nimmt das Handy.

TOM Dir ist doch auch mal das Handy weggekommen. Haste das eigentlich wiedergekriegt?

BRUNO Ja, hat mich aber einen Fuffi gekostet.

TOM Bei dem da wäre mehr drin.

BRUNO Aber hallo.

TOM Was würdest du denn sagen?

BRUNO Dreihundert.

TOM Heftig.

BRUNO Gibt's ja praktisch kaum im freien Handel.

Stille.

TOM Du bist genial, Bruno. Ich verticke ihm das.

BRUNO Ich würde es behalten, ist doch schade drum. Musst es ja nicht mit in die Firma nehmen, nur für privat.

TOM Der wohnt hier direkt um die Ecke, der muss mich nur einmal damit sehen.

BRUNO Aber ihm das Teil verticken wollen. Ist doch völlig bescheuert.

TOM Ich verticke es ihm ja nicht wirklich.

BRUNO Nicht.

TOM Nee, so ein Türke ruft an und will ihm das Teil verticken. Dann weiß er, dass es der Türke war.

BRUNO Wo willst du den Türken herkriegen, der sich auf so was einlässt?

TOM Brauch ich nicht. Einer ruft an, blabla, ich habe hier ein Handy, für dreihundert können Sie das wiederhaben, da und da Lösegeldübergabe, Handy zurück und ich bin aus dem Schneider.

BRUNO Da brauchst du eben doch einen Türken.

TOM Nein, der Deal platzt ja.

BRUNO Warum?

TOM Weil da niemand hingeht.

BRUNO Dann kriegt er das Teil doch nicht zurück.

TOM Nein, aber er weiß, dass es der Türke war, oder irgendein Türke.

Bruno denkt einen Schluck Bier lang nach.

BRUNO Das ist genial.

TOM Und so was kommt vor, oder?

BRUNO Klar, ständig. Wir könnten Sedi fragen, der soll anrufen. Gib ihm 'nen Fuffi und gut.

TOM Da sollten wir keinen mit reinziehen. Du rufst an.

BRUNO Mach das selber, ich kann so was nicht.

TOM Der kennt meine Stimme, das geht nicht.

BRUNO Mann, bin ich Türke?

TOM Mann, weißte nicht, wie die sprechen? Du warst doch jetzt lange genug mit Türken im Bau, oder? Du musst ja nicht Türkisch können, du musst nur Türkisch klingen. Weissu Alta, hassu da Problem oder was?

BRUNO Vergiss es.

TOM Oder nuschel so rum, isch hab hier Handy, da will isch abba Kohle, klar?

BRUNO Du kannst das doch super, der erkennt dich nie.

Tom holt zwei Bier.

TOM Ich hab dir immer Päckchen geschickt, ich habe mich die ganzen zehn Monate um dich gekümmert. Ich bin dein Freund.

BRUNO Ja, klar.

TOM Alle anderen haben dich hängenlassen.

BRUNO Mach mich jetzt nicht fertig, das weiß ich doch alles, Mann. Du hast echt was gut bei mir, aber so schauspielern, echt, nee. Das ist voll peinlich.

TOM Das ist doch nicht DSDS oder so, der weiß doch nicht, dass du das bist.

Bruno trinkt nervös einen Schluck Bier.

BRUNO Wenn das auffliegt, kann ich mich weghängen, ich bin auf Haftprüfung draußen, ich kann mir nichts leisten.

TOM Da ist überhaupt kein Risiko bei, das ist nur ein Anruf. Und der kennt dich nicht.

BRUNO Aber wenn er mich mal sieht und wiedererkennt, die Stimme meine ich?

TOM Ich mach Musik an, so imbissmäßig, dann hört er das nicht so richtig. Ich such mal was raus.

Tom holt seinen MP3-Player, sucht.

TOM Sedi hat mir mal so Dönermusik draufgepackt, irgend so ein Gejaule. Haaajaaa-auuaaa, so die Baureihe.

BRUNO Ich habe nicht gesagt, dass ich es mache.

Stille.

TOM Dann kannst du das Teil haben.

BRUNO Ich will nicht mit einem geklauten Teil ...

TOM Hast du doch gar nicht, ist ein Geschenk von einem Freund, oder?

BRUNO Echt? Du würdest mir das schenken?

TOM Wenn du irgendwann mal Kohle hast, kannst du mir ja was geben dafür.

BRUNO Mann, du, du bist echt ein Freund.

TOM Sag ich doch.

Stille.

BRUNO Da darf aber nichts schiefgehen, das darf nicht stressen, sonst packe ich das nicht.

TOM Wir planen das genau durch.

BRUNO Bei Stress muss ich total aufpassen, haben die mir auch gesagt in Gelsenkirchen in der Gruppenstunde. Keine Situationen, die ich nicht überblicke. Ist ganz schlecht für mich. Ich schwitze jetzt schon, siehst du?
So was passiert dann.

TOM Du kannst ihm ja keine mit der Eisenstange durchs Telefon ballern, oder?

BRUNO So was mache ich auch nicht!

TOM Weiß ich doch, war nur ein Scherz, okay?

Stille.

BRUNO Das muss genau geplant sein.

TOM Machen wir.

BRUNO Du musst mir genau sagen, was ich dem erzähle.

TOM Also, du bist der Türke und hast das Handy geklaut, weil das im Büro lag.

BRUNO Das weiß er doch.

TOM Das sag ich für dich. Also, und jetzt willst du Kohle sehen und rufst ihn an.

BRUNO Ich habe das schon kapiert.

TOM Woher hast du die Nummer?

BRUNO Die hast du doch.

TOM Aber woher hat sie der Türke?

BRUNO Du machst die Sachen immer so scheiß kompliziert.

TOM Und was sagst du, woher du die Nummer hast? Von deinem Kumpel Tom, oder was?

Tom nimmt das iPhone und tippt im Adressbuch des Handys herum.

Die kennt echt einen Haufen Leute. Hier, ‚Papamobil', das ist die Nummer von Schmitz. Klar, der Türke ruft beim Alten an. Klingt logisch, oder?

BRUNO Ja. Also, was sage ich?

TOM Dass er für dreihundert sein iPhone wiederhaben kann.

BRUNO Ja und wo?

TOM Ist doch scheißegal, wir gehen doch sowieso nicht hin. Denk dir irgendwas aus.

BRUNO Nein, mach ich nicht, das ist mir peinlich, wenn ich da rumstottere. Du sitzt in der Scheiße, nicht ich.

TOM Okay, also, er soll ... nach Gelsenkirchen kommen. Um elf.

BRUNO Warum das denn?

TOM Dann ist er morgen weg, wenn ich in die Firma muss. Wo kann man sich da treffen? Du warst ein halbes Jahr da. Hattest du da mal Freigang?

BRUNO Arschloch.

TOM Okay, okay. Eingang Karstadt.

BRUNO Und?

TOM Was und?

BRUNO Soll er da stehen und mit den Scheinen winken und dann kommt jemand, nimmt das Geld und gibt ihm das Teil?

TOM Ja, so irgendwie.

BRUNO Und wenn er den Bullen Bescheid sagt, dass da ein Typ mit einem gestohlenen Teil auftaucht?

TOM Da kommt doch keiner. Kapierst du das nicht?

BRUNO Ja Scheiße, aber er muss doch denken, dass das irgendwie professionell läuft, sonst kannst du dir deine Türkennummer in die Haare schmieren.

TOM Du bist echt ein Millimeterficker.

BRUNO Das muss sauber geplant sein, sonst mache ich das nicht. Ich mach mich da nicht zum Horst.

Sie trinken.

TOM Wie machen die das in den Filmen?

BRUNO So Filme haben die uns nicht gezeigt.

TOM Wenn er die Kohle irgendwo deponiert, der Türke holt das und dann gibt ihm jemand das Geld.

BRUNO Der gibt das Geld nicht ohne Ware.

TOM Zuerst das Teil geht auch nicht, weil er dann nicht mehr zahlt.
Wem hast du deinen Fuffi damals gegeben?

BRUNO So einem Typen, der die Szene kennt.

TOM Können wir nicht jemanden fragen, wie das geht? Einen von deinen Knastbrüdern?

BRUNO Hallo? Wie geht eine Lösegeldübergabe? So weit kommt's noch.

Sie trinken.

TOM Er soll das Geld in einem Umschlag in die Mülltonne am Eingang werfen. Wir beobachten das. Dann soll er zurück zu seinem Auto gehen, da hängt dann ein Zettel wo draufsteht, wo er das Handy abholen kann.

BRUNO Gibt es da Mülltonnen bei Karstadt?

TOM Alter, ich fahre jetzt nach Gelsenkirchen und sehe nach, ob da Mülltonnen vor Karstadt stehen oder was?

BRUNO Der Plan ist nicht sauber.

TOM Das muss reichen, soll er sich doch 'nen Kopp machen, ob das gut ist oder nicht. Er muss ja nicht hinfahren. Ruf jetzt an, sonst kommen wir überhaupt nicht weiter. Sag mal was Kanakermäßiges. Das ist die Hauptsache.

BRUNO Wie fange ich an?

TOM Isch hab Handy, wenn du das haben willst, mussu dreihundert zahlen, klar?

BRUNO Isch hab Handy, wennu dass ham willst, mussu dreihundert sahln, klar?

Tom überlegt.

TOM Ich dreh die Musik auf und mach das Fenster auf, dann geht das.

BRUNO War das nicht gut?

TOM War super.

Tom öffnet das Fenster, stellt Tarkan an, dreht auf.

BRUNO Da muss ich ja brüllen.

TOM Ist doch gut.

BRUNO *(etwas lauter)* Ischhab Handy, Allta.

TOM Du hast es voll drauf, Allta.

Bruno lacht geschmeichelt.

Alles klar?

Bruno nickt, geht etwas nervös auf und ab, Tom gibt ihm das iPhone.

Nicht rumlabern, gib ihm die Info und auflegen.

BRUNO Und wenn der Fragen stellt?

TOM Nur die Info.

Bruno reibt sich über das Gesicht.

BRUNO Mir ist total heiß, ich rauch erst noch eine.

TOM Zieh das jetzt durch, Mann!

BRUNO Schrei mich nicht an, ja?

TOM Du bist tough, Bruno, du hast alles unter Kontrolle. Und ich bin da, okay? Wir sind zusammen, es kann uns nichts passieren, okay?

BRUNO Hör zu, Schmitz, isch hab Handy ...

TOM Du weißt nur Papamobil.

BRUNO Kann ich doch nicht zu ihm sagen.

TOM Isch hab hier Handy ... dann legst du los, sagst die Infos, und wenn was krumm läuft, legst du auf, einfach auflegen, okay?

BRUNO Okay. Ich habe es im Griff. Ich zähle bis zehn, dann mache ich das.

Bruno zählt leise, wählt dann, wartet, stellt sich ans Fenster.

Isch hab hier Handy, wenn du das wiederhaben willst, mussu zahln, okay? ... iPhone ... kommsu morgen nach Gelsenkirschen und bringst misch Kohle, okay? Dreihundert, okay?

Draußen fährt ein Rettungswagen vorbei, Bruno wartet, Tom gibt ihm Zeichen.

Isch hab gesagt dreihundert, Karstadt, da iss Mülltonne, machsu Geld in Umschlag, tust du rein und ... Karstadt. Wie, welche Karstadt? Isch hab gesagt Karstadt ...

Bruno gibt Tom Zeichen, Tom fuchtelt herum, zeigt eine eins.

Iss nur ein Karstadt in Gelsenkirschen, Allta.

Tom reckt den Daumen.

Isch gucke, und wenn Kohle da iss, hast du Zettel an Auto, wo das Handy ist, und mach keine Scheiße mit Bullen und so, kapiert? Morgen elf Uhr Karstadt Gelsenkirschen. Alles klar? Kannsu haben Handy, alles korrekt ... Okay?

Bruno legt auf, Tom sieht ihn einen Moment an, geht in die Küche, Bruno wischt sich den Schweiß von der Stirn, Tom kommt mit zwei Flaschen Bier wieder, macht die Musik aus.

Hab ich's versaut?

Tom streckt seine Hand aus, grinst. Bruno schlägt ein, Gimme five.

TOM Du warst super.

BRUNO Echt?

TOM Du bist so arschcool. Was hat er gesagt?

BRUNO Er macht es. Er kommt.

TOM Echt? Und was noch?

BRUNO Er hat nur gefragt, welches Karstadt. Der hat nicht viel gesagt, hast du doch mitgekriegt.

TOM Der hat's gefressen, Mann, Mann, Mann.

Sie trinken.

Wir sind ein Dream Team, Alter, oder? Wir sind verdammt noch mal ein richtig gutes Team.

BRUNO Ey Mann, dass ich die Nummer gebracht habe.

TOM Und wie ein Profi, Alter, arschcool.

Sie lachen.

Ich krieg langsam Lust, da morgen hinzufahren und dem die Kohle abzuziehen.

BRUNO Aber dann wäre das Teil weg.

TOM Wieso? Linke ich ihn einfach noch mal, verdient hätte er es.

BRUNO So was kann man aber nicht bringen. Krumme Sachen mache ich nicht.

Tom gibt ihm feierlich das iPhone.

TOM Für dich.

Bruno ist gerührt, steht auf, umarmt Tom kurz.

BRUNO Du bist echt ein Freund, Alter.

TOM Weißte, so übel war das gar nicht, dass mir das heute passiert ist. Jetzt wissen wir wieder, dass wir als Team gut funktionieren.

BRUNO Es darf halt echt kein Mist mehr passieren, sonst krieg ich Kelle.

TOM Das mit dem Sharazan war eigentlich auch kein schlechter Plan.

BRUNO Ich hab zehn Monate gekriegt.

TOM Wenn ich da gewesen wäre, wärste auf die nicht losgegangen. Dass der Scheiß mit den Russen passiert ist, hat ja gezeigt, dass wir was zusammen machen müssen. Oder?

BRUNO Kann schon sein.

TOM Ist so, glaub mir. Wir sind Teamspieler. Ist jetzt amtlich.

Tom zeigt auf das Handy.

BRUNO Alter, du kommst doch auch alleine klar.

TOM Ich hab vielleicht mehr Ideen als du, aber trotzdem, du ziehst die Sachen durch, habe ich doch gerade gesehen, du hast das einfach arschcool gemacht, das war richtig super von dir.

BRUNO *(verlegen)* Ach komm, hör auf.

TOM Ne wirklich, das war ja wie ein Testlauf. Dass wir uns die Bälle zuspielen können. Wie Poldi und Schweini, wenn sie gut drauf sind.

BRUNO Ja, verstehe schon.

TOM Ich bereite das vor und du ziehst durch. Wie mit dem Bulli und unserer Firma. Ich kann mir so was ausdenken, aber machen müssen wir es zusammen. Alleine geht nicht.

BRUNO Ich hab heute meiner Mutter erzählt, dass wir zusammen was aufziehen.

TOM Und?

BRUNO Die fand das gut, ich glaube, die mag dich.

TOM *(lacht)* Mütter haben ein gutes Gespür.

BRUNO Sie checkt halt nicht so ganz, wie wir an den Wagen kommen, Gewerbeschein, Startkapital und alles. Aber ich habe ihr gesagt, dass du dich da gerade voll reinkniest.

TOM Die soll sich mal keinen Kopp machen.

BRUNO Mir musste das, glaub ich, auch noch mal erklären.

TOM Ich habe alle Adressen, alle Infos, und mit dem Bulli sieht das ganz gut aus.

BRUNO Mann, hoffentlich klappt das.

TOM Das Wichtigste haben wir ja schon, und das ist eine gute Geschäftsidee. Kleinumzüge und Kurierdienst für Sperrgut macht sonst hier keiner. Alle brauchen das mal, aber hat noch keiner gemacht.

BRUNO Ist eigentlich komisch, oder?

TOM Fahrradkurier hat auch mal irgendjemand erfunden.

BRUNO Und der hat jetzt Kohle ohne Ende.

TOM Worauf du einen lassen kannst.

BRUNO Ab morgen hauen wir rein. Heute ist noch Party.

TOM Prost.

BRUNO Nisch nippen. Kippen.

Sie trinken. Bruno sieht sich das iPhone an.

TOM Aber dass muss man ihm lassen, so was zu machen für seine Tochter, das ist schon korrekt, oder? Mein Alter hätte das nie gemacht, der hätte gesagt, selber Schuld, was lässt du das Teil auch liegen, du Blödmann, sieh man zu wie du jetzt klarkommst.

BRUNO Du bist ja auch ein Kerl. So eine verwöhnte Schneppe, die denkt halt, egal, kauft der Alte mir ein Neues. Die ist verwöhnt. Als Kerl lernt man, auf seine Sachen aufzupassen, da muss man klarkommen, aber wenn der Alte es einem vorne und hinten reinsteckt? Ich hätte die Fresse voll gekriegt, frag nicht wie.

TOM Meiner hätte mir so was auch nicht gekauft, selbst wenn er die Kohle hätte.

BRUNO Aber dafür wissen wir, wo es langgeht.

TOM Eben, so eine Tusse rennt mit achtzehn oder so mit einem iPhone rum, die weiß so was gar nicht zu schätzen.

BRUNO Das geschieht der recht, und dem Alten sowieso.

TOM Der ist schon in Ordnung, eigentlich.

BRUNO Willste mal Bilder gucken?

Sie sehen sich die Bilder auf dem iPhone an.

TOM Vielleicht hat sie irgendwelche Nacktbilder drauf.

BRUNO Kennst du eine, die so was auf ihrem Handy hat?

TOM Kann doch sein, oder?

BRUNO Ist doch Quatsch.

TOM Die sieht schon nicht schlecht aus.

BRUNO Soll ich mal nach Musik gucken?

Bruno macht Musik an, das Licht fährt herunter.

2. SZENE

Es klingelt. Tom steht auf.

TOM Egal wer es ist, pack das weg und halt die Klappe.

BRUNO Wieso? Ist doch eine Supergeschichte.

TOM Lass mal.

Tom geht nach draußen, man hört eine Stimme.

SCHMITZ *(off)* Sag mal, hältst du mich für komplett bescheuert?!!

Bruno macht die Musik aus und packt schnell das iPhone weg, Schmitz kommt herein, sehr wütend, Tom kommt hinterher.

TOM Sie können hier nicht so einfach rein, das ist Hausfriedensbruch.

SCHMITZ Ich kann noch ganz anders, wenn ich nicht sofort das Handy bekomme. So, und du bist der Türke oder was?

BRUNO Ich? Nee, ich bin Deutscher. Absolut reinrassig.

TOM Türke? Wie kommen Sie denn auf Türke, Herr Schmitz? Was wollen Sie überhaupt von uns?

SCHMITZ Los, rückt das Teil raus, ihr habt fünf Minuten. Wenn ich hier rausgehe ohne das Handy, machen wir das mit Polizei. Also?

TOM Ich habe Ihnen schon heute früh gesagt, dass ich das nicht war.

BRUNO Sie können doch nicht einfach meinen Kumpel hier verdächtigen.

SCHMITZ Du hältst dich da raus. Also, noch vier Minuten.

TOM Ich war das nicht. Sie wollen mir nur eine reinwürgen!

SCHMITZ Das Handy ist hier.

TOM Bloß weil Sie denken, ich bin ein Dieb.

SCHMITZ Nein, weil mich irgendein Idiot angerufen hat und einen Scheiß von Gelsenkirchen erzählt hat und ich höre mir den Schrott an und da fährt ein Rettungswagen bei dem vorbei, und komischerweise fährt der bei mir kurz danach auch vorbei, der ist hier die Bismarckstraße runter. Komisch, oder?

BRUNO Hier wohnen auch jede Menge Türken.

Bruno wischt sich über die Stirn, er wird immer nervöser.

SCHMITZ Ich rede nicht mit dir. Tom, in zwei Minuten gehe ich hier raus, und dann hast du jede Menge Ärger an den Hacken, und dein Kumpel auch. Gebt mir das Teil und wir machen das ohne Polizei, du verlässt den Betrieb und Schluss. Aber das läuft nur, wenn du mir jetzt sofort, verstehst du, sofort das Handy gibst. Ich habe keine Lust auf dieses Gelaber, verstanden?

TOM Gut, dann durchsuchen Sie meine Bude, bitte.

SCHMITZ Ich frage nicht noch mal. Gib mir das Handy.

TOM Ich habe das nicht!

Tom reißt eine Schranktür auf.

Los, suchen Sie doch.

Bruno steht auf.

BRUNO Das ist euer Ding, nicht meins.

SCHMITZ Du bleibst hier.

Schmitz holt sein Handy heraus, tippt eine Nummer.

BRUNO Wollen Sie jetzt die Bullen rufen?

SCHMITZ Die rufe ich danach an. Also, du hast es immer noch nicht?

Tom schweigt, Bruno wird immer nervöser.

Wenn es jetzt klingelt, weiß ich, dass es hier ist. Ganz einfach. Letzte Chance.

Schmitz tippt in sein Handy. Bevor es klingeln kann, hat Bruno ausgeholt und Schmitz einen Schlag in die Magengrube gegeben, er fällt nach vorne, Bruno gibt ihm noch einen Haken ans Kinn, Schmitz fällt zu Boden und bleibt bewusstlos liegen. Tom erstarrt, Bruno zittert, setzt sich.

TOM War das jetzt nötig?

BRUNO Aber du hast doch mitgekriegt, dass …

TOM Das war total überreagiert, Alter! Jetzt ist die Kacke wirklich am Dampfen.

BRUNO Das Teil hätte bei mir geklingelt und dann wäre ich wieder eingefahren.

TOM Und jetzt? Was ist jetzt?

BRUNO Woher soll ich das wissen? Das ist dein Chef, nicht meiner, und es war dein Plan, nicht meiner. Ich hab nur gemacht, was du mir sagst.

TOM Hab ich gesagt, du sollst ihm eine ballern? Habe ich das?

BRUNO Jetzt hör doch auf zu meckern. Jetzt ist es passiert. Der hat doch den Stress gemacht, nicht ich.

TOM Ja und jetzt?

BRUNO Weiß ich doch auch nicht! Sag du doch mal.

TOM Okay, wir lassen uns was einfallen.

Schmitz bewegt sich.

BRUNO Wir können den jetzt doch nicht abhauen lassen.

Schmitz steht auf, er ist benommen.

SCHMITZ Ihr seid total verrückt, total. Glaubt bloß nicht, dass ihr damit durchkommt.

Schmitz geht Richtung Tür.

TOM Sie können jetzt nicht gehen.

BRUNO Tom, jetzt sag doch mal was.

SCHMITZ Hier, jetzt, kläre ich gar nichts mit euch.

TOM Es ist wirklich besser, wenn Sie bleiben, Herr Schmitz, ich sag das in Ihrem Interesse.

SCHMITZ Wenn, dann klären wir das unten, aber nicht hier.

Schmitz geht Richtung Tür.

BRUNO Tom hat gesagt, Sie sollen bleiben.

SCHMITZ Leck mich.

Bruno reißt Schmitz herum und gibt ihm einen Kopfschlag vor die Stirn, Schmitz geht wieder zu Boden.

TOM Jetzt hör doch auf!!

BRUNO Der geht erst, wenn wir geredet haben!

TOM Du kannst ihn doch nicht alle zwei Minuten ausknocken, irgendwann steht der nicht mehr auf.

BRUNO Ich bin heute den dritten Tag draußen. Ich war zehn Monate drin.

TOM Weiß ich doch.

BRUNO Ich war gerade einmal saufen, ich war noch nicht mal richtig in der Stadt, nicht mal richtig auf Tour, ich habe noch keine Nacht richtig gepennt, weil ich rumlaufe wie ein falscher Fuffziger, ich habe noch nicht mal gefickt, seit ich draußen bin. Ich habe Haftprüfung. Wenn ich bei rot über die Ampel gehe, komme ich nach Siegburg. Da will ich nicht hin, das mache ich nicht, kapiert? Du hast mich hier reingezogen und du holst mich auch wieder raus und das ist mir bitterernst.

TOM Ich fahre genauso ein wie du.

BRUNO Also lass dir was einfallen. Solange er hier ist, haben wir es im Griff. Wenn er hier raus ist, kann er uns fertigmachen.

TOM Du wirst ihm keine mehr ballern.

BRUNO Nur, wenn er abhauen will, bevor uns was eingefallen ist.

TOM Uns fällt schon was ein.

BRUNO Was?

TOM Ich brauche Ruhe zum Nachdenken, so kann ich nicht, das stresst mich total.

BRUNO Sollen wir ihn ins Klo sperren?

TOM Da ist ein Fenster nach hinten, nachher brüllt er rum.

Tom sucht in seinem Schrank und holt ein Gaffer Tape heraus.

Ich such mal nach Schnur.

Bruno fesselt Schmitz' Hände und Füße mit Klebeband, Tom kommt mit einer Schnur.

Tom beginnt Schmitz mit der Schnur an die Heizung zu fesseln.

BRUNO Wir können ihn irgendwo draußen hinlegen und wenn er sagt, dass wir es waren, streiten wir alles ab.

TOM Du kannst ihn hier nicht über die Straße schleppen, kann doch einer sehen.

BRUNO Wegen dem fahre ich nicht ein, nicht wegen einem Scheißhandy.

TOM Niemand fährt ein.

Tom wirft einen Blick auf Schmitz.

Der ist doch noch in Ordnung, oder? Muss doch kein Arzt her.

BRUNO Bei einem Köpper gehen nur ein paar Minuten die Lichter aus.

TOM Das heißt doch nicht Köpper.

BRUNO Ich sag aber Köpper.

TOM Von mir aus.

BRUNO Bierchen?

Bruno nickt, Tom steht auf.

Was sage ich denn, wenn er aufwacht?

TOM Du gibst die schöne Hand, sagst deinen Namen und erzählst ein paar Knastgeschichten.

Tom ab, Bruno rutscht unruhig auf seinem Stuhl herum. Tom kommt mit drei Bier wieder.

BRUNO Willst du dem auch ein Bier geben?

TOM Warum soll ich dem kein Bier geben. Er ist mein Chef, okay? Er ist eigentlich in Ordnung. Hätte uns halt nicht in so eine Lage bringen dürfen. Wenn er nicht hier aufgetaucht wäre, wäre das alles locker gegangen.

BRUNO Stimmt.

TOM Irgendwie ist das auch sein Problem.

BRUNO Stimmt.

Sie trinken. Schmitz bewegt sich.

Was machen wir denn jetzt? Der ist gleich wieder wach.

TOM Dann klären wir das mit ihm ganz ruhig unter Männern.

BRUNO Ist schließlich auch sein Problem.

TOM Eben.

BRUNO Stress bringt jetzt gar nichts.

TOM Er hat ja gesehen, was passiert, wenn er Stress macht.

BRUNO Eben.

TOM Wir sagen: Herr Schmitz, wir haben ein Problem und das klären wir jetzt.

BRUNO Aber du sprichst.

TOM Klar.

BRUNO Das kriegen wir in den Griff.

TOM Ohne Stress.

BRUNO Genau.

Schmitz wacht auf, sieht die beiden an.

TOM Bierchen, Herr Schmitz?

Schmitz sieht an sich herunter. Tom gibt ihm ein Bier in die gefesselten Hände.

Wir müssen reden.

SCHMITZ Was soll das? Tom, erklär mir, was das soll.

TOM Das ist alles völlig schiefgelaufen.

SCHMITZ Mach mich sofort los.

TOM Wenn wir geredet haben. Vorher geht nicht, tut mir leid.

SCHMITZ Ihr seid schon ziemlich tief in der Scheiße, hört jetzt auf, macht mich los, wir gehen irgendwohin und reden.

BRUNO Nein, jetzt und hier, verdammt noch mal!

TOM Ist gut, Bruno.

BRUNO Du darfst ihm nicht meinen Namen sagen!

TOM Wir reden doch jetzt, unter Männern, ganz vernünftig. Wir trinken jetzt, dann reden wir.

Tom prostet Schmitz zu, dann Bruno. Sie trinken.

Wenn Sie cool geblieben wären, wäre das alles nicht passiert.

SCHMITZ Wie bitte?

TOM Wir hätten das alles ganz locker klären können, wenn Sie hier nicht aufgetaucht wären. Das war echt ein Fehler. Auch uns unter Druck zu setzen. Was hätten wir denn machen sollen? Sie haben die harte Tour gefahren und jetzt sitzen wir in der Scheiße. Sie hätten nicht kommen dürfen.

SCHMITZ Ja und? Was soll das jetzt? Soll ich mich entschuldigen oder was?

TOM Ich sag mal so. Wir müssen einen Weg finden, dass das nicht passiert ist.

BRUNO Du machst es schon wieder kompliziert.

TOM Okay. Also, ich finde Sie in Ordnung, ich habe auch nichts gegen Sie, aber …

BRUNO Wir können Sie nicht laufenlassen, weil Sie sonst zu den Bullen gehen.

Stille.

SCHMITZ Und was habt ihr vor?

TOM Das müssen wir uns jetzt ausdenken.

SCHMITZ Okay, ich gehe nicht zu den Bullen, aber …

TOM Das ist schon mal gut.

BRUNO Tom, das sagt er jetzt. Was soll er denn sonst sagen? Wenn er erst mal hier draußen ist, rennt der sofort zu den Bullen.

TOM Wenn Sie das machen, kriegt mein Freund hier echte Probleme.

BRUNO Du sollst das nicht erzählen.

TOM Aber er muss doch wissen, dass das alles nur ganz blöd gelaufen ist.

SCHMITZ Sag verdammt noch mal, was das hier soll.

TOM Sie denken jetzt bestimmt, dass wir linke Typen sind, aber das stimmt nicht. Ich habe das Handy nicht geklaut, ich habe es nur eingesteckt, weil ich dachte, sie machen mich fertig, wenn ich es habe, ich wollte das wirklich nicht klauen. Bruno, gib ihm das Handy.

Bruno zögert, dann legt er das Handy auf den Tisch.

Mein Kumpel hier ist auf Haftprüfung draußen. Wenn was ist, fährt er wieder ein, dabei ist er nur in den Bau gegangen, weil sein Anwalt so scheiße war. Er hat gerade einfach überreagiert. Eigentlich hat er mit der Sache nichts zu tun. Er hat mir nur einen Gefallen getan.

BRUNO Aus Freundschaft.

TOM Er macht keine krummen Dinger.

BRUNO Tom auch nicht.

TOM Aber wenn Sie zu den Bullen gehen, glauben die uns nicht. Dann sind wir echt am Arsch.

BRUNO Weil die Vorurteile haben.

TOM Glauben Sie uns?

Stille.

Also, Sie gehen nicht zu den Bullen?

SCHMITZ Gib mir das Handy, ich gehe nach Hause und morgen überlegen wir weiter.

TOM Sie werden mich auch nicht feuern.

SCHMITZ Nein. Macht mich jetzt los.

Tom zögert, dann zu Bruno.

TOM Mehr kann er eigentlich nicht machen. Also keine Bullen?

SCHMITZ Wir klären das unter uns, versprochen.

TOM Schwören Sie es?

SCHMITZ Ich schwöre.

TOM Bruno, okay?

BRUNO Der schwört doch jetzt alles, damit er hier rauskommt. Würde ich auch machen. Wir brauchen eine Garantie.

TOM Dann soll er auf die Bibel schwören.

BRUNO Das ist doch Scheiße! Tom, du machst heute einen Scheißplan nach dem anderen. Aber du gehst dafür höchstens vier Monate in den Bau, ich kriege ein Jahr und das packe ich nicht, das weißt du. Auf die Bibel schwören, du hast doch den Arsch offen, echt.

Bruno geht unruhig auf und ab, wird immer nervöser.

Mir stinkt das hier, ich höre mir das Gelaber nicht mehr an! Du lässt dir jetzt was einfallen oder ...

TOM Oder was? Motz hier nicht rum, wenn dir nichts einfällt.

SCHMITZ Kommt runter, Jungs, wir finden schon eine Lösung.

TOM Siehste? Sag ich doch auch, und du drehst hier ab.

BRUNO Dann soll er eine Garantie geben, die ich ihm abnehme.

SCHMITZ Bleib auf dem Teppich, Bruno.

BRUNO Haben Sie kapiert, worum es geht?

SCHMITZ Ja, hab ich.

BRUNO Und das muss todsicher sein, kapiert?

SCHMITZ Ja, ist klar, Bruno. Ich trinke mein Bier und wir denken nach.

TOM Glaub ihm das, er ist echt fit in der Birne.

BRUNO Also los.

Schmitz trinkt einen Schluck Bier. Stille, Bruno tigert unruhig auf und ab.

TOM Jetzt setz dich doch mal, sonst kann er nicht nachdenken.

BRUNO Ich muss pissen.

TOM Ja und soll ich jetzt mit zum Abschütteln oder was?

BRUNO Du machst ihn aber nicht los.

TOM Geh schon.

Bruno ab.

Sie müssen einen guten Plan machen, ehrlich. Der kann hart sein. Ist ein Supertyp, wird nur schnell nervös, dann dreht er durch. Der hat zwei Russen vor dem Sharazan rundgemacht, bloß weil die ihn blöd angequatscht haben, zwei Typen, mit einer Eisenstange, hat dem einen den Schädel gebrochen, dem anderen beide Beine. Der darf nicht ausrasten, kapieren Sie? Ich allein hätte Ihnen ja das Handy gegeben, aber ...

Bruno kommt wieder herein.

BRUNO Was redet ihr da?

TOM Wir denken nur nach, ist ja alles nicht so einfach, oder?

Schmitz lacht.

BRUNO Was gibt's denn da zu lachen?

SCHMITZ Wird halt nie langweilig, wenn man mit jungen Leuten arbeitet. Gerade wenn man ausbildet. Da ist immer was los, immer eine neue Überraschung. Das hier hatte ich noch nicht.

BRUNO Wollen Sie uns verarschen?

SCHMITZ Ich hab schon mit Leuten wie euch zu tun gehabt, als du noch in die Windeln geschissen hast.

BRUNO Ja und? Was bringt uns das jetzt?

SCHMITZ Nichts. Bringt gar nichts. Ich bin nur gerade so müde.

TOM Sie müssen schon mitdenken.

SCHMITZ Klar, schließlich bin ich ja Schuld.

TOM Nein ... wir waren auch nicht cool ... ist ja egal, aber ... wir müssen doch was finden. Verstehen Sie das nicht?

SCHMITZ Doch, ich verstehe alles, ist meine große Spezialität.

BRUNO Verdammte Scheiße. Tom, der will uns nur verarschen!

SCHMITZ Setz dich, Bruno, denken wir nach. Ihr wollt Ruhe von mir, ich will Ruhe von euch. Korrekt?

BRUNO Red ich Türkisch? Ich brauche eine Garantie.

SCHMITZ Ihr wollt einen Plan von mir, habe ich kapiert. Also gut, denken wir nach.

TOM Das sagen wir doch die ganze Zeit.

SCHMITZ Ihr habt euch in die Scheiße geritten und wisst nicht mehr, wie ihr rauskommt. Ist nicht ungewöhnlich, kommt immer wieder vor. Kenn ich. Ist mein täglich Brot, keine große Sache.

BRUNO Für mich schon.

TOM Und wie kommen wir da raus?

SCHMITZ Haut eine Weile ab. Macht Urlaub oder jobbt woanders, ihr habt ja was drauf.

BRUNO Das ist die Garantie?

SCHMITZ Schlechte Neuigkeiten, Bruno, es gibt keine Garantie. Wenn es eine gäbe, wäre sie euch doch sicher eingefallen, oder? Aber es gibt bezahlten Urlaub.

Im Sommer interessiert die Sache keinen mehr, ich hab mein Handy und nicht die geringste Lust, wegen der Sache weiter Stress zu machen. Habt ihr irgendwas vor? Deine Lehrstelle bist du sowieso los, Tom, und du Bruno? Hast du einen Job?

BRUNO Nein.

TOM Wir sollen abhauen?

BRUNO Und wenn wir international gesucht werden?

SCHMITZ So wichtig seid ihr nicht.

TOM Da hat er recht. Wegen so einem Kleinscheiß doch nicht.

BRUNO Wie soll das denn gehen ohne Kohle?

SCHMITZ Kohle kriegt ihr von mir.

Stille.

TOM Sie wollen uns Kohle geben, damit wir abhauen können?

SCHMITZ Ja, haut ab, ich habe keinen Bock mehr, ich will meine Ruhe, kapiert? Ich zahle die Zeche, mein Lehrgeld. Ich bin doch selber Schuld, oder? Habt ihr doch gesagt? Oder?

BRUNO Das ist eine Falle.

SCHMITZ Greif mal in meine Jacke, da ist mein Geldbeutel mit EC-Karte.

Tom steht auf.

BRUNO Das geht mir zu schnell. Sie wollen, dass wir Ihr Konto abräumen, damit wir Sie gehen lassen, und dann haben wir richtig Ärger. Ich will ganz genau wissen, wie das gehen soll.

TOM Sei doch mal spontan, immer willst du alles genau wissen.

BRUNO Ich hab ja wohl allen Grund, alles genau wissen zu wollen. Außerdem weiß ich nicht, wo ich hinsoll. Ich kann doch nicht einfach weg.

TOM Warum denn nicht?

BRUNO Der will uns nur loswerden.

SCHMITZ Natürlich will ich euch loswerden. Oder soll ich euch adoptieren?

BRUNO Ich bin hier zu Hause, hier kenne ich mich aus.

TOM Ich wäre doch da.

BRUNO Du würdest hier so einfach abhauen?

TOM Ist doch keine schlechte Idee.

BRUNO Ich will mal einen Job, eine Familie und so. Ich will doch nicht den Rest meines Lebens Kokosnüsse sammeln, bloß weil ich einmal Mist gebaut habe. Nee, das geht nicht.

TOM Man kann da doch mal drüber nachdenken. Ist doch auch nur für eine Zeit lang.

SCHMITZ Nur mal durchspielen. Wenn du jetzt richtig Kohle hättest, wo würdest du hingehen?

BRUNO Keine Ahnung.
TOM Mallorca ist doch klasse.
BRUNO Mallorca war gut, stimmt. Aber da können wir doch nicht hin.
TOM Warum denn nicht?
BRUNO Sag mal, spinnst du jetzt total? Willst du weg?
TOM Wir wollen doch sowieso zusammen was aufziehen.
BRUNO Aber doch nicht am Arsch der Welt.
TOM Der Arsch der Welt ist ja wohl eher hier.
SCHMITZ Ihr renoviert den deutschen Rentnern ihre Fincas, jobbt in einer Kneipe, oder zieht selber eine auf. Oder auf dem Bau, was weiß ich.
TOM Ich hab dir doch gesagt, dass er fit in der Birne ist.
BRUNO Ist doch Blödsinn. Außerdem haben wir eine super Geschäftsidee.
SCHMITZ Ach, echt?
TOM Kurierdienst und Umzugsservice, mit einem VW Bulli.
SCHMITZ Braucht hier keiner.
BRUNO Sie haben doch keine Ahnung, Tom hat das alles schon abgecheckt. Das ist 'ne Marktlücke.
SCHMITZ Ach, echt? Hut ab, Tom.
TOM Bruno, das ist noch eine ganz wackelige Sache, das kann immer noch schiefgehen.
BRUNO Aber wir haben doch schon den Bulli.
TOM Ich hab da einmal angerufen, ob der verkaufen würde, mehr nicht.
Sein Plan klingt besser.
BRUNO Was der da so schnell hinrotzt, ist besser? Der interessiert sich doch einen Scheißdreck für uns.
TOM Ist doch egal. Wir können doch mal ein bisschen größer denken.
Stille.
BRUNO Bevor ich ins Ausland gehe, muss schon mehr passieren. Außerdem spreche ich keine fremden Sprachen.
TOM Brauchst du in Malle doch nicht, da sprechen doch alle Deutsch.
BRUNO Hör doch mal auf mit Malle. Da kenne ich doch kein Schwein.
TOM Und wen kennst du hier? Die Sharazan-Clique? Wer hat sich denn um dich gekümmert? Wer hat dich denn mal besucht oder was geschickt?
Bruno schweigt.
Ich hab mich um dich gekümmert, sonst niemand. Weil ich dein Freund bin, die anderen haben dich alle hängenlassen.
BRUNO Und meine Mutter?

TOM Was sagt die wohl, wenn du noch mal einfährst?

BRUNO Hör dir mal einen Moment zu, ja? Du willst mich gerade belabern, dass ich mit dir nach Mallorca gehe, bloß weil dieser Typ da dir das einreden will. Der ist doch nicht sauber.

SCHMITZ Muss ja nicht Mallorca sein. Hauptsache, ihr seid weg.

BRUNO Sie halten jetzt mal die Schnauze, wenn ich mit meinem Kumpel rede. Vorhin haste noch gesagt, dass der Vorurteile hat, und jetzt willst du an den Arsch der Welt, bloß weil dem das gerade einfällt. Wir kommen doch nicht mal bis zur Grenze, dann haben uns die Bullen. Der will doch seine Kohle wiederhaben, ist doch normal, oder?

Stille.

TOM Das würden Sie doch nicht machen.

BRUNO Wie kommen wir raus. Wie viel Kohle kriegen wir?

SCHMITZ Zweitausend, mehr ist nicht. Flüge nach Mallorca gibt es ständig, ihr hebt die Kohle ab, bucht über Internet Flüge, die ersten, die morgen starten.

BRUNO Und was machen wir mit Ihnen?

SCHMITZ Was weiß ich. Bevor ihr losfliegt, sprecht ihr auf den Firmen-AB wo ich bin, Frau Brückner kommt um zehn, hört es ab und holt mich raus.

Stille.

TOM Sie können das ja richtig gut.

BRUNO Ist kein schlechter Plan, gebe ich zu.

SCHMITZ Bevor ihr geht, müsst ihr mir noch was zu essen und trinken hinstellen, damit ich bis morgen gut durchhalte. Und eine Dose, wenn ich mal für kleine Mädchen muss.

BRUNO Aber zwei ist nicht viel.

SCHMITZ Mehr geht nicht.

TOM Das ist okay für den Anfang.

BRUNO Und wenn wir das nicht packen?

TOM Wir packen das doch, oder?

BRUNO Ich will es von ihm hören.

Stille.

SCHMITZ Ich kenne dich nicht. Ich kenne Tom, von dir weiß ich nur, dass du nichts gelernt hast und im Bau warst. Tom wäre nach der Probezeit geflogen, das war schon vor dem Handy klar. Euch braucht hier niemand. Die Jobs, für die ihr genau richtig seid, gibt es nicht mehr. Und selbst wenn ihr doppelt und dreifach so gut wärt wie jetzt, müsstet ihr euch trotzdem ganz hinten anstellen, und das ist eine ganz lange Schlange. Das wird auch nicht besser, eher schlimmer, und selbst wenn ihr nichts verbockt hättet, würdet ihr nicht aufrücken. Ihr könnt in einer Maßnahme landen und ein bisschen Arbeiter spielen, vier Wochen mit der Feile an einem Werkstück rummachen, mit einem richtigen Blaumann und Stullenbüchse. Dann geht ihr an euren alten Platz in der Schlange zurück und alles, was ihr fabriziert habt, wird weggeschmissen. Ihr seid überflüssig, alles, was ihr hier machen könnt, ist überflüssig. Also haut ab, seht zu, dass ihr Land gewinnt. Wenn ihr ein gutes Team seid, was kann schon passieren?

So, und jetzt klärt das unter euch. Mein Angebot steht.

Stille, Tom geht zu Schmitz, bleibt vor ihm stehen.

Linke Tasche.

Tom zögert, nimmt dann Schmitz' Geldbeutel heraus.

BRUNO Ich gehe.

TOM Nein ich. Oder willst du ins Überwachungsfernsehen? Sicher ist sicher. Geheimzahl?

SCHMITZ 7391.

TOM *(zu Bruno)* Mach ihn los und zieh ihm die Jacke aus.

BRUNO Was soll denn das?

TOM Nur für alle Fälle, damit er auf dem Film ist.

Bruno entfernt Schmitz die Handfessel, Schmitz zieht seine Jacke aus, Tom nimmt sie, setzt Schmitz' Mütze auf.

BRUNO Glaubst du, das ist eine gute Aktion?

TOM Ich will Kohle in der Hand haben, dann sehen wir weiter.

BRUNO Warte doch mal.

TOM Du kriegst doch deinen Arsch nie hoch. Ich habe keine Lust, hier in der Scheiße zu hängen. Oder hast du einen besseren Vorschlag?

BRUNO Nein.

TOM Was wollen Sie? Döner? Burger King?

SCHMITZ Ist mir egal.

Tom geht. Stille, Bruno rutscht auf seinem Sitz herum.

Kann ich noch ein Bier haben?

Bruno holt Bier, kommt wieder, gibt es Schmitz.

BRUNO Sie dürfen das Tom mit dem Teil nicht übel nehmen. Ihre Tochter ist ja irgendwie auch selber Schuld. Gelegenheit macht Diebe.

SCHMITZ Ich kümmere mich um meine Leute, das weiß Silke auch, und da rechnet man eben nicht damit, dass jemand, für den man sich den Arsch aufreißt, einen linkt. Da denkt man, dass alle wissen, was die Regeln sind und dass so was nicht vorkommt. Das hat was mit Vertrauen zu tun. Schon mal was davon gehört?

BRUNO Ich habe das Teil nicht genommen. Ich habe Tom auch gesagt, dass er das zurückbringen soll.

SCHMITZ Die hat die ganzen Semesterferien gearbeitet für dieses Gerät. Ich finde das idiotisch, aber sie wollte das unbedingt. Und dann kriegt sie es geklaut, und zwar von Leuten, die nirgendwo sonst eine Lehrstelle bekommen hätten, keiner sonst hätte Tom noch genommen, der ist schon zweimal geflogen und ich Idiot nehme ihn. Das ist verdammt undankbar, verstehst du das?

Schmitz deutet auf das Klebeband.

Das Tape hier ist auch aus dem Betrieb.

BRUNO Ich sag ja nicht, dass das gut ist.

SCHMITZ Und warum lässt du mich nicht einfach gehen?

BRUNO Hab ich Ihnen gesagt.

SCHMITZ Nein, hat Tom gesagt.

BRUNO Ich kann Sie nicht gehen lassen.

SCHMITZ Jaja, bloß nicht selber denken.

BRUNO Sie wollen mich bequatschen, ich habe gesehen, wie Sie das machen. Tom und ich, das ist was anderes, wir sind Freunde.

SCHMITZ Und ich war seine letzte Chance, noch eine Lehre zu machen. Ich habe alles geschluckt, jeden Scheiß, einen geklauten Werkzeugkasten, seine ewigen Verspätungen, die schwachsinnigen Ausreden, wenn er mal wieder auf Tage verschwunden war. Woanders wäre er längst achtkantig rausgeflogen, aber ich habe mich gekümmert und jetzt hänge ich hier an der Heizung. Ich hab mir an Typen wie Tom die Zähne ausgebissen, weil ich dachte, dass man ihnen helfen kann, und ich bin nur verarscht worden.

BRUNO Hören Sie doch mal auf zu quatschen! Ihr Frust ist mir scheißegal! Sie wollen nur alles in den Dreck ziehen, Sie haben keinen Respekt, Sie wollen alles madig machen, alles, Tom, mich, alles was wir machen. Da geht es um Freundschaft. Das kapieren Sie nicht. Ende der Durchsage.

SCHMITZ Ist doch super, wenn du ihm trauen kannst. Ich kann es nicht mehr, und das darf ich ja wohl noch sagen.

BRUNO Sie sind ja auch nicht sein Freund! Sie kennen ihn ja gar nicht!

SCHMITZ Ich kenne ihn besser als du.

BRUNO Klar, du hast den Durchblick, diese Checkernummer kenne ich. Ist doch wohl klar, dass man mit seinem Chef anders umgeht als mit seinem Freund.

SCHMITZ Klar, deshalb erzählt er mir ja auch, dass du gefährlich bist. Der ist doch einfach eine linke Ratte.

BRUNO Wann soll er das denn gesagt haben?

SCHMITZ Als du auf dem Klo warst.

BRUNO Das ist doch jetzt eine ganz billige Tour.

SCHMITZ Eisenstange. Schädelbruch und gebrochene Beine. Zwei Russen.

Stille.

BRUNO Da war ich dabei, als er das gesagt hat.

SCHMITZ Ach ja? Dann habe ich mich eben geirrt.

BRUNO Der wollte Ihnen nur Angst einjagen.

SCHMITZ Was bist du? Ein Kampfhund?

BRUNO Der will einfach, dass ich keine Probleme habe, darum geht es. Weil er weiß, dass ... ist ja auch egal. Alle haben mich hängen lassen. Der nicht. Wenn ich wo pennen musste, weil es zu Hause rundging. Weil der weiß, wie ich ticke, der weiß, dass ich keinen Streit suche, ich habe nur manchmal Bauchkrämpfe, weil ich so eine Scheißwut habe, da kann ich nichts gegen machen, Tom war das egal, der hat gesagt, dass man da was machen kann, nicht wie die Psychoheinis. Der hat mir einen einfachen Trick gesagt, bis zehn zählen, da ist sonst keiner drauf gekommen, Tom hat das geschnallt. Wenn einer lacht und ich denke, was lacht der über mich ... zählen, nicht drum kümmern. Und das hilft. Tom hat mir auch gesagt, dass ich meine Kohle damit verdienen soll, wenn alle Schiss vor mir haben. Mach einfach Kohle damit, mach Türsteher, da brauchen sie Leute, vor denen man Respekt hat und das ist super gelaufen.

Bruno wischt sich den Schweiß von der Stirn.

Das können Sie sich gar nicht vorstellen, wenn man einen Affen da drin hat und wie das ist, wenn der an den Stäben rüttelt, haben sie das mal gesehen? Wenn die ausrasten im Affenhaus, wenn die so brüllen und gegen den Käfig hauen? Die drehen volle Kanne durch, ich will das gar nicht, mir tut das hinterher immer leid, und da kommt Tom mit dem Supertrick, bis zehn zählen, durchatmen, hat immer geklappt. Ich habe nicht gedealt wie die anderen Türsteher, oder Kohle genommen, nichts da, ich war immer sauber, keine krummen Dinger, und wenn mich einer angemacht hat, zähle ich bis zehn, und wenn die nicht ganz daneben sind, hören die den Affen und verpissen sich.

SCHMITZ Warum warst du dann im Bau?

BRUNO Wegen diesen Scheißrussen.

Bruno geht zu Schmitz, sein Gesicht dicht vor Schmitz' Gesicht, Schmitz weicht unwillkürlich zurück.

So nah ist der an mich ran, als ich ihm gesagt hab, er soll sich verpissen. Fängt an mit Hurensohn und so, das macht mir nichts, das kommt ständig, aber dass der so gestunken hat, nach süßem Rasierwasser, Kotze und Kippen. Ich hab angefangen zu zählen. Und da rülpst der mir ins Gesicht, volles Rohr. Zehn Monate ohne Bewährung. Der hat mir keine Zeit gelassen, ich muss Zeit haben, sonst kriege ich Stress. Ich bin nicht gewalttätig, aber man darf mir keinen Stress machen. Wenn Tom da gewesen wäre, wäre das nicht passiert.

SCHMITZ Vorhin war er doch da.

BRUNO Ich hab gezählt, bei sieben hätte es geklingelt. Das war einfach eine Scheißsituation.

SCHMITZ Wer war denn Schuld daran?

Bruno steht auf, er wird wieder nervöser.

BRUNO Wieso kommt der nicht?

SCHMITZ Vielleicht kommt er ja nicht mehr.

BRUNO Der kommt.

SCHMITZ Und wenn nicht?

BRUNO Der kommt aber.

Bruno macht den Fernseher an.

SCHMITZ Was soll das denn?

BRUNO Beruhigt mich.

SCHMITZ Wir reden doch gerade.

BRUNO Nein. Sie reden. Sie wollen mir die Birne weich labern.

Bruno macht den Fernseher aus, geht zum Fenster, sieht auf die Straße.

Und das brauche ich nicht. Ich bin genug zugetextet worden. In Gelsenkirchen auch. Dauernd wollen einem irgendwelche Typen helfen, machen Vorschläge, denk doch mal nach, du musst wissen, was du willst. Das nervt! Irgendwann habe ich mal Job und Familie, dann baue ich auch keine Scheiße mehr, dann hört das von selber auf. Bis dahin soll man mich nicht zutexten.

Ich mache doch gar nichts, man soll mich in Ruhe lassen, dann läuft das schon. Ich mach mir den Stress doch nicht selber, das machen doch die anderen. Und dann heißt es, ich soll keinen Stress haben. Ich will doch gar keinen Stress!

Bruno tritt gegen das Regal, es fällt um.

Wann kommt der endlich! Und wenn du nicht endlich die Schnauze hältst, mach ich dir ein Tape drüber. Du bist eine Geisel und redest hier ohne Punkt und Komma wie so ein Psychoheini. Geiseln haben die Schnauze zu halten und du redest hier wie aufgezogen. Das ist doch nicht normal.

Bruno beginnt, das Regal wieder aufzustellen.

Und daran bist du auch Schuld. Ich kann mich überhaupt nicht konzentrieren.

Schmitz schweigt, Bruno nimmt das iPhone, tippt darauf herum.

Nur für so ein Handy arbeiten ist doch bescheuert. Wieso macht die so was?

SCHMITZ Hat sie sich eben in den Kopf gesetzt.
BRUNO Würde ich nicht. Nicht für ein Handy. Für ein Auto vielleicht.
SCHMITZ Ist doch kein Unterschied.
BRUNO Ein Auto ist nützlich, das braucht man. Aber doch nicht so was.
SCHMITZ Kann doch jeder selbst entscheiden.
BRUNO Aber für so ein Teil, das einem jeder abziehen kann. Ist doch ein Angeberteil.
SCHMITZ Auto nicht?
BRUNO Klar, da gibt es auch Angeberteile. Was fahren Sie denn?
SCHMITZ Opel.
BRUNO Hätte ich drauf gewettet. Nee, Opel wäre nichts für mich. Geht gar nicht. Macht nichts her.
SCHMITZ Ist bei mir nicht mehr so wichtig.
BRUNO Später hol ich mir auch so eine Familienkutsche, aber jetzt noch nicht. So, jetzt will ich nicht mehr reden.
Bruno macht Musik an, das Licht fährt herunter.

3. SZENE
Tom kommt wieder herein.

BRUNO Alles klar?
TOM Nichts ist klar.
BRUNO Und die Kohle?
TOM Keine Kohle. Ich habe nichts gekriegt.
BRUNO Ich habe die ganze Zeit gesagt, der will uns linken.
Bruno geht auf Schmitz zu, der hebt abwehrend die Hände.
SCHMITZ Ich habe euch die richtige Zahl gesagt! An mir liegt es nicht.
BRUNO Tom, was ist da schiefgegangen? Warum hast du die Kohle nicht.
TOM Da kam immer: Betrag kann nicht ausgezahlt werden. Ich hab es x-mal versucht, hinter mir waren schon ein paar Leute, das hat mich total nervös gemacht, Karte noch mal raus, wollte von vorne anfangen, da motzten die schon rum, ich habe denen gesagt, sie sollen die Fresse halten, und versuchte mich zu konzentrieren, weil ich dachte, ich hatte einen Zahlendreher drin, hab die Zahlen anders eingegeben, dann ging gar nichts mehr, hab ich es noch mal anders probiert, da wollen die mich richtig anmachen, ich soll sie vorlassen und ich konnte mit denen doch keinen Stress anfangen, ja und dann hatte ich ein volles Blackout mit den Scheißzahlen.

BRUNO Ich hab gesagt, du sollst mich gehen lassen, mich hätten die nicht angemacht.

TOM Das waren fünf Typen, die wurden richtig brastig, weil ich da so rumfummele. Die haben mich total nervös gemacht. Und dieses Scheißding hat nichts ausgespuckt.

BRUNO Gib mir die Karte.

TOM Ich hab sie nicht mehr.

BRUNO Was!

TOM Das Scheißding hat die Karte gefressen.

Bruno drückt Tom an die Wand.

BRUNO Verarsch mich nicht!

TOM So war's aber!

Bruno lässt Tom los, geht zu Schmitz, hebt seine Faust.

BRUNO Warum hat er die Kohle nicht gekriegt. Erzähle mir jetzt keinen Scheiß.

SCHMITZ Wenn der Betrag nicht ausgezahlt werden kann, lag er über dem Limit.

TOM Was soll das heißen?

SCHMITZ Ich habe gesagt zweitausend, mehr spuckt er nicht aus.

BRUNO Wie viel wolltest du ziehen?

TOM Der hat doch mehr als zweitausend auf dem Konto.

BRUNO Aber er hat zweitausend gesagt!

TOM Mit zweitausend kommen wir doch nicht weit.

SCHMITZ Zweitausend ist oberes Limit.

TOM Dann sagen Sie das doch vorher!

SCHMITZ So was weiß man doch.

TOM Ich war noch nie am Limit, woher soll ich das denn wissen! Wenn Sie mir das gesagt hätten, wäre jetzt alles in Ordnung!

BRUNO Warum hast du nicht einfach zweitausend eingegeben?

TOM Hörst du mir nicht zu? Hab ich dir gerade erklärt, ich dachte, es ist die falsche Nummer.

BRUNO Und jetzt?

TOM Weiß ich doch nicht!

BRUNO So blöd bist du doch nicht, dass du nicht mal Geld aus einem Automaten kriegst.

TOM Diese Typen hinter mir haben mich total gestresst.

BRUNO Die Geschichte stinkt.

TOM Was?

BRUNO Stell dich an die Wand.

TOM Spinn jetzt nicht rum.

Bruno schnappt Tom, stellt ihn an die Wand, durchsucht ihn von oben bis unten.

Hör auf mit dem Scheiß! Dreh nicht durch. Bruno! Zähl bis zehn, bleib cool, alles in Ordnung!

Bruno lässt von Tom ab, setzt sich. Stille.

Wir haben alles im Griff, alles okay, Bruno.

BRUNO Oh Mann.

TOM Und jetzt sag wenigstens, dass es dir leid tut.

BRUNO Hast du es irgendwo gebunkert? Hast du einen Plan?

TOM Ich bescheiß dich nicht.

Stille.

BRUNO Wenn du mich nicht verzinkt hast, wenn du das einfach nur vergeigt hast, dann kriegst du einfach nichts mehr auf die Reihe. Das war früher nicht so. Früher hast du die Dinge im Griff gehabt. Heute hast du noch nichts im Griff gehabt, du hast alles vergeigt.

TOM Das war eben Pech, die Pläne waren gut.

BRUNO Wir wollen was aufziehen, du hast mir immer gesagt, wenn ich rauskomme, legen wir los, ständig erzählst du, was wir alles machen können und wie super das alles bei dir läuft.

TOM Das muss der doch nicht hören.

BRUNO Der hätte dich nach der Probezeit rausgeschmissen. Und du hast mir immer von deinem Superjob geschrieben und wie locker das alles läuft. Du kriegst ja gar nichts hin, Tom.

TOM Bloß wegen diesem scheiß Bankautomat ...

BRUNO Darum geht es doch nicht. Geht darum, dass du abkackst. Wir kacken hier gerade beide ab. Die ganze Mallorca-Idee war schon völlig verstrahlt, die Türkennummer, völlig verstrahlt. Und dass du den Bulli nicht an den Start kriegst, erfahre ich auch mal so nebenbei.

TOM Ich kann doch auch mal einen Fehler machen.

BRUNO Du machst nur Fehler.

Tom geht zu Schmitz, macht die Schnur von der Heizung los. Schmitz wehrt sich. Tom wickelt Klebeband über Schmitz' Mund und Ohren und führt ihn nach draußen, kommt wieder herein, holt den MP3-Player, bringt ihn nach draußen zu Schmitz, stellt die Musik laut, kommt wieder herein.

Was gibt das jetzt?

TOM War völlig beschissen, ihn zu fragen, wie das gehen soll. Mallorca, im Sommer zurückkommen und so, alles Quatsch. Essen besorgen, auf den AB quatschen, damit er befreit wird, alles Quatsch. Der interessiert mich nicht mehr. Wir kommen aus der Sache raus, das verspreche ich dir, morgen früh ist alles in Ordnung, ich muss nur nachdenken, ich hab in die falsche Richtung gedacht, kann man alles noch korrigieren, ich habe zu viel Rücksicht genommen, keine halben Sachen, ganz oder gar nicht und dann habe ich es wieder im Griff.

BRUNO Willst du ihn fertigmachen?

TOM Willst du?

BRUNO Du wolltest einen Plan machen.

Tom greift in die Jackentasche.

TOM Wenn ich jetzt einen guten Plan mache, ziehst du mit?

BRUNO Ich warte.

TOM Jetzt setz mich nicht unter Druck. Du machst es dir einfach, du sitzt im Bau und wartest, dass ich was auf die Beine stelle. Das ist nicht so locker wie du denkst, ich habe die Schwierigkeiten unterschätzt, und wenn du mir jetzt noch Druck machst ... das sind ja alles total komplizierte Sachen. Wichtig ist, dass du mir vertraust.

BRUNO Mach dein Ding. Ich hör dir zu.

Tom nimmt einen Schlüssel aus der Jackentasche.

TOM Das ist sein Wohnungsschlüssel, wir gehen hin, räumen alles aus und hauen mit seiner Karre ab.

Bruno nimmt den Schlüsselbund.

BRUNO Da ist kein Autoschlüssel dabei.

TOM Wird zu Hause liegen.

BRUNO Und jetzt willst du seine Wohnung durchpflügen.

TOM Der wird uns sagen, wo was ist.

BRUNO Der hat doch seine Tochter zu Besuch. Was machst du mit der?

TOM Wenn er nicht will, dass ihr was passiert, wird er sie anrufen und irgendwas erzählen. Sonst hängt sie mit drin.

BRUNO Das ist ein richtig krummes Ding.

TOM Ich nehme alles auf meine Kappe.

BRUNO Und wenn den hier keiner findet?

TOM Den wird schon einer finden.

BRUNO Und wir?

TOM Wir sind einfach weg. Hier braucht uns keiner.

BRUNO Und wenn ich nicht mitmache?

TOM Dann mache ich es alleine. Schieb es auf mich. Ich habe keinen Bock mehr.

BRUNO Ganz schön krass.

TOM Glaubst du immer noch, dass ich dich linke?

Bruno steht auf, geht nach draußen, bringt Schmitz mit herein.

BRUNO Also los.

TOM Wo ist der Autoschlüssel?

SCHMITZ Silke hat den Wagen. Sie ist im Kino.

TOM Wann kommt sie nach Hause?

SCHMITZ Das fragt man eine Achtzehnjährige nicht mehr.

TOM Kann man die anrufen?

BRUNO Du Blödmann, wie denn?

TOM Hätte ja sein können, dass sie mit jemandem unterwegs ist.

SCHMITZ Was soll das? Was hat das mit Silke zu tun?

TOM Wäre eben besser, wenn sie nicht da wäre, wenn wir jetzt zu Ihnen gehen.

SCHMITZ Wir gehen zu mir?

TOM Wir gehen, Sie nicht.

SCHMITZ Ihr macht nichts, wo Silke mit reingezogen wird! Ist das klar?

TOM Wo haben Sie Wertsachen? Damit wir nicht die ganze Bude durchsuchen müssen.

SCHMITZ Hast du mir zugehört? Ich will wissen, ob das klar ist!!

TOM Und wir brauchen das Auto.

SCHMITZ Ob du mir zugehört hast! Ihr lasst meine Tochter aus dem Spiel!

TOM Ich habe gesagt, was wir brauchen.

SCHMITZ Ihr lasst Silke in Ruhe!!!

TOM Wir brauchen nur das Auto. Hören Sie auf zu schreien.

SCHMITZ Ihr verdammten Arschlöcher!!

Schmitz versucht sich zu befreien, reißt an dem Tape, versucht, auf die Beine zu kommen, Bruno drückt ihn wieder herunter, Schmitz wehrt sich heftig, Bruno hebt ihn hoch und wirft ihn gegen die Heizung.

BRUNO Niemand will was von deiner Tochter.

TOM Wir wollen nur die Wertsachen und das Auto.

SCHMITZ Ihr baut doch wieder nur Scheiße, ihr habt es doch nicht im Griff.
Wenn ihr auch nur in ihre Nähe kommt, bringe ich euch um, das schwöre ich euch.

TOM Sie soll uns nur den Autoschlüssel geben. Was soll denn da schiefgehen?

BRUNO Du fängst schon wieder an zu diskutieren.

TOM Der Plan ist nicht so kompliziert wie Ihrer. Sie soll das Auto vor die Tür stellen, den Schlüssel auf den Tisch legen und abhauen. Komm, wir gehen, alle Kinos sind zu Ende, die ist bestimmt zu Hause, wir gehen hin und holen uns das Auto. Sagen Sie uns, wo die Wertsachen sind, dann läuft alles glatt.

SCHMITZ Mit mir könnt ihr Scheiße bauen, ist mir egal, aber ihr macht nichts, was mit Silke zu tun hat.

TOM Wir wollen doch nichts von der, die ist uns doch völlig egal.

SCHMITZ Und dann geht wieder irgendwas schief, was?

TOM Sie trauen mir ja überhaupt nichts zu!

BRUNO Ihr labert und labert.

TOM Ich mach es gerade nicht kompliziert, sondern er.

BRUNO Mann, siehst du nicht, dass der Typ Schiss hat? Der muss doch auch mal wissen, woran er ist.

Stille.

Also, was ist?

Stille.

Irgendwas muss jetzt hier in die Gänge kommen. Sind wir uns da einig?

SCHMITZ Ich habe nichts zu Hause, was irgendwas wert ist. Aber ich mache euch einen anderen Vorschlag. Ich rufe Silke an, sie soll alles von ihrem Konto abheben, packt das ins Auto, stellt die Karre ab und geht. Und es muss klar sein, dass sie die Zeit hat, zu gehen. Ist das klar?

TOM Ja klar.

SCHMITZ Wenn ihr näher als drei Meter an sie rankommt, bringe ich euch um, und das schwöre ich sogar auf die Bibel.

TOM Wir sind doch keine Vergewaltiger oder Vampire, Sie reden mit uns, als ob wir irgendwelche Totalnieten wären.

BRUNO Labere nicht rum, er soll anrufen.

SCHMITZ Kann sein, dass sie noch nicht zu Hause ist.

BRUNO Das werden wir ja gleich wissen.

Tom gibt Schmitz sein Handy aus seiner Jackentasche. Schmitz wählt.

SCHMITZ Hallo Silke. Ich habe hier gerade ein kleines Problem.

Kann ich dir jetzt nicht erklären. Ich bräuchte mal dringend das Auto und etwas Geld. Wie viel kannst du bei dir abheben?

Kriegst du morgen wieder.

Fahr den Wagen an die Ecke Breitenbach Bismarck, leg das Geld ins Handschuhfach, lass den Schlüssel stecken und geh nach Hause, ich komme später nach.

Nein, das geht gerade nicht.

Einfach ins Handschuhfach. Geh dann einfach.

Polizei musst du nicht.

Ich hab das alles im Griff.

Ich weiß das klingt komisch.

Mach es einfach, okay?
Ja, alles später.

Schmitz legt auf.

Sie kommt.

TOM Sicher?

SCHMITZ Sie weiß, dass ich mit so was keine Witze machen würde.

Stille.

BRUNO Sie hängen ziemlich an Ihrer Tochter, was?

SCHMITZ Ich rede nicht mit dir über Silke.

TOM Klar, die kriegt ja auch was geregelt, nicht so wie wir, die ist ja auch supertoll. Studiert und so, hat ein tolles Handy, das sie dann von Idioten wie uns geklaut kriegt.

BRUNO Idioten wie dir, nicht uns.

TOM Wenn ich keinen Druck gemacht hätte, wäre das hier nicht weitergegangen.

BRUNO Du bist ein Held, Tom.

TOM Mach du mich auch noch fertig.

BRUNO Tu dir nicht so leid.

TOM Wie redest du denn mit mir? Wir hauen ab, wir ziehen was auf, oder?

Tom streckt seine Hand aus, Gimme five, Bruno schlägt nach kurzem Zögern ein.

In zehn Jahren kommen wir zurück, Herr Schmitz, dann kriegen Sie die Kohle und das Auto zurück, mit Zinsen und Mietgebühr. Vielleicht ist das genau der Arschtritt, den wir brauchten, was, Alter?

BRUNO Dir fehlt einfach der Knast.

TOM Wie meinst du das jetzt?

BRUNO Die sind auch alle toll und haben einen super Plan.

TOM Du musst diesen Knastkoller aus der Birne kriegen. Wir sind jetzt frei, verstehst du? Wir sind zusammen. Wir sind zusammen, wir haben Kohle, ein Auto.

BRUNO Einen Opel.

TOM Scheißegal. Du musst wieder lernen, nach vorne zu gucken. Ist doch egal, wenn der uns nichts zutraut, oder? Wir wissen es besser.

BRUNO Wir halten jetzt einfach die Schnauze, bis das Auto mit der Kohle da ist.

TOM Okay.

BRUNO *(zu Schmitz)* Brauchen Sie irgendwas?

Schmitz schüttelt den Kopf. Bruno macht Musik an, geht zum Fenster und sieht hinaus. Das Licht fährt herunter, fährt wieder auf.

4. SZENE

BRUNO Sie kommt.
TOM Ist der Wagen da?
BRUNO Ja.
TOM Runter mit uns.
BRUNO Lass sie erst weg.
TOM Los, komm.
BRUNO Verdammt noch mal, lass ihr Zeit abzuhauen, du Anfänger!
SCHMITZ Danke.
TOM Ich packe uns ein paar Klamotten ein.
BRUNO Von mir aus.
Tom nimmt eine Sporttasche, wirft wahllos ein paar Klamotten hinein, seinen Ausweis. Bruno beugt sich hinaus.
TOM Soll ich das Teil mitnehmen?
BRUNO Nein. Scheint alles sauber zu sein.
TOM Lass uns jetzt gehen, bevor uns einer die Karre klaut.
BRUNO Ich gehe, du bleibst hier, für alle Fälle.
TOM Warum denn?
BRUNO Du hast heute genug versaut. Ich gehe, und wenn ich im Auto sitze, kommst du nach.
TOM Und wenn es nicht sauber ist?
BRUNO Dann mach ihn fertig.
TOM Kann ich nicht gehen?
BRUNO Du kriegst das alles schon hin.
Bruno geht zu Schmitz.
Ich bin jetzt weg. Sie sind in Ordnung. Tut mir leid, wie es gelaufen ist.
TOM Du gibst mir ein Zeichen.
BRUNO Mach ich.
Bruno streckt seine Hand aus.
Mach's gut.
TOM Was soll denn das?
BRUNO Nur für den Fall, dass es anders läuft. Kann doch immer anders laufen, oder?
Gimme five. Bruno geht. Tom geht ans Fenster.
SCHMITZ Mach mich los.
TOM Warum sollte ich?
SCHMITZ Du raffst wirklich gar nichts.

TOM Er hat ein paar Scheine in der Hand. Ihre Tochter ist echt fit, muss man sagen.

Tom nimmt seine Sporttasche.

Ich meine das ernst, irgendwann kriegen Sie das alles zurück.

Tom geht zum Fenster. Tom erstarrt. Stille.

SCHMITZ Er ist weg.

TOM Der fährt nur um den Block, der wendet nur.

SCHMITZ Er ist weg, Tom.

TOM Wieso haut der ohne mich ab?

SCHMITZ Denk nicht drüber nach.

TOM Aber das ist doch mein Freund.

SCHMITZ Machst du mich jetzt los?

Tom zögert.

TOM Ja, klar.

Tom macht Schmitz los.

Was machen Sie denn jetzt mit mir?

SCHMITZ Ich gehe jetzt nach Hause, Tom.

TOM Okay.

Schmitz packt das iPhone ein.

Holen Sie jetzt die Bullen?

SCHMITZ Ich gehe schlafen. Ich bin müde.

TOM Ist doch alles in Ordnung, oder? Sie haben Ihr Teil, und das mit dem Auto und der Kohle, das war ja nicht ich. Das war er. Ich bin nicht Schuld, oder?

Schmitz zieht seine Jacke an und geht. Musik. Fadeout.

Blütenträume

Mitarbeit Sarah Nemitz

PERSONEN

FRIEDA Witwe, Anfang sechzig
ULF Schreiner, geschieden, Anfang sechzig
HEINZ Automechaniker, Anfang sechzig
GILA Witwe, Anfang sechzig
JULIA Maklerin, Mitte vierzig
FRIEDRICH Schuldirektor, Anfang sechzig
BRITTA Bibliothekarin, Anfang sechzig
JAN Seminarleiter, Anfang vierzig

ORT

Seminarraum einer Volkshochschule
Wohnung Frieda

1. SZENE
Seminarraum

Stühle mit klappbarer Schreibunterlage, ein Overheadprojektor, Minianlage, Resopaltische und graue Auslegeware.
Britta sitzt in einer Ecke des Raumes und liest, einige Stühle entfernt sitzt Gila, ihre Handtasche auf dem Schoß. Sie wirkt etwas unruhig, sieht sich um. Im Türrahmen steht Heinz und raucht eine Zigarette. Gila beginnt Stühle nebeneinanderzustellen. Britta sieht auf.
BRITTA Was machen Sie denn da?
GILA Ich wollte einen Stuhlkreis machen.
BRITTA Wollen Sie nicht warten, bis die Seminarleitung da ist?
GILA Umgestellt ist das schnell wieder. So finde ich das ungemütlich.
HEINZ Brauchen Sie Hilfe?
GILA Danke. Geht schon.
Sie räumt weiter.
GILA Weiß jemand, wie viele insgesamt kommen?
HEINZ Mehr wie wir drei werden es wohl schon werden, was?
BRITTA *(leise)* Als.
HEINZ Wie bitte?
BRITTA Nichts.
Gila hält inne.
GILA Vielleicht warte ich doch noch.
Gila setzt sich wieder, Friedrich kommt herein.
FRIEDRICH Verzeihung, ist das hier der Fünfundfünfzig plus?
GILA Der Seniorenkurs, ja.
FRIEDRICH Senioren sind wir frühestens in zwanzig Jahren, junge Frau. Gestatten, Kellermann.
Friedrich schüttelt Gila die Hand.
GILA Gisela Cresskamp.
Friedrich geht zu Britta.
FRIEDRICH Kellermann.
BRITTA Ich weiß. Wesendonck.
Julia kommt herein, sieht sich um.
JULIA Ist hier Raum zweihundertelf?
BRITTA Der Fünfundfünfzig plus.
Julia sieht auf ihre Uhr.

JULIA Fünf Minuten haben wir noch, oder? Hat jemand irgendwo einen Kaffeeautomaten gesehen?

GILA Unten neben der Pforte im Toilettengang.

FRIEDRICH Ach, wenn Sie so lieb wären, mir einen mitzubringen?

Friedrich nimmt einen Euro aus seinem Portemonnaie und gibt ihn Julia.

JULIA Ja … natürlich

FRIEDRICH Weiß, ohne Zucker. Wegen der Linie.

Julia geht wieder.

GILA Aber die ist doch noch jung.

FRIEDRICH Einsame Menschen gibt es in jedem Alter.

BRITTA Solange hier keine kontaktgestörten Teenager auftauchen.

FRIEDRICH Also kontaktgestört ist von uns keiner, oder?

BRITTA Woher wollen Sie das denn wissen?

Friedrich lacht höflich.

FRIEDRICH *(zu Heinz)* Können Sie ein bisschen von der Tür weggehen? Der Rauch zieht herein und ich glaube nicht, dass das den Damen angenehm ist.

GILA Ich rieche das ganz gerne.

BRITTA Aber mich stört es.

HEINZ Ich hab sie sowieso auf.

Heinz löscht seine Zigarette und kommt herein, er zögert, setzt sich dann ein bisschen abseits von den anderen. Frieda kommt mit einem VHS-Programm unter dem Arm. Friedrich hilft Frieda aus dem Mantel, sie bedankt sich, setzt sich und beginnt in dem Programm zu blättern. Julia kommt wieder und gibt Friedrich den Euro zurück.

JULIA Kaputt. Egal. Hoffen wir mal, dass es kein schlechtes Vorzeichen ist.

BRITTA Solche Maschinen funktionieren nie.

HEINZ Gegenüber ist ein Büdchen. Wenn Sie wollen, lauf ich schnell runter.

JULIA Nein, nein, ich schütte sowieso zu viel Kaffee in mich rein. Vielen Dank. Also nur falls sich jemand wundert. Ich wollte den Vierzig plus machen, aber der ist nicht zustande gekommen. Ich hoffe, es irritiert niemanden, wenn ich hier mitmache.

GILA Wenn wir Alten dich nicht irritieren?

JULIA Aber ganz im Gegenteil. Ich habe schon mit dem Kursleiter gesprochen, er sieht da kein Problem.

GILA Was ist das denn für einer?

JULIA Nett, sehr nett.

FRIEDRICH Ist das so ein Jungspund?

JULIA Mein Alter, würde ich sagen.

GILA Dann ist gut, ich hatte schon Angst, dass da so ein ganz Junger kommt, das wäre doch peinlich. Es muss schon jemand mit einer gewissen Lebenserfahrung sein bei so einer schwierigen Aufgabe.

BRITTA Ich kenne auch Vierzigjährige ohne Lebenserfahrung.

FRIEDA Irgendeine Qualifikation wird er schon haben, wenn er so einen Kurs gibt.

BRITTA Das ist nicht gesagt, einen VHS-Kurs kann praktisch jeder geben.

GILA Im Programm steht, dass er Schauspieler ist.

FRIEDRICH Und Psychologe.

HEINZ Das fand ich auch komisch, dass ein Psychologe das macht. Wir haben ja nichts an der Birne, nur weil wir keinen abgekriegt haben, oder?

Heinz lacht. Stille.

FRIEDA Fünf nach.

FRIEDRICH Das ist wirklich eine Unsitte. Ich habe bei den Schulkonferenzen immer darauf geachtet, dass pünktlich begonnen wird. Ich habe immer gesagt: Wenn schon die Lehrer nicht pünktlich sind, wie sollen wir es dann ...

Jan kommt herein, einen Stapel Photokopien und eine Liste unter dem Arm, er ist etwas außer Atem.

JAN So, guten Tag meine Damen und Herren. Bin ich zu spät? Nein, geht noch. Wir müssten sieben sein. Also. Am besten warten wir noch einen Moment, sonst muss ich alles zweimal sagen. Wir können ja einen Kreis bilden. Wenn Sie mit Ihren Stühlen etwas rankommen?

GILA Einen Stuhlkreis.

JAN Genau. Ich gebe schon mal die Namensschilder durch. Wir duzen uns doch, oder? Stört das jemanden? Nein? Okay.

Ein Stuhlkreis wird gebaut, die Namensschilder werden durchgegeben, jeder heftet sich seines an. Ulf kommt, etwas abgehetzt, mit einer großen Plastiktüte unter dem Arm, man setzt sich.

Ja. Ich begrüße euch alle herzlich zu unserem Flirtkurs fünfundfünfzig plus. Wir werden uns in den nächsten fünf Sitzungen damit beschäftigen, wie man einen passenden Partner kennen lernt, vielleicht sogar die große Liebe. Das ist in keinem Lebensalter einfach und gerade für Senioren wird das zunehmend schwieriger.

FRIEDRICH Diese Bezeichnung möchte ich gerne in Frage stellen. Hier befinden sich nur Menschen in der nachberuflichen Lebensphase. Bei Senioren denke ich persönlich an Altersheime und davon sind wir alle ja Gott sei Dank noch weit entfernt, oder?

GILA Ich finde das nicht schlimm.

JAN Also falls mir das Wort ‚Senioren' doch mal rausrutscht, Friedrich, dann weißt du, dass ich ‚Menschen in der nachberuflichen Lebensphase' meine, okay?

FRIEDRICH Okay.

Leises Lachen.

JAN Wichtig ist, festzuhalten, dass ihr alle hier seid, um eurer Einsamkeit aktiv zu begegnen. Da gibt es Methoden und Tricks, die wir gemeinsam erlernen und ausprobieren wollen. Es geht nicht darum, hier einen Partner zu finden ...

FRIEDRICH Obwohl man das ja nie ausschließen sollte ...

JAN Man sollte im Leben nie irgendwas ausschließen, außer es tut weh oder macht dick. Ich werde euch vorstellen, welche Angebote es gibt, das hier erworbene Wissen anzuwenden, und da bieten sich viele Möglichkeiten.

BRITTA Wie hoch ist denn die Erfolgsquote in deinen Kursen?

GILA Das kann man so doch bestimmt nicht sagen, oder?

JAN Ich sage es ganz offen: Das ist mein erster Kurs. Aber ich habe Psychologie studiert, war lange Jahre als professioneller Schauspieler tätig ...

BRITTA An welcher Bühne warst du denn da?

JAN In Eisenach.

HEINZ Wo ist das denn?

BRITTA Irgendwo in Thüringen.

FRIEDA Vielleicht merken wir uns die Fragen für später.

JAN Und ich arbeite seit Jahren bei der Caritas, wo ich viel mit Menschen in reiferen Lebensphasen zu tun habe.

GILA Das stelle ich mir aber anstrengend vor. Tagsüber arbeiten und abends schauspielern.

JAN Ich bin nicht mehr als Schauspieler tätig, weil ich irgendwann beschlossen habe, mein Leben beruflich und privat völlig umzukrempeln. Diese Bereitschaft zu einem kompletten Neuanfang spielt auch bei der Partnersuche eine große Rolle. Man muss neue Wege gehen. Dafür will ich euch fit machen.
Meine jetzige Partnerin habe ich über eine professionelle Kontaktbörse kennen gelernt. Bei dieser Suche habe ich die verschiedensten Formen der Partnersuche ausprobiert, es passt nicht alles für alle, aber irgendwas passt für jeden. Ich lebe jetzt in einer glücklichen Beziehung und so könnte man behaupten, meine Erfolgsquote liegt bei hundert Prozent. Beantwortet das deine Frage?

BRITTA Gratuliere.

JAN Jetzt sollte sich jeder kurz vorstellen, ein paar Worte über sich sagen, seine Zielvorstellungen und was er von diesem Kurs erwartet. Wer möchte anfangen? Britta?

BRITTA Nicht als Erste.

FRIEDRICH Soll ich?

JAN *(zu Gila)* Du vielleicht, Gisela?

GILA Ich bin Gisela Cresskamp. Gila. Ich bin Gila und seit drei Jahren Witwe. Schlaganfall, ganz plötzlich, ein halbes Jahr nach der Rente. Sein Leben lang geackert und dann will man es sich endlich mal gemütlich machen. Ja. Heute weiß ich, dass das oft vorkommt. So ist das eben.
Ich habe zwei Töchter, beide glücklich verheiratet, und ein Enkelkind. Jonas ist jetzt gerade zwei Jahre geworden. Aber keine Angst, ich zeige hier kein Photo. Beide sind aus beruflichen Gründen weggezogen. Aber sie haben sich nach Walters Tod ganz rührend um mich gekümmert. Die sind alle ganz prächtig gelungen.
Aber man hat eben wenig Zeit miteinander, da bleibt nur das Telefon. Es sind alle so eingespannt, das ging mir früher nicht anders. Jetzt muss man sehen, wie es weitergeht.

JAN Und schon mal versucht, jemanden kennen zu lernen?

GILA Nein, nein. Ich habe da keine Eile, es geht mir ja eigentlich gut. Ja, so viel erst mal?

FRIEDRICH Dann schließe ich mich mal an. Friedrich Maria Kellermann, gebürtiger Neusser, ich bin jetzt zweiundsechzig Jahre jung und als Schuldirektor seit einem halben Jahr im Ruhestand. Was muss man noch wissen? Rotarier, Vorstandmitglied der Mörike-Gesellschaft ... nein, muss man nicht wissen.

JAN Vielleicht erst mal nur zur Zielvorstellung und Erwartungshaltung.

FRIEDRICH Ich habe beschlossen, mir eine Gefährtin für meine nachberufliche Lebenszeit zu suchen.

BRITTA Warum hat sich denn deine Frau von dir scheiden lassen?

FRIEDRICH Habe ich das vorhin schon erwähnt?

BRITTA Nein, reine Intuition.

FRIEDRICH Ich sage das mal so. Da gab es eine Zeit in meinem Leben, wo eine andere Frau im Spiel war, eine Kollegin, bildhübsch, lebenslustig, ein ganz anderer Typ als meine Frau, die eher ein verständiger und beherrschter Mensch ist. Juno und Venus. Da war mein Charakter nicht stark genug, der Versuchung zu widerstehen, und so habe ich eine Zeit meines Lebens mit zwei, zwischen zwei Frauen gelebt und das hat meine Ehe ruiniert. Man ist eben in keinem Alter vor der Leidenschaft gefeit, wenn man ein sinnlicher Mensch ist.

FRIEDA Das sprengt jetzt etwas den Rahmen einer Vorstellung, oder?

FRIEDRICH Ich kann zu diesem Fehler stehen.

BRITTA Ja, aber solche Geschichten haben hier nichts verloren.

FRIEDRICH Aber du hast mich gefragt. Außerdem sind wir alles erwachsene Menschen.

BRITTA Ich denke, hier geht es um Handwerkszeug, um Kommunikationstechniken. Das ist doch keine Selbsthilfegruppe.

HEINZ Er hat doch nur gesagt, dass er was mit zwei Frauen hatte, das ist doch nicht schlimm.

JAN Ich denke, jeder soll selbst entscheiden, wie viel er von sich preisgibt. Ich will nur, dass wir einen Eindruck voneinander haben.

BRITTA Aber es geht hier darum, wo und wie man Menschen kennen lernen kann, oder? Es geht nicht darum, verzweifelte Menschen zu resozialisieren, oder?

GILA Aber etwas erfahren möchte ich von euch. Sonst stelle ich mir das ganz schwer vor. Schwer wird es sowieso. Also für mich jedenfalls.

JULIA *(zu Friedrich)* Aber dann scheinst du eher kein Problem zu haben, jemanden kennen zu lernen?

FRIEDRICH Nein, das schöne Geschlecht war mir immer zugetan. Doch in der Liebe lernt man nicht aus. Je mehr man weiß, desto mehr hat man zu lernen, wie der Dichter sagt.

BRITTA Welcher denn?

JULIA So, jetzt ich. Ich bin ratlos. Und einsam, warum soll ich das nicht zugeben. Ist dir das unangenehm, Britta? In einem Kurs zu sein, mit jemanden, der das offen sagt? Ich frage das ganz ehrlich.

BRITTA Nein, natürlich nicht. Ich bin komplett falsch verstanden worden.

JULIA Wenn einem von euch das Klischee der beruflich erfolgreichen Frau mit katastrophalem Privatleben geläufig ist: Hier bin ich. Jeder Artikel, den ihr in einer Frauenzeitung über dieses Phänomen gelesen habt, trifft auf mich zu. Dem ist nichts hinzuzufügen. Ich habe schon so ziemlich alles versucht, um in das weit weniger verbreitete Klischee der beruflich erfolgreichen Frau mit erfüllter Beziehung zu wechseln, aber das ist mir bis jetzt nicht gelungen. Seit zehn Jahren bin ich jetzt dabei, Speeddating, Walking Dinner, Internetagentur, Singleparty, alles. Meine längste Beziehung hat zehn Monate gedauert und danach war ich das erste Mal froh, wieder Single zu sein.

JAN Es kommt auf die Herangehensweise an.

JULIA Völlig richtig, ich will niemanden frustrieren. Das lag an mir, ganz klar, zu viel emotionaler Ballast, falsches Suchraster. Also muss ich von vorne anfangen, zurück an die Grundlinie. Ich habe zuerst gezögert, ob ich bei Fünfundfünfzig plus mitmachen soll, inzwischen glaube ich, dass es sogar besser ist, unter Menschen mit Lebenserfahrung zu sein, die langjährige Beziehungen hinter sich haben. Davon muss man lernen, das ist viel wichtiger, oder? So ein Mensch wie du.

Sie zeigt auf Heinz.

HEINZ Ich?
JULIA Ja, was da an Erfahrungen steckt.
Stille.
HEINZ Bin ich jetzt dran?
JULIA Nur als Beispiel.
HEINZ Für was?
JAN Willst du dich kurz vorstellen?
HEINZ Ich bin Heinz, ich war Automechaniker.
JULIA Ich wollte nur sagen, dass du etwas Interessantes ausstrahlst, ganz wertfrei.
HEINZ Mir geht es ungefähr wie dir, Friedrich. Man lernt nicht aus.
JAN Kannst du deine Zielvorstellung formulieren?
HEINZ Eine Frau finden, die zu mir passt. Soll ich jetzt sagen, wie die sein soll?
JAN Noch was über dich?
HEINZ Ich höre lieber erst mal zu, wenn das geht.
BRITTA Ich fasse mich auch kurz. Ich bin pensionierte Bibliothekarin, ich habe die meiste Zeit meines Lebens alleine gelebt und da hat mir nichts gefehlt. Ich erwarte, hier das Handwerkszeug vermittelt zu bekommen, um einen Menschen kennen zu lernen, mit dem ein Gedankenaustausch möglich ist und der mir nicht zu sehr auf die Pelle rückt. Ich weiß, das klingt kompliziert, aber wenn es einfach wäre, wäre ich schließlich nicht hier.
JAN Und warum hast du dich jetzt zu einer Partnersuche entschlossen?
BRITTA Ich hatte eine Fernbeziehung, aber die hat sich erledigt. Es gibt Menschen, die halten so was nicht aus. Ich will das nicht erläutern.
FRIEDA Ich war vierzig Jahre verheiratet und bin seit einem Jahr Witwe. Mein Mann war zwanzig Jahre älter als ich, ich habe ihn im zweiten Semester kennen gelernt, er war mein Professor der Sprachwissenschaften. Bevor er an Alzheimer erkrankt ist, hatten wir ein sehr glückliches Leben.
Jetzt ist er tot und ich habe noch geschätzte zwanzig Jahre vor mir. Ich weiß nicht, wie man alleine lebt, ich habe es nie lernen müssen, mein Mann war immer da. Ich mache mir keine Illusionen. Ich will keine große Liebe finden, nur jemanden, dessen Gesellschaft mir angenehm ist. Deshalb bin ich hier.
Stille.
GILA Das geht mir ganz genauso. Ich könnte mir gar nicht vorstellen, dass ein wildfremder Mann plötzlich bei mir am Frühstückstisch sitzt, einer, mit dem man nichts gemeinsam hat, der die Kinder nicht hat aufwachsen sehen und dem man alles erklären muss. Das ganze Leben, das man hinter sich hat. Ein Mensch, bei dem nichts selbstverständlich ist und bei dem man mühsam alle guten und

schlechten Eigenschaften herausfinden muss. Da hat man plötzlich so ein dickes, vollgeschriebenes Buch in einer fremden Sprache vor sich liegen. Aber immer nur das eigene Tagebuch zu lesen ist auch nicht schön.

BRITTA Also wenn das eine Buch zu mühsam ist, nimmt man ein anderes, sage ich mal so als Bibliothekarin.

GILA Aber man hatte das doch, man hatte doch eine Ehe. Ich weiß nicht, warum die Männer immer so früh schlappmachen. Warum bleiben immer die Frauen übrig? Wenn ich einkaufen gehe, sehe ich viel mehr alte Frauen. Oder in den Altersheimen, die ganzen Flure sind voll mit steinalten Frauen.

FRIEDRICH Das ist doch ganz was anderes. Also in unserem Alter ...

JAN Genau Friedrich, in eurem Alter seid ihr alle in einer idealen Position. Ihr habt praktisch nichts zu verlieren, weil ihr alle schon ein gutes Leben hinter euch habt, und jetzt kommt die Extraportion. Ihr habt noch alle Ressourcen. Geld, Zeit, Gesundheit, ihr müsst um nichts mehr kämpfen als darum, euer Leben so angenehm wie möglich zu gestalten. Ihr müsst euch dazu nicht äußern, nehmt es einfach als Ermutigung. Weiter.

Ulf hat inzwischen seine Plastiktüte ausgepackt, er hat Kinderspielzeug aus Holz, ein Buddelschiff und ein Daumenklavier auf dem Boden ausgebreitet.

JULIA Was ist das denn?

ULF Dieses Spielzeug habe ich gemacht, als meine Schreinerei pleite war, das waren Aufträge für Läden und Märkte. Das Buddelschiff habe ich behalten, das ist die Gorch Fock, die stimmt bis ins Detail, das war eine Riesenarbeit. Damit habe ich angefangen, als meine Frau ihren jetzigen Mann kennen gelernt hat, und fertig war ich zur unserer Scheidung.

Er stellt einen kleinen Schrank in die Mitte.

Das ist ein Modellschrank, aus dem achtzehnten Jahrhundert, den habe ich nachgebaut, ein Museumsstück. Damals haben die Schreiner für ihre Auftraggeber Modelle gebaut, damit die wussten, wie der Schrank dann später aussieht. Der ist aus fünf verschiedenen Hölzern. Das war für meinen Meisterbrief. Ich habe ihn nachgebaut, um ihn zu begreifen.

BRITTA Was gibt es denn an einem Schrank zu begreifen?

ULF Warum hat er für den Aufsatz Walnuss und nicht Kirsche verwendet, zum Beispiel. Man begreift, dass jede Entscheidung dieses Meisters richtig war, weil man daran nichts verbessern kann. Man merkt, wann er welche Entscheidungen gefällt hat. Man begreift das Material und dass man nichts Schönes schafft, sondern die Schönheit nur herausholt. Sie ist schon da, man muss sie nur verstehen. Was in der einen Kombination schön ist, ist in der anderen hässlich.

Und das hat nichts mit dem Wert des Holzes zu tun. Egal ob es Palmholz oder Ebenholz ist. Man darf dem Holz nicht seinen Willen aufzwingen.

JAN Meinst du das metaphorisch?

ULF Nein.

Stille.

HEINZ Mit Autolack ist das ähnlich. Bei Metalliclack muss man die Farbe ganz anders auftragen als bei normalen Lacken. Wenn die Düse zu fett eingestellt ist, hat man Schlieren und kann alles wieder abschleifen.

ULF Es gibt Holzstücke, da denke ich, die sind zu schade für die Werkbank.

HEINZ Das ist bei Autolack nicht so.

ULF Treibholz zum Beispiel. Auf Tonga habe ich wunderschöne Stücke am Strand gefunden, Sachen, die Monate, Jahre im Meer gelegen haben müssen. Jeden Morgen bin ich früh raus zum Sammeln. Was anderes hatte ich da nicht zu tun, einen Schreiner brauchte da kein Mensch, obwohl die das bei der Informationsveranstaltung gesagt hatten. Tonga braucht deutsche Handwerker. Nur Schreiner brauchten die nicht, weil es da überhaupt kein Holz gibt, das man verarbeiten kann, und was die Leute brauchen, bauen die sich selbst zusammen. Da dachte ich irgendwann: Nicht gebraucht werden kann ich auch in Deutschland, dafür muss ich nicht ans andere Ende der Welt. Jetzt bin ich wieder da und man muss mal sehen.

Julia deutet auf das Daumenklavier.

JULIA Was macht man denn damit?

ULF Damit vertreibt man Geister.

Ulf nimmt das Daumenklavier und beginnt zu spielen. Lichtwechsel.

2. SZENE

Die Seminarteilnehmer, ohne Ulf, laufen im Raum auf und ab. Jan steht am Rand und beobachtet sie. Leise Musik.

JAN Ja, sehr schön, einfach laufen. Und wenn ihr euch begegnet, nehmt Augenkontakt auf, seht euch an. Wie wirkt der andere auf euch? Freundlich? Schüchtern? Irritiert? Oder neugierig?

Heinz setzt sich.

Was ist los, Heinz?

HEINZ Ich wollte kurz mal Päuschen machen.

JAN Nein, weiter, das ist nicht anstrengend, es ist angenehm, ihr seht andere Menschen, ihr habt Zeit für sie. Jetzt begrüßt euch, sagt hallo.

Die Gruppe beginnt, sich zu grüßen, eher leise, man hört dazwischen Friedrich, der chargiert, mit übertriebener Überraschung in der Stimme grüßt, einen imaginären Hut lüftet oder einen Bückling macht.

Friedrich?

FRIEDRICH Hallo, Jan!

JAN Nicht versuchen Theater zu spielen, keine Gestaltung, ganz ehrlich bleiben.

FRIEDRICH Aber ein bisschen Spaß muss doch sein.

JAN Darum geht es nicht. Du musst ganz bei dir bleiben.

Die anderen sind stehen geblieben, manche setzen sich.

Nein, weitermachen, das Warm-up ist noch nicht zu Ende.

Nehmt den anderen wahr, ich will sehen, dass ihr euch freut, ihm zu begegnen.

BRITTA Ich kann mich doch nicht dreimal pro Minute freuen, wenn ich Friedrich sehe.

JAN Ihr müsst eine Offenheit für eure Partner entwickeln. Wenn ihr ihm die Hand geben wollt, tut es, oder wenn ihr ihn umarmen wollt, einfach machen, spontan sein. Traut euch.

Die anderen gehen etwas widerwillig weiter im Kreis, Julia umarmt Heinz, dann Gila. Die meisten fühlen sich sichtlich unwohl dabei.

FRIEDA Wir gehen seit zehn Minuten im Kreis. Können wir nicht langsam anfangen?

JAN Wir sind schon mittendrin.

GILA Hallo, Frieda!

JAN Sehr gut, Gila.

Ulf kommt herein.

ULF Tut mir leid.

JAN Gleich rein, Ulf.

ULF Worum geht es denn?

BRITTA Wir üben grüßen.

ULF Guten Tag.

Ulf setzt sich, dann Friedrich, die anderen bleiben stehen.

JAN Gut, soviel erst mal. Danke.

Jan schaltet die Musik aus, applaudiert, alle setzen sich.

FRIEDA Ist das wirklich nötig?

GILA Ich fand das schön. Ungewohnt, aber schön.

BRITTA Was hat das denn mit unsrem Thema zu tun?

JAN Sehr viel. Es schärft das Bewusstsein für den anderen. Was fällt mir an ihm auf? Welche Signale sendet er, welche sende ich?

Kann ich mich seinem Blick aussetzen? Wie sieht er mich? Wie möchte ich gesehen werden? Da sind wir schon beim heutigen Thema. Der Steckbrief.

Welche drei Begriffe charakterisieren mich. Hat sich jeder was überlegt? Heinz?

HEINZ Ich habe gedacht ... alleinstehender, netter Autolackierer.

JAN Sehr schön, das ist eine gute Ausgangsbasis. Danke Heinz.

HEINZ Da nich für.

JAN Was meinen die anderen? Ulf?

ULF Das ‚nett' finde ich gut, sehr positiv, und Autolackierer hat was Solides.

JAN Andere Meinungen. Gila?

GILA Sei mir nicht böse, aber ‚alleinstehend' finde ich ein bisschen schwierig. Das sagt nicht so viel über einen Menschen, davon gehe ich aus, wenn ich ihn professionell kennen lerne.

FRIEDRICH ‚Ungebunden' vielleicht. Das klingt nach Freiheit, aber dennoch schwingt der Wunsch nach ‚Bindung' mit. Was das schönere Wort ist als dieses neumodische ‚Partnerschaft'. Alleinstehend klingt nach alleine, einsam, stehen gelassen, im Regen, verlassen ...

JAN Fein beobachtet, Friedrich. Wir sammeln weiter.

BRITTA Ich finde das insgesamt misslungen. Wenn ich das in einer Anzeige lesen würde, wäre ich nicht interessiert. Der Steckbrief soll den potenziellen Partner beschreiben und da erfahre ich nichts.

ULF Ja aber das ‚nett'?

BRITTA Nett ist auch mein Friseur, das sagt gar nichts, und ich weiß nicht, ob man über sich selbst sagen kann, dass man nett ist. Das müssen immer noch die anderen beurteilen. Das ist ein bisschen anmaßend.

HEINZ Ich wollte damit nur sagen, dass ich kein jähzorniger Mensch bin.

ULF Vielleicht wäre dann ‚friedlich' besser?

GILA Das ist ja noch schlimmer.

JAN Ihr seht, es ist nicht einfach, den eigenen Steckbrief zu finden. Man muss ehrlich mit sich sein, nicht überkritisch, aber ohne sich als Mogelpackung zu verkaufen. Der potenzielle Partner muss sich angesprochen fühlen, interessiert sein. Ihr seid das Produkt, das ihr verkaufen wollt. Da draußen sind Millionen Menschen, die für euch in Frage kommen, die genauso auf der Suche sind wie ihr. Vögel finden sich mit ihrem Gezwitscher, auch wenn tausend andere Vögel singen, ihr müsst das richtige Signal aussenden. Gehen wir das noch mal durch.

HEINZ Das ‚nett' war wirklich nicht so gemeint.

JAN Wir arbeiten ja daran. Was hast du denn noch auf der Liste?

HEINZ So direkt eine Liste habe ich nicht.

JAN Was hattest du an Eigenschaften in der engeren Auswahl?

HEINZ Ich angele gern, früher habe ich Fußball gespielt, ich habe einen Trainerschein.

GILA Angeln könnte doch heißen, dass Heinz geduldig ist. Wer stundenlang mit einer Angel dasitzt?

BRITTA Und eigenhändig Fische totschlägt, das passt auch nicht jeder Frau.

JULIA Wenn du mich jetzt kennen lernen würdest, und ich würde nach deinen positiven Eigenschaften fragen, was würdest du da sagen?

HEINZ Das habe ich mich auch gefragt, aber es ist mir nichts eingefallen.

JAN Jeder Mensch hat Eigenschaften, Heinz.

HEINZ Aber ich merke die doch nicht selber. Und je älter man ist, desto weniger merkt man sie. Ich habe nachgedacht, aber irgendwie sind die weg, die Eigenschaften. Seit ich nicht mehr arbeite. Wenn man arbeitet, braucht man Eigenschaften, aber nicht, wenn man den ganzen Tag Zeit hat. Dafür muss man nichts können. Wenn ich die anderen Alten so sehe in der Fußgängerzone, da frage ich mich schon, was die alle immer vorhaben, die sind doch auch in Rente. Ich habe immer Zeit. Viel mehr als mir guttut. Und da ist es doch besser, wenn man jemanden hat, mit dem man die Zeit verbringen kann. Also eine Frau.

JAN Wofür soll eine Frau dich lieben? Ganz spontan, ohne Nachdenken.

HEINZ Kann nicht erst mal jemand anderes drankommen? Ich kriege langsam ein bisschen Kopfschmerzen.

JAN Heinz, mal ganz spontan und unzensiert. Was kommt da, wenn du über dich nachdenkst?

HEINZ Jetzt? Ich soll jetzt über mich nachdenken?

JAN Wenn du alleine bist und über dich nachdenkst, was passiert denn da?

HEINZ Da werde ich müde.

JAN Das kann doch nicht so schwer sein!

Stille.

GILA Wo kommst du denn her, Heinz?

HEINZ Gelsenkirchen. Ich bin nie aus dem Pott rausgekommen.

JAN Das ist doch schon mal was. Ruhrpottler. Damit verbindet man doch was. Noch andere Vorschläge?

JULIA Ich finde, du hast eine bodenständige Ausstrahlung.

HEINZ Danke.

GILA Und was Humorvolles. Oder?

FRIEDRICH Das würde ich eher uns Rheinländern zuordnen ...

JAN Nein, das ist gut, Humor ist gut. Hast du Humor, Heinz?

HEINZ Jetzt gerade nicht, aber sonst schon.

JAN Na also. Humorvoller, bodenständiger Ruhrpottler. Findest du dich da wieder?

HEINZ Ja, wenn ihr das alle meint.

JAN Also, dann steh mal auf und stelle dich vor.

Heinz steht auf, er wirkt überfordert.

Du bist bei einem Tanztee, oder einem Speeddating, eine Frau spricht dich an und will wissen, was für einer du bist. Was sagst du?

HEINZ Hallo, ich bin Heinz Globke, ich bin vierundsechzig und ein humorvoller, bodenständiger Automechaniker, nein, Ruhrpottler.

JAN Er hat sich einen Applaus verdient, oder?

Applaus.

HEINZ Kann ich mich wieder setzen?

JULIA Heinz, das war mutig, Kompliment.

JAN So, gleich weiter. Wer will?

Stille.

Das ist nicht einfach, das weiß ich, aber ich appelliere an euch, das wirklich ernst zu nehmen. Das ist ein Flirtkurs, kein Benimmkurs, und da kommen wir nur weiter, wenn ihr bereit seid, über Grenzen zu gehen und euch auszuliefern. Das ist für niemanden einfach, und für ältere Menschen ist es bestimmt doppelt schwer, aber ich will euch helfen, aus der Isolation zu kommen und Hemmungen zu überwinden. Daran ist nichts Peinliches, ihr müsst euch und den anderen vertrauen, springt über euren Schatten, das ist das Wichtigste, was ihr hier lernen könnt. Gila? Trau dich, komm!

Gila steht auf.

GILA Also, ich habe mir was aufgeschrieben, mit Freundinnen gesprochen und eine kleine Liste gemacht.

Sie hält einen Zettel hoch.

Und ich bin zu dem Ergebnis gekommen, dass ich eine, Vorsicht, jetzt kommt es, abenteuerlustige, impulsive Rothaarige bin.

JAN Schön, sehr schön, Gila.

Jan beginnt zu klatschen, auch einige andere klatschen.

GILA Ihr meint, das geht?

FRIEDRICH Das hat Biss, da hat man sofort ein Bild.

ULF Man denkt an Kim Novak oder solche Frauen.

JULIA Das klingt nach Vollweib.

GILA Danke.

BRITTA Da sehe ich genau das Problem, für mich klingt das unseriös. Das können sicher die Männer besser beurteilen, aber ich finde, das ist das Signal „leichte Beute".

JULIA Das finde ich jetzt spießig.

GILA Ich will doch keine leichte Beute sein. Ich bin Großmutter.

BRITTA Das hat nichts zu sagen.

FRIEDRICH Also wie eine Großmutter wirkst du nicht, Gisela.

GILA Ich suche kein Abenteuer, ich will damit nur sagen, dass ich gerne lebe, dass ich ein fröhlicher Mensch bin.

BRITTA Aber da wird ein Frauenbild transportiert, also ich weiß nicht ...

GILA Eine richtige Beziehung soll es schon sein, ich meine, ich bin zwar sechzig, aber wenn ich mich entscheide, dann soll es schon, ja ... Jan, sag du doch mal.

BRITTA Das würde mich auch interessieren.

JULIA Was kann man denn dagegen haben, wenn eine Frau weiblich ist?

BRITTA Was ist das denn für ein Bild von Weiblichkeit? Wir können doch nicht die ganze Emanzipation über Bord werfen, nur um einen Kerl zu kriegen.

FRIEDA Etwas bedenklich finde ich das auch.

JAN Es gibt keinen Grund, Gila zu verurteilen. Was hast du denn noch?

GILA Guter Kumpel, nicht nachtragend, verschmust, Naschkatze, Langschläferin, treu, gute Köchin ... ich weiß nicht, das klingt jetzt alles so furchtbar.

JAN Nein, weiter, lass dich nicht irritieren.

GILA Nein, da muss ich noch mal nachdenken. Ich hätte nie gedacht, dass es so klingt, als ob ich ein Häschen wäre.

FRIEDRICH Warum soll denn eine Frau nicht verschmust sein?

BRITTA Das frag dich mal, Friedrich.

JAN Lies mal weiter.

GILA Kann nicht jemand anderes?

JAN Gut, ein anderes Konzept. Frieda?

FRIEDA Das scheint mir jetzt nicht die richtige Atmosphäre zu sein.

Stille.

JAN Wir machen es anders. Jeder beschreibt eine Eigenschaft, die ihm beim anderen aufgefallen ist, vielleicht kommen wir so weiter. Ihr seht euch heute das zweite Mal, ihr habt einen Eindruck voneinander. Es müssen nicht nur positive Eigenschaften sein. Hauptsache, es charakterisiert den anderen.
Oder ihr sagt, was am anderen liebenswert ist, nicht zwangläufig für euch, sondern für jeden potenziellen Partner. Wer will anfangen?

Stille.

HEINZ Können wir nicht mal eine Zigarettenpause machen? Mir brummt der Schädel.

JAN Also nur, um hier Missverständnissen vorzubeugen, das sind nicht meine Spinnereien, die ich hier zum Besten gebe, sondern anerkannte Coaching-Methoden.

Ihr müsst heute in allen Bereichen bereit sein, euch zu öffnen und eure Persönlichkeit transparent zu machen. Vor allem müsst ihr es aushalten, dafür auch eine Beurteilung zu bekommen. Das erwartet man von euch, Zeugnis und Referenzen genügen nicht mehr, und selbst wenn ihr am Laufband Müll sortieren wollt, müsst ihr heute eurem Arbeitgeber beweisen, dass ihr ein kreativer und gefestigter Charakter seid.
Probiert es einfach mal, was kann denn schiefgehen?

BRITTA Ich habe schon letztes Mal gesagt, dass ich nicht vorhabe, eine Therapie zu machen, mein Seelenleben behalte ich gerne für mich.

JAN Gut, machen wir es anders. Beschreibt, was ihr am anderen schön findet.

JULIA Frieda hat sehr schöne Augen, das ist mir gleich aufgefallen.

FRIEDA Bitte nein, das will ich nicht hören.

JULIA Es ist so unendlich wichtig, dass wir ganz ehrlich sind.

FRIEDA Ich habe in dieser Atmosphäre nicht das Bedürfnis, meine Seele auf den Tisch zu legen, und ich will auch nicht beurteilt werden, danke.

JULIA Ich will hier die Wahrheit hören, die nackte Wahrheit, knallhart.

JAN Ohne Klarheit kommen wir hier keinen Schritt weiter.

JULIA Das ist doch das Entscheidende, hier ohne Höflichkeiten und Notlügen ein Feedback zu kriegen. Wo sonst? Wir müssen hier auf nichts und niemanden Rücksicht nehmen, wir sind alle in der gleichen Lage.
Wir sind alle einsam, wir wollen alle unser Leben ändern und jemanden finden. Und das ist so verdammt schwer, ihr wisst nicht, wie schwer. Ich versuche es schon mein halbes Leben, das müsst ihr mir glauben.
Keiner sagt einem, woran es liegt. Ich rede sonst nur mit unehrlichen Menschen, bei denen ich nicht weiß, was sie über mich wirklich denken, ob sie mich für überspannt halten, halb krank vor Einsamkeit, ein spätes Mädchen, das nicht den richtigen Ton trifft, seelisch verkrampft, unausgeglichen, und dann sagen sie, dass ich zu kostbar für sie bin, oder dass die Chemie nicht stimmt, dass ich interessant bin oder emotional, wenn ich wegen geringfügiger Anlässe zu weinen beginne, ein sensibler Mensch, wenn sie mich für eine nicht therapierbare Heulboje halten. Wenn ich hier in Tränen ausbreche, und ich werde vermutlich in Kürze in Tränen ausbrechen, und einer von euch denkt, ich bin eine Heulboje, dann muss er es bitte sagen. Dann glaube ich ihm auch, wenn er mir irgendwann später als Mensch irgendetwas abgewinnen kann. Wir sind in einer beschissenen und aussichtlosen Lage, sonst wären wir nicht hier, und wir müssen alles tun, alles, um aus dieser Lage herauszukommen.

Julia bricht in Tränen aus.

So eine Scheiße, ich hab es gewusst. Achtet nicht darauf. Das ist wie ein Heuschnupfen, eine rein körperliche Reaktion.

GILA Wie kann denn eine junge und attraktive Person so traurig sein? Das ist doch schlimm, dass so viel Trauer in einem Menschen stecken kann.

Gila rutscht zu Julia und nimmt sie in den Arm.

JULIA Wenn du solche Sachen sagst, wird es nicht besser.

FRIEDRICH Trauer beweist, dass ein Mensch am Leben ist. Dass da, auch im übertragenen Sinne, etwas fließt.

BRITTA Friedrich, geht es mal ohne deine Kalendersprüche?

FRIEDRICH Du hast doch mit deinen harschen Urteilen zu dieser Erschütterung beigetragen.

HEINZ Wir könnten mal eine Pause machen. Ich hole uns Kaffee vom Büdchen.

ULF Als meine Töchter noch klein waren, musste ich für sie immer den Traumprinzen spielen. Ich kam in ihr Zimmer, wir haben uns verliebt, dann wurde geheiratet. Hinterher haben sie mir immer gesagt, ob ich ein guter Prinz war, oder ob ich mutiger, trauriger oder freundlicher sein muss. Aber geheiratet haben sie mich immer. Weil ich der Prinz war.

JAN Wir sollten langsam wieder zum Thema kommen.

ULF Ich will nur sagen, dass man alle Eigenschaften hat, es kommt nur darauf an, dass man zur richtigen Zeit reinkommt. Wenn man zu früh eine Auswahl trifft, fehlen einem nachher die anderen Eigenschaften und das wäre doch schade.

Stille.

JAN Sehr schön. Also Ulf hat alle Eigenschaften, Heinz gar keine und der Rest will nicht oder ist sich nicht sicher.

FRIEDA Das Problem ist doch eher, dass du Muster anwenden willst, die vielleicht auf Abiturienten passen, die ein Praktikum suchen. Da reicht es wahrscheinlich, wenn man witzig, zuverlässig und von schneller Auffassungsgabe ist. Aber du hast hier mit Menschen zu tun, die ein Leben hinter sich haben. Das lässt sich nicht in ein paar Begriffe drängen.

JAN Das sind anerkannte Methoden.

FRIEDA Methoden gibt es für alles. Methoden beeindrucken mich nicht.

JAN Dann schlage eine passende Methode vor. Ich bin gespannt. Ich würde gerne von deinen Erfahrungen profitieren. Die Frage ist nur, ob diese Erfahrungen noch anwendbar sind. Wären sie es, wärst du wahrscheinlich nicht hier.

BRITTA Wir stehen alle im Leben, das muss man berücksichtigen, wenn man etwas vermitteln will.

JAN Ich bin nicht Schuld daran, dass ihr diesen Kurs besucht, und wenn alles, was ich anbiete und vertrete, banal klingt, ist das auch nicht meine Schuld. Es sind die Bedingungen, die sich so entwickelt haben, und jeder muss für sich entscheiden, ob er sie akzeptieren kann. Wenn ihr alles, was wir hier machen, für kindisch haltet, okay, dann ist das euer gutes Recht.

JULIA Aber nein, das tut keiner.

FRIEDA Es ist doch nicht zu viel verlangt, hier ein bisschen Würde und Behutsamkeit einzufordern.

JAN Doch, ist es. Das kommt im besten Fall ganz zum Schluss wieder, wenn ihr jemanden gefunden habt. Bis dahin trainieren wir hier Verkaufstechniken. Wenn das eine Maßnahme zur Wiedereingliederung in den Arbeitsmarkt wäre, würde es nicht viel anders ablaufen. Seid ihr hier, um zu lernen, wie man einen Menschen kennen lernen kann, oder seid ihr hier, um mal wieder in einer größeren Gruppe von Menschen recht zu haben? Ihr solltet mal in Ruhe darüber nachdenken, was ihr eigentlich wollt und ob ihr bereit seid, neue Erfahrungen zu machen. Also hat irgendjemand einen guten Vorschlag? Nein? Dann weiter. Ulf, ich erlebe dich als einen originellen, phantasiebegabten Handwerker. Julia ist eine sensible, finanziell unabhängige Schönheit.
Britta ist kulturell interessiert, selbstständig und treu.

BRITTA Wie bitte?

JAN Gila ein lebenslustiger, aufgeschlossener Familienmensch und Friedrich ein hoch gebildeter, rheinischer Gemütsmensch. Das sind Profile, die Interesse wecken. Das sind Menschen, die man kennen lernen möchte. Notiert euch das bitte, damit arbeiten wir weiter, mehr will ich momentan von euch nicht wissen. Das nächste Mal üben wir Gesprächssituationen.
Wir machen heute früher Schluss, damit wir nächstes Mal ausgiebig flirten können, meine Damen und Herren. Und dann bitte ich darum, sich einfach mal einzulassen. Bis zum nächsten Mal.

Jan geht.

GILA Warum ist er denn so aggressiv?

FRIEDRICH Der will zu viel, das hat man oft bei Anfängern, überfordert die Klasse mit Konzepten und fühlt sich angegriffen, wenn nicht alles nach Plan läuft, ein typischer Pädagogenfehler. Man sollte mal mit ihm reden.

JULIA Das stimmt nicht, überhaupt nicht!

Julia rennt raus, Stille.

GILA Ich weiß nicht, heute möchte ich nicht mehr jung sein. Ist es so schlimm? Oder sind wir zu alt für das alles? Ich weiß jetzt wirklich nicht. Sind wir so verstockt?

Warum sind die so verzweifelt? Wir sind wirklich nicht mit einem goldenen Löffel im Mund zur Welt gekommen, aber so verzweifelt war ich nie.

BRITTA Die sind verzweifelt, weil sie mit einem goldenen Löffel zur Welt gekommen sind. Aber das ist kein Grund, mir durch den Seelengarten zu latschen.

Alle stehen auf.

GILA Ihr kommt doch alle wieder, oder?

ULF Natürlich, warum denn nicht?

3. SZENE

Seminarraum

Britta liest, Frieda kommt herein, Britta schaut sie erstaunt an.

FRIEDA Lass dich nicht stören.

BRITTA Wie? Oh nein, pure Gewohnheit, nicht von Bedeutung.

Britta packt das Buch weg.

FRIEDA Ich habe das früher auch gemacht, nie ohne Buch aus dem Haus, eigentlich schön, keine Minute ist verschwendet.

BRITTA Warum hast du damit aufgehört?

FRIEDA Mit einem kranken Mann zu Hause kann man sich nicht mehr konzentrieren, man horcht immer mit halbem Ohr, was er gerade macht. Und wenn man wirklich mal für sich ist, genießt man, dass mal Ruhe ist und man einfach nur dasitzen kann. Seit er tot ist, lese ich wieder, aber nur Schmöker, die ich früher nie angefasst hätte. Mehr kriege ich nicht in meinen Kopf. Aber das kann wiederkommen. Man muss sich am Riemen reißen. Was liest du da, wenn ich fragen darf?

BRITTA Bibliotheksfachpresse, reine Gewohnheit, ich will auf dem Laufenden bleiben. Ich helfe in der Gemeindebücherei aus, gebe Empfehlungen für die Neuanschaffungen. Man kann nicht aus seiner Haut.

FRIEDA Warum sollte man, wenn man nicht muss.

BRITTA Kommt auf die Haut an, oder? Und wie man sich in ihr fühlt.

Stille.

Um ehrlich zu sein, ich hätte nicht gedacht, dass du wiederkommst. Ich freue mich, aber ich bin etwas überrascht. Über die Qualität des Angebots sind wir uns wahrscheinlich einig. Wir sind doch kein Trödel, den man für eine Auktion aufpolieren muss. Mir fällt es nicht leicht, so was zu machen, es hat mich Überwindung gekostet, diesen Kurs zu belegen, das gebe ich offen zu, und dann wird man behandelt, als wäre man längst ausgemustert.

Ich stehe mitten im Leben, ich lese Zeitung, ich informiere mich, ich bin auf der Höhe der Zeit, mehr als dieser Mensch, der uns jeden Realitätssinn absprechen will. Der soll erst mal beweisen, dass er Kompetenzen hat. Ich weiß jetzt nicht, wie es den anderen geht. Oder wie du dazu stehst.

FRIEDA Ich habe fünf Jahre einen Mann gepflegt, der mich als Diebin beschimpft hat, der nach mir geschlagen hat, weil ich in seine Wohnung eingedrungen sei. Eine Koryphäe der Sprachwissenschaft, mit dem ich zu Kongressen auf der ganzen Welt gereist bin, und der die Kleider aus den Schränken gerissen hat, weil er dort Verbrecher oder Pferde vermutete. Kaum eine Nacht, in der er länger als zwei Stunden geschlafen hat, er ist aufgestanden und hat den Gasherd angemacht, in den Flur gepinkelt oder geheult, weil er nicht wusste, wo er sich befindet. Das war mein Leben bis vor einem halben Jahr, so endete meine Ehe. Ein solches Leben schafft man nur mit Disziplin. Da darf man sich nicht leidtun, da rennt man nicht weg. Ich muss mich wieder an irgendeine Form von Leben gewöhnen, und ich habe nicht erwartet, nur gute Erfahrungen zu machen.

BRITTA Ich habe bis heute Nachmittag gedacht, dass ich das hier sausenlasse. Ich wollte in eine Ausstellung oder ein Antiquariat. Aber es war nicht dringend. Nichts war dringender oder interessanter, nichts, was nicht auch morgen ginge. Also bin ich hergekommen. Albern, nicht? Man hätte sich auch treffen können, um bei einem Kaffee über Literatur zu plaudern.

FRIEDA Ich lese momentan wirklich nichts, worüber es sich lohnen würde zu plaudern.

Gila ist gekommen, bleibt unschlüssig in der Tür stehen. Sie hat einen Korb dabei.

Komm ruhig rein.

GILA Ich will kein Gespräch stören.

BRITTA Aber nein.

Gila setzt sich und packt aus ihrem Korb eine Thermoskanne, Plastikbecher und Kekse aus.

GILA So ist es doch gemütlicher. Will jemand? *(Gila schenkt ein.)* Wir müssen den jungen Mann heute mal machen lassen, wir dürfen nicht ungeduldig sein, er gibt sich wirklich große Mühe. Das ist zwar alles sehr ungewohnt, aber da darf man nicht zu schnell urteilen, da sollten gerade wir alten Weiber ihm mal eine Chance geben. Was meint ihr? Ich habe mich richtig auf heute gefreut, das ist doch alles ganz spannend.

BRITTA So kann man das natürlich auch sehen.

Friedrich, Heinz und Julia kommen.

GILA Wer Kaffee will, zu mir.

Sie sammeln sich um Gila, die alle mit Kaffee versorgt.

HEINZ Das ist ja alles schwieriger als man denkt. Oder ist das normal? Dass es auch so rundgeht bei solchen Kursen?

JULIA Das ist gut, da kommt was in Bewegung.

Jan kommt mit einem Rucksack.

JAN Geht es allen gut? Alle in Form?

Dann legen wir mal los. Wenn mir jemand helfen könnte?

Ein Tisch mit zwei Stühlen wird in die Mitte gestellt, Jan zündet eine Kerze an und stellt zwei leere Sektgläser auf. Währenddessen kommt Ulf.

JAN Wir haben letztes Mal Profile entwickelt, heute trainieren wir Begegnungen und was man dabei alles beachten muss.

HEINZ Das ist jetzt, wo wir auch mit Schauspielsachen arbeiten.

JAN Genau. Denn einen fremden Menschen kennen zu lernen, sich ihm zu präsentieren, hat mit dem Wissen um die eigene Wirkung zu tun. Das ist wie die Arbeit des Schauspielers an sich selbst.

BRITTA Was hast du in deiner aktiven Zeit eigentlich so gespielt?

JAN Nicht jetzt, bitte. Normalerweise gehen bei Kontaktbörsen einem ersten persönlichen Treffen Briefe, Mails oder Telefonate voraus. Schwieriger ist der erste Kontakt ohne Vorlauf, auf Singlepartys, wenn man über Bekannte einem interessanten Menschen vorgestellt wird oder beim Speeddating, der Königsdisziplin. Man lernt in einer Stunde fünf bis sieben Partner kennen, man spricht fünf bis sieben Minuten mit jedem und kreuzt dann auf einer Karteikarte an, ob man den Gesprächspartner wiedertreffen will oder nicht. Wenn beide das wünschen, werden die Nummern ausgetauscht. Man hat also nur wenig Zeit, einen Eindruck zu bekommen und sich zu präsentieren. Das wollen wir heute üben und auf die Signale achten. Was sagt man? Wie sagt man es und was erzählt der Körper?

Jan legt eine CD mit Kuschelrock ein.

HEINZ Muss man da auf irgendwas Besonderes achten?

JAN Ein Mensch zu sein, mit dem der andere sein Leben verbringen will.

HEINZ Da gibt es bestimmt Tricks, oder?

JAN Das machen wir am konkreten Beispiel.

Jan zündet die Kerze an und dimmt das Licht herunter. Dann holt er ein Glöckchen hervor und läutet.

Das ist das Start- und Schlusssignal, egal, wie das Gespräch gerade läuft. Fünf Minuten sind kurz, also bündelt eure Energien, strahlt. Wer will anfangen?

FRIEDA Was ist jetzt gefordert?

JAN Ihr. Ihr seid gefordert. Ich will keine Vorgaben geben und lieber mal sehen, was der Stand der Gruppe ist.

Gila legt die Kekspackung auf den Tisch.

Ja, Gila?

GILA Ich wollte nur was zu Knabbern hinlegen.

JAN Erster Tipp. Nie etwas essen bei solchen Treffen. Kauende Menschen wirken unschön, man spricht undeutlich und kann sich verschlucken.

HEINZ Guter Trick.

JAN Freiwillige vor.

Gila räumt die Kekse wieder ab. Stille.

Ich gebe zu, dass es verdammt schwierig ist, sich einer solchen Situation auszusetzen. Man ist schutzlos und liefert sich aus, das lässt sich nicht vermeiden, und es hängt von euch ab, ob ihr von der Übung profitieren könnt.

ULF Ich würde das gerne probieren.

Ulf kramt aus seiner Plastiktüte einen Hut hervor und setzt ihn auf.

JAN Was soll denn der Hut?

ULF Ich habe über das nachgedacht, was du letztes Mal gesagt hast. Man muss sich reinschmeißen, akzeptieren, dass sich vieles geändert hat, man muss offen sein, wenn man etwas erreichen will. So meintest du das, oder?

JAN Ja, so ungefähr. Was hat das mit dem Hut zu tun?

ULF Ich wollte schon als kleiner Junge gerne Hut tragen, auch später als Halbstarker, aber da hatte man Entenschwanz, das waren empfindliche Frisuren. Hut ging da nicht, auch modisch betrachtet, Hut trugen die erwachsenen Männer, aber das kommt später, dachte ich, wenn ich erwachsen bin und mein Leben in die Hand nehme. Das war aber schwierig, weil meine spätere Frau und ich dachten, dass man beim ersten Mal nicht schwanger werden kann, und da musste ich schnell die Schreinerlehre beenden, weil ich eine Familie zu ernähren hatte, mit achtzehn, meine Frau mochte keine Hüte, und irgendwann merkte sie, dass sie mich auch nicht mochte, da waren aber schon zwanzig Jahre vergangen, mein Betrieb und ich waren pleite, meine Kinder erwachsen und Hüte aus der Mode. Später war meine Frau frisch verliebt und ich frisch von ihr geschieden und dachte, jetzt könnte ich mal an mir arbeiten. Deshalb bin ich ausgewandert. Das hat aber nicht geholfen. Darum bin ich wieder da, und ich habe mir vorgenommen, alles richtig zu machen, denn mit alles falsch machen habe ich genug Zeit vertrödelt und da sollte man sich an dem orientieren, was man sich einmal ganz stark gewünscht hat. Ein erwachsener Mann mit Hut, den er vor einer Dame zieht, deren Herz er erobern will.

Ulf zieht den Hut.

Frieda, würdest du mir die Ehre erweisen?

Frieda setzt sich zu ihm.

Du kannst jetzt das Glöckchen läuten.

Jan läutet das Glöckchen, Ulf sieht Frieda an.

JAN Zeit läuft.

ULF Ist man gezwungen, die ganze Zeit zu reden?

JAN Nein, aber irgendwas passieren sollte schon.

ULF Was wäre, wenn man schon nach drei Minuten merkt, dass es die Richtige ist? Und hoffen wir mal, die Dame merkt das auch. Muss man dann noch mit den anderen Einsamen reden? Darf man eigenmächtig die Telefonnummern tauschen und bekommt man einen Teil der Startgebühr zurück?

JAN Willst du nicht langsam mal anfangen?

ULF Ich glaube, ich kann nicht, wenn alle zuhören.

JAN Und was würdest du sagen, wenn niemand zuhört?

ULF Dass ich sie liebe.

JAN Danke, Ulf. Du hast so ziemlich alles falsch gemacht. Ich weiß nicht, ob das deine Absicht war oder ob du nur witzig sein wolltest. Ich würde sagen, wir kommentieren das nicht und versuchen es vielleicht später mit dir noch mal. Können wir jetzt mal ein Paar sehen, das die Aufgabe etwas ernster nimmt?

ULF Noch ernster kann ich leider nicht.

Ulf und Frieda setzen sich auf ihre Plätze.

JAN Wichtig ist, dass man sich präsentiert, dass man irgendetwas von sich zeigt und das kann ruhig originell sein. Gleichzeitig sollte man aber vermitteln, was man sucht, es reden da zwei Menschen miteinander, die klare Interessen und Absichten haben, das sollte man nie vergessen. Das Gespräch muss bei aller Lockerheit zielgerichtet sein. Kann ich das mal sehen? Friedrich? Julia?

Friedrich geht an den Tisch.

FRIEDRICH Ich kann aber nicht versprechen, dass es auf Anhieb funktioniert.

JULIA Keine Sorge, Friedrich, du hast einen leichten Gegner, nur ein trauriges altes Mädchen.

Jan läutet das Glöckchen.

FRIEDRICH *(in die Runde)* Normalerweise würde ich der Dame aus dem Mantel helfen, sie zum Tisch geleiten und ihr den Stuhl zurechtrücken. Es sind diese kleinen Gesten …

JAN Die Frau ist einfach da.

FRIEDRICH Dann würde ich ein Getränk bestellen.

JAN Jetzt ist sie da und in fünf Minuten ist sie wieder weg.

Friedrich nickt, sieht noch einmal in die Runde.

JULIA Hallo, ich bin Julia.

FRIEDRICH Friedrich Maria Kellermann. *(in die Runde)* Aber das wissen wir ja, das müssen wir nicht üben.

JAN Du sollst jetzt flirten, Friedrich.

FRIEDRICH Ich glaube, der Mensch ist nicht dazu geboren, alleine zu sein. Ich kann einer Frau die Sicherheit und den Schutz bieten, den sie braucht. Ich bin finanziell abgesichert, gesund und allen menschlichen Genüssen zugetan. Eros und Agape, wie die Alten sagen. Sie haben da eine sehr schöne Bluse an. *(in die Runde)* Ich glaube, dass ein eingestreutes Kompliment hilfreich sein kann.

JULIA Erzähl mir etwas Schönes, einen Traum. Was hast du letzte Nacht geträumt?

FRIEDRICH Was?

JULIA Glaubst du an Träume? Ich schreibe sie auf. Ich habe ein Notizbuch neben dem Bett. Ich glaube, die Seele versteckt in den Träumen Botschaften für uns, etwas gibt es in uns, das mehr weiß als das wache Bewusstsein. Aber auch andere können diese Botschaften für einen überbringen. Vielleicht ist in deinem letzten Traum eine Botschaft für mich?

FRIEDRICH Ich kann mir meine Träume nie merken.

JULIA Dann denke dir einen aus. Sieh mich an und erfinde einen. Nicht nachdenken, wir haben nicht viel Zeit.

Friedrich ist irritiert und sieht in die Runde.

FRIEDRICH Mein Traum ist eine Frau, die zu mir steht, weibliche Tugenden hat, die sich von mir leiten lässt und mir gibt, was das Weib dem Manne geben kann. Ich formuliere das bewusst altmodisch.

JULIA Friedrich, bist du ein einsamer Mensch? Empfindest du deine Einsamkeit als Niederlage? Was überwiegt jetzt gerade? Das Gefühl, in einer unwürdigen Situation zu sein oder die Freude, einen Menschen zu treffen?
Was nimmst du an mir wahr? Wenn ich die Augen schließe, weißt du dann noch, welche Farbe sie haben?

Julia schließt die Augen, Friedrich sieht in die Runde. Jan läutet das Glöckchen. Friedrich steht auf, schüttelt Julia die Hand und geht an seinen Platz zurück. Julia bleibt sitzen. Stille.

JAN Fangen wir bei dir an, Friedrich. Bist du zufrieden? Hast du das Gefühl, dich gut präsentiert zu haben?

FRIEDRICH Ich würde sagen, dass ich vermittelt habe, was ich will, also zielorientiert war. Natürlich ist das in der Kürze der Zeit und bei diesem für mich eher ungewöhnlichen Typus Frau nicht ganz einfach, aber ich denke, ich habe mich wacker geschlagen. Ja.

JAN Was würdest du ankreuzen?

FRIEDRICH Nicht wiedersehen natürlich. Aber ich würde die Gelegenheit suchen, ihr noch zu sagen, dass das Treffen interessant war und sie einen netten Eindruck macht.

JAN Julia?

JULIA Bei mir passt es nie. Nie. Und ich will jetzt bitte gesagt bekommen, woran es liegt. Wenn ich ein Match verliere, sagt mein Tennislehrer, dass ich an meiner Vorhand arbeiten muss. Er sagt nicht, dass etwas in der Chemie zwischen dem Schläger und mir nicht stimmt. Ich habe versucht, ehrlich zu sein, völlig ehrlich.

JAN Ich wollte nur wissen, was du angekreuzt hättest.

JULIA Für mich ist es erst mal wichtig, warum ich schon wieder nicht angekreuzt wurde. Ich will wissen, woran ich arbeiten kann. Niemand muss mich schonen.

JAN Du hattest eine schöne Ehrlichkeit, Julia, alles Weitere können wir später besprechen, ich will erst, dass alle mal dran waren.

BRITTA So kann man doch nicht weitermachen.

JAN Man soll nicht alles zerreden, wir werten das nachher aus.

JULIA Oder denken jetzt alle, dass es kein Wunder ist, dass ich alleine bin?

GILA Irgendwas muss man dem Mädchen sagen, so viel Zeit muss doch sein.

BRITTA Und zu Friedrichs Wunschzettel würde ich mich auch gerne äußern.

JAN Du kannst gleich zeigen, wie man es richtig macht. Das nächste Paar?

HEINZ Hätten die beiden denn irgendwelche Tricks anwenden können?

JAN Der Trick ist, mal ein bisschen über den eigenen Horizont zu blicken. Geschmeidiger zu sein und ein Gefühl für den Partner zu entwickeln!

JULIA Aber es wollen doch alle, du musst eine Hilfestellung geben, irgendeinen Anhaltspunkt. Wie hast du deine Freundin kennen gelernt?

JAN Ich habe sie kennen gelernt, weil ich erkannt habe, dass ich mein Leben komplett umstellen muss, dass ich alles, auch mich selbst, radikal verändern muss, um nicht unterzugehen. Es war eine existentielle Frage, jemanden zu treffen, mit dem ich mein Leben verbringen kann, und man verhält sich anders, wenn es um die nackte Existenz geht, um das gesamte Leben und nicht nur um einen Teilaspekt. Kann jemand damit etwas anfangen? Ist das als Erfahrung geläufig? Da zeigt man ein anderes Engagement, das kann ich euch sagen.

FRIEDA Glaubst du denn, man wird sechzig ohne diese Erfahrung?

JAN Anscheinend ja. Da niemand hier aus der Deckung kommt. Aber ich lasse mich gerne überzeugen. Gut, weiter. Du, Gila?

Gila setzt sich an den Tisch.

HEINZ Können wir nicht mal eine Pause machen?

JAN Heinz, nicht immer ausweichen, wenn es unbequem wird. Bitte.

Heinz setzt sich zu Gila, Jan läutet das Glöckchen. Ein Moment Stille, Heinz und Gila sehen sich an.

JAN Anfangen bitte!

BRITTA Jetzt hetz sie doch nicht.

Kurzer Moment Stille, Heinz räuspert sich, Kuschelrock.

HEINZ Ist doch ganz gemütlich hier, was?

GILA Ja, finde ich auch.

HEINZ Nur schade, dass man so wenig Zeit hat, in fünf Minuten ist man grade so warm geworden, schon muss man weiter. Müsste ich jetzt gar nicht.

GILA Bisschen Zeit haben wir ja noch.

HEINZ Wir lassen uns nicht hetzen.

GILA Nee. Was bist du denn für einer? Erzähl doch mal was von dir.

HEINZ Ich bin Heinz, ich bin bodenständig, humorvoll und Ruhrpottler und momentan alleinstehend, also ungebunden, besser gesagt. Ich war mal Automechaniker, aber das ist nicht so wichtig.

GILA Mit Autos kenne ich mich leider gar nicht aus.

HEINZ Musst du auch nicht, so interessant sind Autos auch wieder nicht. Hauptsache das Ding läuft, oder?

GILA Genau.

HEINZ Und du? Was bist du so für eine?

GILA Das habe ich vergessen. Weil ich mir das nicht aufgeschrieben habe. Das tut mir jetzt leid. Jan, was war ich noch mal?

Jan reagiert nicht.

Jan, hilfst du mir mal?

JAN *(brüllt)* Ich habe die Schnauze voll! So geht das überhaupt nicht, das ist alles ein einziger Krampf!!

FRIEDA Was ist denn jetzt los? Die beiden haben das doch ganz wunderbar gemacht.

JAN Nein, das ist die völlig falsche Richtung, das geht gar nicht.

BRITTA Dann solltest du endlich mal sagen, was du willst. Und wenn du das nicht weißt, zumindest mal eine kompetente Analyse bieten!

JAN Wo soll ich da denn anfangen?

BRITTA Hier, jetzt, bei diesem kleinen, schönen Gespräch, das du zerstört hast, Punkt für Punkt, und dann reden wir über die beiden anderen Gespräche, Punkt für Punkt, damit ich endlich erfahre, wofür ich hier bezahlt habe!

JAN Nicht in dem Ton!

HEINZ Ich hab den Steckbrief untergebracht, ich hab so gespielt, als ob wir in einem Lokal sitzen, ich habe versucht, nett zu sein.

FRIEDA Ich fand das auch sehr charmant, und ich möchte bei der Gelegenheit sagen, dass ich Ulf ebenfalls sehr nett fand. Ganz so dumm stellen wir uns nicht an.

JAN Da sind sich dann auf einmal alle einig.

HEINZ Du bist doch Schauspieler, dann spiel uns das mal vor und wir gucken, was wir nachmachen können. Ich kann das nicht anders als so.

JAN Der eine spricht über Hüte, der andere von Eros und Agape, von Autos und wie nett das alles ist, Hauptsache, es ist gemütlich und alle machen ihr Ding.

JULIA Dann sag doch jetzt, was du willst.

HEINZ Also, ich hab alles verbockt, ja?

JAN ‚Hier ist es gemütlich, hätten wir mehr Zeit ...' Zu einem Zeitpunkt, wo du noch überhaupt nicht weißt, ob die Frau das genauso sieht. ‚Was bist du denn für eine.' Das ist doch völlig unbeholfen, du ruhst dich da auf deiner Malochergemütlichkeit aus, anstatt dein Gegenüber aus der Reserve zu locken und ein interessantes Gesprächsthema anzureißen.

HEINZ Was? Was? Geht das jetzt darum, dass ich mich nicht ausdrücken kann, oder was? Was ist mit Malochergemütlichkeit?

JAN Jetzt kommt mal etwas Temperament auf, das hat mir gefehlt.

HEINZ Ich brauche mir von dir Grünschnabel doch nichts über mein Temperament sagen lassen.

JAN Solltest du aber mal.

HEINZ Ich hab schon mit Frauen verkehrt, da warst du noch in Abrahams Wurstkessel.

JAN Da ist der Punkt. Von mir will man sich nichts sagen lassen, weil ich ein Grünschnabel bin, das geht die ganze Zeit schon so.

HEINZ Weil du schon die ganze Zeit nichts zu sagen hast! Ich höre dir jetzt seit drei Wochen zu, aber da kommt nichts, nur heiße Luft. Und jetzt wirst du auch noch frech!

FRIEDRICH Das bringt doch nichts.

HEINZ Und wie du hier mit den Damen sprichst, passt mir überhaupt nicht. Ich bin ja ein gutmütiger Mensch, aber jetzt ist Schicht!

JAN Ich bin hier der Kursleiter!

HEINZ Ein Scheißdreck bist du, wenn du dich nicht benimmst.

GILA Lass doch, Heinz, du siehst doch, dass der nicht bei sich ist.

JAN Du brauchst dich da überhaupt nicht einzumischen!

Heinz holt reflexartig aus und verpasst Jan einen Kinnhaken. Jan taumelt nach hinten, stolpert über einen Stuhl und geht zu Boden.

HEINZ Das geht doch nicht. Schreit hier die Damen an.

4. SZENE

Seminarraum

Jan, Julia kommt herein.

JULIA Soll ich draußen warten?

JAN Nein, komm rein.

Julia kommt herein.

Es ist letztes Mal alles ein wenig aus dem Ruder gelaufen. Das tut mir leid.

JULIA So was kann ja mal passieren. Dass es sich so hochschaukelt.

JAN Nein, so etwas darf nicht passieren.

JULIA Heinz hat das bestimmt nicht gewollt.

JAN Nein, ich meine mich, dass ich das nicht mehr im Griff habe, ich habe mich die ganzen letzten Tage gefragt, wie das so weit kommen konnte. Ich hatte einen Plan, und dann funktioniert das alles nicht. Da sehe ich diese Leute vor mir und ich kann nur noch ausrasten, wie die da vor mir sitzen und mich ansehen, diese Haltung, jetzt mach mal und was hast du denn drauf.
Egal wie schnell man rennt und was man sich vornimmt, die sind immer schon da und sehen einen abschätzend an. Wenn ich da an die Alten in Eisenach denke, wie man da als Anfänger behandelt wurde, wenn man was ausprobieren wollte, was sie in Frage gestellt hat. Die verdrehten Augen, die Unkündbaren mit den Stammplätzen in der Kantine, diese Arroganz, die sitzen Intendanten aus, junge Schauspieler, neue Ideen, ganze Staatsformen und behaupten, sie wären aufgeschlossen. Aber wehe, man sitzt auf ihrem Stammplatz, dann werden sie ungemütlich. Eine Generation, die ihren Platz nicht räumt, überall, das ist das Erschreckende. Wo man hinkommt, hat einer seinen Stammplatz, da steht man da wie ein begossener Pudel, und wenn man schon mal rumsteht, kann man ihnen doch schnell ein Bier holen. Sie sind aufgeschlossen für jeden, der ihnen ein Bier an den Tisch bringt. Und da sehe ich dann rot und denke, diesmal holst du denen kein Bier, diesmal sollen die sich selber bewegen, die können mich mal. Dabei habe ich vergessen, dass das mein Job hier ist, denen beizubringen, sich ein Bier zu holen, die können das nicht, dafür haben die mich bezahlt, denen beizubringen, wie man sich bewegt, weil die sich da gar nicht wohlfühlen, wo sie jetzt sind. Ich sehe aber nur Leute, die auf einem Platz sitzen, auf dem ich auch gerne sitzen würde.

JULIA Das sind eigentlich ganz offene Menschen.

JAN Ja, sicher, natürlich, ich gehe das heute anders an, ich ändere das Konzept, die können nichts dafür, dass bei mir nicht alles rund läuft, bei wem tut es das schon. Die können nichts für meine schlechten Erfahrungen.

JULIA Die wollen etwas von dir lernen, ich auch, du hast ja ein Leben geführt, das bestimmt erfüllter war.

JAN In welcher Hinsicht?

JULIA Dass du Schauspieler bist, dass du heute vor einem Jahr noch auf der Bühne gestanden bist, wie du wohl Menschen siehst, wenn du so viele spielen musstest. Wer mal gespielt hat, kommt doch wahrscheinlich nie mehr so ganz in der Wirklichkeit an und hat einen höheren Blick auf Menschen, wie sie so sind.

JAN Vor einem Jahr habe ich den Müllgeist und ein Wolkenschaf im Weihnachtsmärchen gespielt.

JULIA Das ... das war doch bestimmt lustig.

JAN Nein.

JULIA Aber du warst doch ganz nah dran an etwas, was du erträumst, du hast es mal erlebt, hast es probiert. Wer kann das schon von sich sagen, gerade, wenn er aufgewachsen ist wie wir. Wie ich. Ich rede nur von mir. Ich habe als Assistentin in der Firma angefangen, jetzt bin ich Maklerin, es läuft, nicht gut und nicht schlecht, nein, es läuft gut, aber ohne Erwartungen, außer der Angst, dass es irgendwann mal nicht mehr laufen könnte.

JAN Immerhin, oder?

JULIA Ein bisschen abenteuerlicher hätte ich mir mein Leben schon vorgestellt, irgendwas, irgendwelche Erlebnisse, etwas Außergewöhnliches, Individuelles und dass man sich nicht mehr in jedem drittklassigen Ratgeber total wiedererkennt.

JAN Das ist Gott sei Dank ein Luxusproblem, oder?

JULIA Ja. Wahrscheinlich. Man muss dankbar sein, wenn man sieht, wie es anderen geht. Man muss immer dankbar sein, aber glanzvoller wird das Leben dadurch auch nicht gerade.

Gila und Frieda kommen herein.

JAN Freut mich, euch zu sehen, guten Tag.

FRIEDA Bevor wir heute mit irgendeiner Form von Programm weitermachen, möchte ich sachlich und in aller Ruhe über die letzte Stunde sprechen ...

JAN ... ganz in meinem Sinne ...

FRIEDA ... ebenso über den Verlauf der nächsten Stunden. Bis dahin bin ich hier nur vorläufig. Können wir uns darauf verständigen?

JAN Natürlich.

GILA Aber weiter geht es doch, oder?

JAN Ich bin mir sicher, dass wir alles klären können, ich bin weiß Gott nicht froh über den bisherigen Verlauf.

FRIEDA Das hätte mich auch gewundert.

GILA Ich habe später gar nicht mehr gewusst, wie es so weit kommen konnte.

Ulf kommt herein.

JAN Ich glaube, ich konnte nicht vermitteln, wohin ich mit der Übung wollte ... ich weiß nicht, da kam viel zusammen ... vielleicht warten wir, bis alle da sind.

GILA Weiß jemand, ob alle kommen?

JAN Ich hoffe es, wir haben noch einige gemeinsame Stunden vor uns, und wer weiß, wofür der Konflikt gut war, oder?

ULF Das mit dem Hut ist Quatsch, darüber habe ich noch mal nachgedacht.

JAN Vielleicht ist es ein guter Gedanke, ich war gereizt.

ULF Also ich kann das verstehen.

FRIEDA Was?

ULF Das ist sicher schwer. Man hat studiert, war Schauspieler, hatte seinen Traumberuf, nehme ich mal an, und auf einmal sitzt man mit lauter alten Leuten in einem Kurs herum. Das ist doch nicht das, was man sich vom Leben erwartet hat. Kein Mensch gibt sich freiwillig mit störrischen Alten ab, oder? Ich musste auch schlucken, als ich keine Jachten mehr gemacht habe, sondern Bauklötzchen für den Weihnachtsmarkt. Und wenn man da auch noch eine aufs Maul bekommt. Das ist nicht einfach.

Friedrich und Britta kommen.

JAN Ich will gleich zur Sache kommen. Keine Ahnung, ob Heinz noch kommt, wir werden sehen, wichtig ist mir, dass die meisten wiedergekommen sind. Ich denke, jeden hat die letzte Stunde beschäftigt, mich am allermeisten, wage ich jetzt mal zu behaupten, denn es war natürlich nicht meine Absicht, dass es so eskaliert. Ich will nicht alle Schuld auf mich nehmen, wir waren alle nervös.

BRITTA Ich war nicht nervös.

JAN Egal, ich denke, es geht darum, dass das Konzept nicht funktioniert hat.

FRIEDRICH Vielleicht sollten wir etwas sagen, bevor du weiter ausholst.

JAN Ich würde gerne zu Ende sprechen.

FRIEDRICH Nein, denn ich glaube, dass sich das erübrigen könnte.

FRIEDA Aber wir können nicht einfach weitermachen.

FRIEDRICH Das wollte ich gerade sagen. Britta und ich haben uns unten getroffen und wir hatten beide denselben Impuls, nämlich zur Leitung der Volkshochschule zu gehen, um das an höherer Stelle zu klären.

JAN Also nur weil eine Stunde aus dem Ruder läuft, muss man nicht gleich ...

BRITTA Wir reden nicht nur über die letzte Stunde, dieser Kurs hat von Anfang an nicht funktioniert. Sehen wir das mal ganz sachlich. Wir haben für eine Dienstleistung bezahlt, die nicht erbracht wurde.

JAN Der Kurs ist noch nicht zu Ende.

BRITTA Ich bin noch nicht fertig. Ob das hier zu Ende ist, haben nicht Friedrich und ich entschieden, sondern das werden wir alle gemeinsam entscheiden. Das hat auch damit zu tun, ob wir unser Geld zurückverlangen oder nicht.

JAN Ich muss aber die Chance haben, mein Konzept zu ändern.

FRIEDRICH Das ist ein Missverständnis, es geht nicht um Konzepte, sondern um Kompetenz, und die kann ich nicht erkennen.

Heinz kommt mit zwei Sixpack Bier.

HEINZ Ihr habt schon angefangen?

BRITTA Du kommst gerade richtig.

HEINZ Gut, ich sage das, dann habe ich es hinter mir. Ich habe dir eine verpasst, das sollte man nicht, passiert ist passiert, trinken wir ein Bier drauf und Schluss. Ich nehme nichts zurück, ich sage nur, dass mir der Schlag leid tut, klären kann man alles.

FRIEDRICH Genau das machen wir gerade.

HEINZ Und wie geht es jetzt weiter?

FRIEDRICH Die Frage ist, ob es weitergeht.

JAN Ich habe mein Bedauern formuliert, das wird offensichtlich überhört, irgendwie hat man sich darauf verständigt, dass ich alles versaut habe, aber da will ich anmerken, dass ich in meiner körperlichen Integrität verletzt wurde, ich weiß nicht, ob ihr das auch der Leitung gesagt habt oder ob da nur beklagt wurde, dass ich inkompetent bin. Da wüsste ich gerne mal, ob die ganze Geschichte erzählt wurde, und ob da auch betont wurde, dass ich versucht habe, mein Konzept zu verwirklichen.

HEINZ Der Kurs ist zu Ende?

FRIEDRICH Konzepte, Jan, das ist das Problem, ich habe mit vielen Referendaren zu tun gehabt, und da bekommt man sehr schnell einen Blick dafür, ob aus dem Studenten mit seinem Konzept ein Lehrer wird oder nicht. Deshalb ist das Konzept völlig unwichtig, deshalb will ich das neue Konzept gar nicht hören. Ich spreche nur für mich, ich höre gerne andere Meinungen.

BRITTA Ich sehe das genauso.

JAN Saubere Methode. Statt mit mir zu sprechen, wendet man sich an die Leitung.

BRITTA So überraschend kann das für dich nicht sein. Ich habe oft genug gesagt, was ich von deinen Leitungsqualitäten halte.

JAN Ich lasse mir nicht vorschreiben, wie ich einen Kurs leite.

FRIEDRICH Wenn man etwas nicht kann, ist es keine Schande, auf erfahrene Leute zu hören.

JAN Warum belegt ihr einen Kurs, wenn ihr schon alles wisst? Das scheint die Krankheit eurer Generation zu sein, immer schon alles zu wissen und die Spielregeln bestimmen zu wollen.

FRIEDA Das sind dumme Verallgemeinerungen.

FRIEDRICH Können wir jetzt andere Meinungen hören?

JAN Was ist das hier? Ein Tribunal?

FRIEDRICH Wer leitend tätig ist, muss Kritik aushalten können.

JAN Das sagst ausgerechnet du!

BRITTA Keine Beleidigungen, wir sind alle sachlich.

JULIA Worum geht es jetzt?

BRITTA Wir sollten abstimmen, ob wir mit diesem Kursleiter weitermachen oder nicht. Wenn wir ihm einstimmig das Vertrauen entziehen, können wir einen Abschlag erstattet bekommen oder einen anderen Kurs belegen. Vielleicht sind Friedrich und ich ja die Einzigen, vielleicht haben wir für alle gesprochen. Das muss man klären.

JAN Und ich soll mir jetzt anhören, wie man über mich urteilt.

BRITTA Du kannst gerne draußen warten, das ist wahrscheinlich besser. Wenn die Mehrheit weitermachen will, diskutieren wir dein neues Konzept.

JAN Wenn ich rausgehe, komme ich nicht mehr rein.

FRIEDRICH Gibst du uns zehn Minuten?

JAN Ist das angekommen?

FRIEDRICH Auf Erpressungsversuche reagiere ich prinzipiell nicht.

JAN Ich fordere nur ein, was hier ständig eingeklagt wurde, nämlich Respekt! Vor mir und meiner Arbeit! Ich bin ein erwachsener Mensch, ich werde nicht vor der Tür auf mein Urteil warten, ich muss mir solche Unverschämtheiten nicht gefallen lassen!

Jan geht. Stille.

JULIA Was denn? Wir können ihn doch nicht einfach gehen lassen? Soll ich ihn zurückholen? Zu lange sollten wir nicht warten, sonst ist er wirklich weg.

Julia steht auf, bleibt unschlüssig stehen.

FRIEDA Mach dir keine Illusionen. Jetzt geht es mit ihm sowieso nicht mehr weiter. Aber du kannst ihm natürlich hinterhergehen, du musst nicht bei uns bleiben.

Julia setzt sich wieder.

HEINZ Ihr habt ganz schön zugelangt.

FRIEDRICH Solche Angelegenheiten sind immer unangenehm. Wenn man da halbe Sachen macht, wird es für alle Beteiligten nur schlimmer. Ich spreche aus Erfahrung.

Stille.

BRITTA Ich hoffe, dass war in eurem Sinne.

GILA Auch wenn das letztes Mal alles nicht so schön war, gefreut habe ich mich trotzdem auf heute und jetzt ist das vorbei. Das Geld ist mir nicht wichtig.

BRITTA Glaub mir, uns auch nicht.

FRIEDRICH Oder war das falsch?

FRIEDA Nein.

HEINZ Tut mir leid, wenn ich Schuld bin, aber als er dann auch noch Gila angeschrien hat ...

GILA Das war eigentlich sehr lieb von dir, Heinz.

FRIEDA Es ist ja völlig richtig, so etwas zu beenden.

HEINZ Wie geht das denn jetzt weiter mit uns? Ich frage nur, weil ich nicht so genau weiß, was ich jetzt machen soll. Ich habe sonst nichts vor.

Julia bedeckt ihre Augen mit den Händen.

JULIA Mein Heuschnupfen. Ohne Bedeutung.

GILA Meine Tochter hat mich gefragt, ob ich Ostern bei ihnen einhüte, wenn sie in Urlaub fahren. Ich könnte mich jetzt ein Vierteljahr darauf freuen, zwei Wochen auf einen Dalmatiner aufzupassen.

ULF Meine Tochter hat mir angeboten, dass ich zu ihnen nach Friedberg ziehe, sie bauen mir das Apartment im Keller aus. Michaela will wieder arbeiten und dann wäre jemand im Haus, auch wegen der Jungs. Da könnte ich dann den Rest der Zeit bleiben.

GILA Das ist doch schön.

ULF Nein.

BRITTA Es gibt andere Möglichkeiten, sein Leben zu organisieren, als solchen Scharlatanen hinterherzulaufen. Chancen haben wir dem genug gegeben. Aber der hat sich gedacht, mit alten Leuten kann man es machen, das ist leicht verdientes Geld. Der ist doch nicht besser als diese Drückerkolonnen an der Haustür. Die denken auch, dass man dankbar ist und alles mitmacht, bloß weil mal ein junger Mensch mit einem spricht.

FRIEDRICH Wir sind nicht alt.

BRITTA Hör auf, Friedrich, natürlich sind wir das. Dieser Bursche denkt jetzt, dass ihn ein paar verbiesterte alte Leute zum Teufel gejagt haben und damit hat er recht. Er übersieht nur, dass wir allen Grund hatten, ihn zum Teufel zu jagen.

GILA Aber wie sind doch keine alten Monster.

BRITTA Julia, sind wir alt oder nicht?

JULIA Ich bin jünger, aber das hilft mir auch nicht weiter.

BRITTA Alter ist nichts für Feiglinge. So, und jetzt versuchen wir alle, wieder alleine klarzukommen ohne uns leidzutun. Wir haben sechzig Jahre rumgekriegt, da sitzen wir den Rest auf einer Arschbacke ab.

Britta steht auf.

FRIEDA Aber irgendwie abschließen sollte man das, oder? So können wir nicht gehen.

Britta setzt sich wieder, Lichtwechsel.

5. SZENE

Wohnung Frieda

Die Gruppe sitzt in Friedas Wohnung, es ist spät, alle sind angetrunken, leere Weinflaschen, man feiert schon seit geraumer Zeit. Julia steht in der Mitte des Zimmers, singt Karaoke Diana Ross ‚I feel love'. Die Musik endet, alle anderen applaudieren, sie verbeugt sich theatralisch. Friedrich nimmt aus einem opulenten Straus roter Rosen, der in einer Vase auf dem Boden steht, eine Rose heraus.

FRIEDRICH Frieda, erlaubst du, dass ich dir eine Rose wieder entwende, um sie Julia zu verehren?

Frieda nickt, Friedrich übergibt Julia die Rose mit einer großen Geste und küsst sie auf beide Wangen.

Wundervoll, ganz wundervoll.

JULIA Jetzt müsste ich aus dem Scheinwerferlicht treten, im Dunkel der Gasse wartet ein Mann auf mich und nimmt mich in die Arme. Ein schöner, wilder, fremder Mann.

Ulf hat inzwischen einen neuen Karaoke-Track gestartet.

ULF Will jemand singen? Ein Bett im Kornfeld?

FRIEDRICH Wenn Julia nicht gerade gesungen hätte, würde ich mich trauen. Aber so? Nein.

BRITTA Von mir aus können wir ruhig mal eine Pause machen mit dem Gesinge.

Julia hat sich ein Glas Sekt nachgeschenkt.

JULIA Ich muss euch mal was sagen ... als Mann, nur so als Mann, war Jan gar nicht so übel, oder? Was meint ihr, Mädchen?

FRIEDRICH Das war doch ein ganz unangenehmer Mensch.

JULIA Bist du ein Mädchen, Fritz? Nein. Ich meine, wenn er da stehen würde, einfach nur ein Kerl, na gut, vielleicht im Halbschatten, aber trotzdem, er war nicht unappetitlich. Ein Kerl, der nur dasteht, ohne was zu sagen.

BRITTA Er hat aber was gesagt. Das war das Problem.

JULIA Wir hätten ihn einladen sollen. Man darf nicht nachtragend sein.

Julia schenkt allen anderen nach.

BRITTA Wenn er da wäre, wäre ich nicht da.

JULIA Ihr seid immer so verbiestert. Nur als Kerl, mehr habe ich nicht gesagt.

FRIEDRICH Zum Mannsein gehört ja wohl mehr als nur das Äußere.

JULIA Nicht immer, Darling.

BRITTA So ein Quatsch.

JULIA Hoch die Tassen. Alla vida. *(zu Frieda)* Auf die Gastgeberin. Auf uns.

Man prostet sich zu.

GILA Ich trinke darauf, dass ich das erste Mal seit Ewigkeiten auf einem Fest bin, wo ich mit keinem der Gäste verwandt bin.

FRIEDA Darauf haben wir schon zweimal getrunken, Gila.

GILA Dann trinke ich auf unseren Ritter Heinz, der sich für mich geschlagen hat.

Gila gibt Heinz einen Kuss.

BRITTA Er hat sich nicht für dich geschlagen, er hat nur zugeschlagen.

GILA Heinz, das war groß. Dass du ihm einfach eine gelangt hast, weil er mich beleidigt hat. Das ist ja alles nicht die feine Art, aber trotzdem ... wir hätten doch sonst nie geschafft, das zu beenden. Aber Heinz hat.

HEINZ Da ist noch richtig Wumms in der alten Flosse, was?

FRIEDA Dann trinken wir eben auf unseren Schmeling.

Man trinkt.

FRIEDRICH Also wenn wir hier schon feiern, dass wir diese Stümperei hinter uns gebracht haben, will ich aber noch mal kurz erwähnen, dass es mein Durchgreifen war, was ihm das Handwerk gelegt hat. So viel Zeit muss sein. Ein Fausthieb ist eines, aber einen Unfug hart und konsequent zu beenden etwas anderes.

Gelächter.

FRIEDA Jetzt sieh sich einer diese Gockel an.

JULIA Superfritz und Superheinz.

FRIEDRICH Ich will das nur richtigstellen.

BRITTA Dann sag gefälligst auch, dass wir zusammen die Sache auf den Tisch gebracht haben. Wir haben beide das Gespräch geführt.

FRIEDRICH Von mir aus.

BRITTA Nein, nicht von dir aus! So war es!

FRIEDRICH Das ist doch kein Grund, mich hier so anzufahren.

BRITTA Du bist so verdammt eitel, Friedrich! Das ist nicht auszuhalten.

Kurze Stille.

FRIEDRICH Was? Wie bitte? Was habe ich denn Schlimmes gesagt?

BRITTA Das scheinst du wirklich nicht zu wissen.

FRIEDRICH Was ist los? Den ganzen Abend kommen schon solche Bemerkungen. Über die Blumen, die ich mitgebracht habe, über die Scherze, die ich mache, alles.

BRITTA Schon gut.

FRIEDRICH Nein!

GILA Jetzt hört doch auf.

BRITTA Das ist wahrscheinlich deine rheinische Frohnatur, dieses ‚Hoppla hier bin ich'.

FRIEDRICH Ich bin nun mal ein lebenslustiger Mensch.

BRITTA Das betonst du bei jeder Gelegenheit, und das ist penetrant. Schon beim ersten Treffen stolzgeschwellt damit anzugeben, dass du eine Geliebte hast, wie du dich ständig in den Vordergrund drängelst, dieses Gerede von Leidenschaft und Lebensfreude, das ist eitel, peinlich und eitel.

FRIEDRICH Es ist eitel, einen Flirtkurs zu besuchen und lauthals zu verkünden, dass man an einer Beziehung nicht interessiert ist, alle Leute zu bewerten und sich für etwas Besseres zu halten. Was weißt du denn über die Umstände meiner Liebschaft.

BRITTA Nichts, es interessiert mich auch nicht.

FRIEDRICH Weil dich Menschen nicht interessieren! Ich habe lange genug in einer Ehe gelebt, die nur noch Asche war, und da habe ich ein natürliches Recht, meine Wünsche zu befriedigen, und du bist die Letzte, die mich moralisch verurteilen darf.

BRITTA Moral interessiert mich nicht. Ich habe was gegen alte Männer mit Johannistrieb.

FRIEDRICH Eine Frau wie dich hätte ich auch verlassen. Und um das mal ganz deutlich zu sagen. Niemand kann mir verbieten, eine Frau zu suchen. Ich muss nicht im Zölibat leben, nur weil ich über sechzig bin. Deine Verklemmtheit hat mich vom ersten Moment an gestört. Warum besuchst du einen Flirtkurs, wenn du Sexualität für etwas Unappetitliches hältst.

BRITTA Das ist eine Unverschämtheit!

FRIEDRICH Du bist stockprüde und deshalb greifst du mich an. Vielleicht hast du ja grundsätzlich ein Problem mit Männern.

BRITTA Ich weiß nur, wie alt ich bin und was wann angemessen ist. Ich habe früher gerne Jeans getragen. Ich mache es nicht mehr, weil das albern wäre in meinem Alter. Ich lehne Jeans nicht ab, es sind wundervolle und bequeme Hosen. Aber ich lehne alte Menschen in Jeans ab. Ich habe Jeans getragen, Friedrich. Viele verschiedene Modelle, manche waren angenehm, manche haben länger gehalten, manche habe ich nach einem Abend abgelegt.

FRIEDRICH Es ist so deprimierend, wenn man zu Metaphern greifen muss, oder? Das ist nicht kultiviert, das ist verklemmt. Was willst du denn sagen? Dass wir keinen Sex mehr haben sollen? Sag doch einfach, was du meinst.

BRITTA Na gut. Alte Männer, die bei jeder Gelegenheit ihren Schwanz auf den Tisch legen, sind mir ein Gräuel.

FRIEDRICH Ich bin nicht frustriert, ich belästige niemanden mit meinen Bedürfnissen und ich will nicht ausbaden, dass dich ein Mann verlassen hat. Ich bin ein alter Mann in Jeans, und das ist gut so. Vielleicht brauchst du ja eine Frau in Jeans. Was weiß ich. Ich erwarte etwas von meinem Leben, das ist mein gutes Recht, ich will mich nicht beschränken. Es sei denn, hier herrscht Einigkeit, dass mein Verhalten lächerlich ist. Dann gehe ich natürlich sofort, dann bitte ich um Entschuldigung.

Kurze Stille.

JULIA Aber nein.

HEINZ Was willst du denn, Britta? Natürlich hat man noch Lust, oder? Ich gehe auch zu Nutten, seit Jahren. Warum soll man denn damit aufhören, wenn es einem noch Spaß macht? Das ist doch normal, oder?

Kurze Stille.

Oder nicht?

JULIA Das kann doch aber nur ein Ersatz sein, oder?

HEINZ Wofür?

JULIA Für ... wirkliche Sexualität.

HEINZ Nein. Das ist richtiger Sex.

Frieda beginnt zu lachen.

JULIA Ist das nicht trostlos, wenn man dafür bezahlt hat?

HEINZ Nein, man kennt sich ja mit der Zeit, man hat ja seine festen Damen ... also ich ... ich will jetzt aber nicht missverstanden werden. Bin ich denn der Einzige?

ULF Nein.

Stille.

GILA Ich habe mir oft gewünscht, dass es so was auch für Frauen gibt. Man geht wohin, wo man sich spüren kann. Wo einen jemand umarmt. Ich habe seit Walters Tod mit keinem Mann mehr geschlafen und das fehlt mir. Wirklich. Man hat Bedürfnisse, Britta. Oder? Da hat Friedrich recht. Natürlich trägt er ein bisschen dick auf.

FRIEDRICH Ach so?

GILA Aber der Wunsch ist da. Aber ich kann mir nicht vorstellen, wie das gehen soll. Ich kann meinen alten Körper doch niemandem mehr zumuten. Also die Vorstellung, mich vor einem fremden Mann auszuziehen ... ich schäme mich schon bei dem Gedanken. Mit dem eigenen Mann war es was anderes, der kriegt die Veränderung über die Jahre ja nicht mit, das geht so peu à peu. Aber ein Fremder, der mich begehren soll, mit den schlaffen Brüsten ... da fehlt mir der Mut.

JULIA Das denke ich schon jetzt mit Anfang vierzig.

GILA Frieda, sag du doch mal.

FRIEDA Ich hatte einen alten Mann. Das hat viele Nachteile. Aber einen Vorteil, man ist im Vergleich immer jung.

HEINZ Also um das richtigzustellen, ich gehe nicht zu jungen Nutten. Das machen nur alte Perverse. Lieber reife Damen. Oder? Ulf?

ULF Ja.

BRITTA Jetzt ist das Niveau endgültig im Keller.

Frieda lacht.

BRITTA Was ist denn so lustig, Frieda? Sind wir so lächerlich?

FRIEDA Nein, überhaupt nicht. Ich bin nur weit weg von dem Thema, sehr weit weg.

JULIA Du hattest eine erfüllte Beziehung, die große Liebe deines Lebens, bis zum Ende. Wer so etwas erlebt hat, kann über uns wahrscheinlich nur lachen.

FRIEDA „Große Liebe." Du klingst wie eine Vorabendserie. Er war krank und ist gestorben.

JULIA Aber selbst das Schreckliche ist doch Teil dieser Beziehung, selbst das habt ihr gemeinsam gehabt. Ehrlich, ich beneide dich um dein Leben, sogar um das Schreckliche. Das ist eine Nähe, bei der Sex unwichtig wird.

FRIEDA Du hast doch keine Ahnung.

JULIA Ich weiß. Das sage ich doch. Ich suche seit Jahren nach einem Menschen, mit dem ich das erleben kann, was du erlebt hast.
Dieses Unbedingte. Diesen Einen.

Frieda wirft ihr Glas an die Wand.

FRIEDA Das sind Kleinmädchenphantasien!

JULIA Was kann ich dafür, dass ich nichts anderes habe!

FRIEDA Du kannst mich doch nicht um sein Sterben beneiden.

JULIA Nein, aber um diese Liebe. Dass es diesen einen Menschen für dich gab.

FRIEDA Woher willst du wissen, dass ich nicht mit einem anderen Mann im Bett war?

JULIA Das sagst du nur, um mir meine Ideale kaputt zu machen. Du bist ein viel zu starker Charakter für so etwas. Du hast diesen Mann geliebt.

FRIEDA Dieser Mann war tot, ich habe die letzten sechs Jahre mit einer Leiche gelebt, einem Verrückten, einem Paranoiker, einem bösen Kind. Ich war mit einem Monster im Kerker eingesperrt, einem Zombie, der aussah wie der Mann, mit dem ich mein Leben verbracht habe, ein Mensch, den ich für seinen Esprit und seine Bildung verehrte. Und ich habe mich geschämt, wenn er nachts in den Schirmständer gepinkelt hat, ich habe mich geekelt, wenn er die Wände mit Scheiße beschmiert hat.

Glaubst du, man liebt seinen Mann in solchen Momenten? Da ist keine Zeit mehr für Liebe oder die Erinnerung daran. Das ist bestenfalls eine Karikatur von Mutterliebe, wenn er in kurzen Augenblicken sein Sterben registriert. Da krallt sich ein alter Körper an dich, ein Klammergriff, der wehtut und blaue Flecken macht. Bis ich ihn weggestoßen habe. Weil ich es nicht ertrug und mir wünschte, ich hätte ihn bei einem Unfall verloren, ganz plötzlich, oder es wäre ein von Krebs zerfressener Körper, der aber noch mit mir sprechen kann. Damit noch irgendetwas vertraut ist, nicht nur dieser Untote, immer ruhelos, manchmal aggressiv, ich habe Angst gehabt vor ihm, habe ihn aufs Bett gestoßen, war wütend, mehr als einmal. Da vergisst man, dass man diesen Körper einmal gerne umarmt hat. Aber was tut man, wenn er mit heruntergelassenen Hosen in der Küche steht und onaniert, mit abwesendem Gesichtsausdruck an sich arbeitet. Sieht man sich das an, gönnt ihm das kleine mühsame Glück und wischt ihn sauber? Geht man raus? Oder versucht man eine Begegnung daraus zu machen? Das sind Fragen, die man sich stellt, das sind Entscheidungen, und keine macht einen glücklich. Das ist der Alltag im Vorzimmer des Todes, und als Liebe erscheint einem dann der Gedanke, ihm ein Kissen aufs Gesicht zu drücken, in der Hoffnung, dass er sich im Tod wieder in den vertrauten Menschen verwandelt. Wenn da ein anderer Mann kommt, ein Freund, einer der wenigen, die noch vorbeikommen von all den Freunden, und einen Nachmittag hat man frei und kann die Wohnung verlassen, weil die Nachbarin sich erbarmt hat, und dieser Mann küsst mich und schläft mit mir, ein paar Stunden Urlaub vom Leben, weiß ich nicht, ob man das Sex nennen kann. Das ist ein Geschenk aus einem fremden Land. Da hat man alle Werte und Prinzipien hinter sich gelassen, das kann man sich gar nicht mehr erlauben, und da komme mir jetzt keiner mit Würde, Disziplin und schon gar nicht mit Liebe oder Alter. Das sind völlig unbrauchbare Kategorien und, Britta, da hängen mir deine muffigen Ansichten genauso zum Hals heraus wie dein Wein, Weib und Jesang, Friedrich. Ich mache euch nicht den Schiedsrichter. Ich weiß, dass wir alle mal verrecken werden, ich habe es gesehen und jetzt seht endlich mal den Tatsachen ins Auge.

Stille.

HEINZ Ich räume mal die Scherben weg. Nachher tritt da noch jemand rein. Wo sind denn Kehrblech und Besen?

GILA Lass doch liegen. Das stört keinen.

HEINZ Ich mach das jetzt weg.

GILA Heinz, was soll denn das?

Heinz hebt Scherben auf.

HEINZ Ich räume hier auf, und wenn das Fest weitergeht, könnt ihr mir Bescheid sagen. Ich habe zu dem Thema nichts zu sagen und ich will das nicht hören. Ich war noch nie im Krankenhaus, nicht mal bei meiner Geburt. Über so was zu reden bringt Unglück.

FRIEDA Mein Fehler. Ich dachte, das wäre auszuhalten. Man vergisst, dass man mit der Erfahrung alleine ist.

JULIA Aber er hat doch zumindest noch dich gehabt.

FRIEDA Mein Gott, Julia, verstehst du denn gar nichts?

JULIA Nein, ich verstehe gar nichts. Ich habe nichts erlebt, nichts, was irgendwie wichtig sein könnte. Ich habe niemanden und ich passe nirgends hin. Weil für mich nichts vorgesehen ist. Keine Freude, kein Schrecken, nur dieses trostlose Unglück der Einsamkeit.

Tut mir leid, für Sie ist nichts reserviert. Wir sind komplett. Aber ich setze Sie auf die Warteliste. Nehmen Sie dort hinten Platz. Nein, noch weiter hinten. Und Menschen checken ein und aus, kommen alleine und gehen als Paar oder umgekehrt, weiß Gott, was die da oben machen, ich höre nur manchmal ein paar Geräusche, die ich nicht deuten kann, ich frage schon gar nicht mehr nach, wenn sie mir Feuer geben und weitergehen, wer weiß wohin. Und wenn die Sonne aufgeht, zerfalle ich zu Staub.

BRITTA Hör auf, dir so schrecklich leidzutun. Hier gibt es keinen, dem es besser geht!

Stille, Ulf legt langsame Musik auf und beginnt zu tanzen. Heinz räumt weiter die Scherben zusammen.

FRIEDA Heinz, lass die Scherben liegen. Sofort! Du legst das jetzt wieder hin!

Julia geht zu Ulf, legt die Arme um ihn, legt ihren Kopf an seine Schulter.

GILA Heinz, komm wir tanzen, du darfst dich nicht so aufregen, komm, tanz doch mal mit mir.

Gila geht zu Heinz, nimmt ihm die Scherben aus der Hand und geht zur Tanzfläche mit ihm. Sie versucht, mit ihm zu tanzen, Heinz sträubt sich.

Nun tu mir doch die Liebe, Heinz, bitte.

HEINZ Nein, auf so was kann ich nicht tanzen, das ist doch Rumstehen mit Anfassen, das habe ich nie gemocht.

GILA Was willst du denn hören, was magst du denn? Sag es einfach.

ULF Soll ich was Schnelles auflegen? Rock'n'Roll?

Heinz geht zur Anlage, macht die Musik aus, sucht in den Platten.

JULIA Bitte, bitte, lass die Musik laufen, bitte.

Heinz legt eine Platte auf, Chuck Berry: ‚Johnny B. Goode' beginnt. Heinz beginnt mit Gila Rock'n'Roll zu tanzen, erstaunlich gekonnt. Gila versucht nach Kräften mitzukommen.

HEINZ Jetzt mal richtig.

Heinz singt den Text mit, dreht sich, die anderen klatschen mit, Heinz verausgabt sich, einmal hebt er Gila an, lässt sie wieder ab, geht im Twist nach unten, tanzt sich wieder hoch, noch eine Drehung, Gila hört auf zu tanzen, Heinz tanzt verbissen alleine weiter.

GILA Das ist Musik, oder? Jetzt nicht schlapp machen.

Heinz tanzt weiter, Julia hält sich an Ulf fest, dann geht Heinz zu Boden, atmet sehr schwer. Ulf macht die Musik aus. Heinz schnappt nach Luft, mit hochrotem Gesicht. Die anderen sind aufgesprungen. Gila umarmt ihn fest.

HEINZ Geht. Geht schon wieder.

Ulf und Friedrich bringen Heinz zum Sofa, Frieda gibt ihm ein Glas Wasser. Gila setzt sich neben Heinz und nimmt seine Hand. Heinz schließt die Augen, sein Atem wird ruhiger.

BRITTA Sollen wir einen Arzt holen?

HEINZ Geht schon, geht schon.

Frieda räumt den Tisch frei, nimmt Heinz' Beine und legt sie auf den Tisch. Gila umarmt Heinz. Die anderen setzen sich wieder.

Manche Geschichten kann ich einfach nicht hören, das geht mir an die Nieren, und heute reden alle nur über Sachen, die mir an die Nieren gehen. Das muss man doch alles nicht sagen, das weiß man doch alles. Da muss man nicht drüber reden, das hilft keinem weiter.

Gila streichelt Heinz.

GILA Ist gut, Heinz, sagt ja keiner was. Ist gut.

Stille.

FRIEDA Soll ich mal für alle einen starken Kaffee kochen?

GILA Das klingt, als ob das jetzt vorbei wäre.

BRITTA Ist schon fast eins.

GILA Das ist doch keine Zeit.

FRIEDRICH Bist du müde? Sollen wir gehen?

JULIA Bitte nicht gehen, bitte. Ich bin nicht müde.

FRIEDA Trinken wir noch einen Letzten.

Julia schenkt allen die Gläser voll. Sie trinken.

GILA Geht ihr irgendwohin, wo ihr jemanden kennen lernen könnt?

JULIA Man kann doch nicht ewig alleine leben. Irgendwann fängt man an, mit offenem Mund zu essen, und niemand macht einen darauf aufmerksam, man rutscht in der Badewanne aus und keiner bemerkt es. Irgendwann vergammelt man als Singlemensch.

BRITTA Was soll man denn machen?

GILA Ich putze die Wohnung und lese die Zeitung. Ich weiß nicht, für wen ich das mache, es ist komplett überflüssig, weil ich alleine gar nicht so viel Dreck mache, dass sich das ständige Putzen lohnt, und ob ich weiß, was in der Welt passiert, ist auch völlig egal. Was mich wirklich beschäftigt in meinem Alltag ist, ob ich meinen Kindern auf die Nerven gehe, wenn ich schon wieder anrufe. Und ich gehe ihnen auf die Nerven, das weiß ich, die brauchen mich nur als Baby- oder Hundesitter, und zum Putzen. Ansonsten sind sie froh, dass ich weit weg bin. Bevor wir auseinandergehen, müsst ihr mir sagen, was ihr macht. Ich weiß es nämlich nicht. Ich hatte mir so viel vorgenommen für die Zeit, wenn die Kinder aus dem Haus sind und Walter in Rente und seit seinem Tod habe ich nichts davon gemacht und werde es auch nicht, ich mache nichts, woran ich wachsen kann.

FRIEDA Du hast nur zu viel getrunken. Morgen siehst du das anders.

GILA Ich bin komplett überflüssig. Es gibt niemanden, für den ich sorgen muss. Ich bin gesund, habe ausreichend Geld, eine Wohnung und nicht einen triftigen Grund, morgens aufzustehen. Ich hatte ein anstrengendes, aber gutes Leben und das ist vollkommen ohne Bedeutung, für niemanden, nicht mal für mich. Ich hätte diesen Kurs nicht machen sollen, das hat nur Hoffnungen geweckt und das tut mir nicht gut.

ULF Man kann reisen.

GILA Ich muss nicht auch noch dem Ausland auf die Nerven gehen. Es reicht doch, wenn ich meinen Kindern auf die Nerven gehe.

FRIEDA Ich bin mir sicher, das bildest du dir ein.

HEINZ Was weißt du denn schon davon.

FRIEDA Ich muss mich nicht dafür rechtfertigen, dass ich keine Kinder habe!

HEINZ Das ist doch scheißegal. Das meine ich nicht. Ich habe einen Sohn aus erster Ehe, der hat in seinem Leben nichts hingekriegt, und ich bin Schuld, seit er auf der Welt ist, der macht mich für sein Elend verantwortlich. Wenn ich dem sage, dass er alleine klarkommen soll, dann bin ich Schuld, immer ich, weil ich seine Mutter damals verlassen habe, weil das nicht funktioniert hat, den hat sie mir weggenommen, hat ihn aufgehetzt, für den habe ich nur bezahlt, mein ganzes Leben, dem habe ich es in den Arsch geschoben und war trotzdem Schuld, den habe ich nie gehabt, der hat mich mit Forderungen fertiggemacht, das ist die Realität mit meinem Sohn, der ist mit Ende vierzig schon ein alter Mann mit grauen Haaren, und der hat sein Leben vergeudet, weil seine Mutter eine Schnalle war, die nie drüber weggekommen ist, dass ich nicht mit ihr leben konnte, der ist mein Fluch, eine Katastrophe auf zwei Beinen, und der merkt gar nicht, dass er mir mein Leben auch versaut hat. Ich nerve den nicht, der nervt mich, das ist die Wahrheit, der soll mein Fleisch und Blut sein, ein Parasit ist der. Sei doch froh, dass ihr so was nicht in die Welt gesetzt habt.

GILA So kann man doch nicht über seine Kinder reden.

HEINZ Hör doch auf, denk doch mal nach, ob die dich nicht nerven. Das muss man doch auch mal sagen können. Eine Frau wie du und wird nur zum Sitten und Putzen geholt. Erwachsene Menschen. Bezahlen Sie dir was?

GILA Noch nicht mal die Fahrkarte. Und die Putzmittel muss ich auch selber kaufen.

HEINZ Da hast du es doch.

GILA Aber ich will doch auch gebraucht werden. Was soll ich denn machen? Die sind doch alles, was ich habe.

ULF Und wenn wir uns regelmäßig treffen?

GILA Wie meinst du das? Was macht ihr alle denn überhaupt? Morgen, zum Beispiel. Oder in einem Jahr? Oder in zehn Jahren? Kommt da noch was? Ulf, wirst du zu deiner Tochter in den Bastelkeller ziehen?

ULF Nein. Aber wir können uns doch jede Woche treffen.

BRITTA Das macht man doch sowieso nicht.

ULF Dann müssen wir uns jetzt versöhnen.

BRITTA Wir sind doch keine Kinder mehr. Außerdem weiß ich endlich mal, wie ich gesehen werde. Wenigstens etwas.

ULF Und was machst du damit?

BRITTA Was soll ich denn damit machen? Worauf willst du hinaus?

ULF Ich weiß es nicht. Ich habe keine Ahnung! Keine Ahnung!

Stille.

GILA Ich mache jetzt einen Vorschlag, und zwar nur, weil ich betrunken bin.

Gila trinkt ihr Glas aus.

Können wir nicht zusammenbleiben? Zusammen wohnen?

Stille.

FRIEDRICH Eine Kommune?

FRIEDA *(lacht)* Das Wort habe ich seit meinem ersten Semester nicht mehr gehört.

GILA Warum nicht? Ein Haus, in dem jeder ein Zimmer hat, eine Küche, ein Wohnzimmer, ein Badezimmer, und dann machen wir die Tür zu und sind nicht mehr überflüssig, weil sechs Leute sind nicht überflüssig, dann gehören wir zusammen.

Stille.

Es war nur eine Idee.

Frieda beginnt zu lachen, Friedrich lacht mit, dann Britta.

HEINZ Das ist vielleicht eine verrückte Idee, aber ihr dürft sie nicht auslachen.

FRIEDRICH Wir sind erwachsene Menschen mit Ansprüchen, wir brauchen unsere persönliche Freiheit. Bei Studenten mag das angehen, aber alte Bäume verpflanzt man nicht mehr. Das geht nicht.

FRIEDA Ich dachte, wir sind nicht alt. Und wenn wir es jetzt nicht sind, in den nächsten zwanzig Jahren werden wir verpflanzt, ob wir wollen oder nicht. Habt ihr jemanden, der sich um euch kümmert? Ich nicht.

BRITTA Daran muss man noch nicht denken.

FRIEDA Mach dir mal keine Illusionen, jetzt könnt ihr einen wie Jan noch rauswerfen, in zehn Jahren nicht mehr, in zwanzig erst recht nicht.

BRITTA Da brauche ich solche Typen nicht.

FRIEDA In ein paar Jahren bringt der dein Essen, wechselt die Windeln und wäscht dich. Oder auch nicht, und du bist abhängig davon, dass er kommt und sich fünf Minuten mehr nimmt, um freundlich zu dir zu sein, und glaubt bloß nicht, dass die das machen, weil sie alte Leute sympathisch finden.

FRIEDRICH Willst du da mitmachen?

FRIEDA Warum soll man das nicht mal durchspielen? Wichtig ist, dass man eine Putzfrau hat, der Putzplan macht immer den meisten Ärger, den Rest kriegt man hin.

ULF Ich würde mitmachen. Ich kann mich um handwerkliche Sachen kümmern, alles, was so anliegt.

HEINZ Das kann ich auch.

BRITTA Wir hätten doch nach spätestens drei Tagen Krach.

FRIEDA Dann macht man eben die Tür zu und schmollt sich aus.

FRIEDRICH Ist das jetzt eine ernste Überlegung? Wenn ja, würde ich das für mich jetzt auch überlegen, also wenn das Angebot für alle gilt.

JULIA Es müssen auf jeden Fall zwei Badezimmer sein. Aber bei sieben Parteien muss man sowieso etwas Größeres nehmen, unter zweihundert Quadratmeter Wohnfläche muss man da nicht suchen.

BRITTA Wieso sieben?

JULIA Ich werde keine Familie mehr haben, ich bin Anfang vierzig, vielleicht finde ich noch einen Mann, eine Familie werde ich nicht mehr haben. Wahrscheinlich werde ich von Jahr zu Jahr einsamer, ich bin realistisch, ich habe den Punkt verpasst, warum auch immer. Ich bin erpressbar, weil ich einsam bin. So komme ich nach einem furchtbaren Abend nach Hause und es ist immer jemand da, nicht nur die Katze. Menschen.

GILA Aber das ist doch nicht schön für einen jungen Menschen, wir werden immer klappriger und du musst das aushalten.

JULIA Du hast doch Familie, Ulf auch, ich werde Tante, Tante Julia, alle Singlefrauen, die keine Kinder haben, werden irgendwann Tanten. Hauptsache, es sind immer Menschen da. Darum geht es doch, oder? Man führt weiter sein Leben da draußen, aber wenn man nach Hause kommt, sind Menschen da.

BRITTA Das wäre mir wichtig, es ist ein Hauptquartier, kein Altersheim. Bloß weil wir alt sind, heißt das nicht, dass man nichts unternimmt, im Gegenteil. Es ist der kleinste gemeinsame Nenner, mehr nicht. Man lebt weiter sein Leben und gerät zumindest nicht in die Fänge von irgendwelchen Seniorenbeglückern.

FRIEDA Und wenn die unverschämt werden, haben wir ja Heinz.

BRITTA Gilas edlen Ritter.

Gelächter.

HEINZ Das ist nicht komisch.

Gelächter, dann Stille.

Ich weiß gar nicht, wie ernst gemeint das alles ist, vielleicht ist das nur besoffener Blödsinn und ich bin der Einzige, der das ernst nimmt. Also alle meinen es ernst, und wenn nicht, müsst ihr es jetzt sagen, und wenn jetzt niemand etwas sagt und ich sage etwas und nachher sagen alle, das war doch nur Spaß, wäre das schlimm. Ziehen wir jetzt zusammen oder nicht? Kann mal jemand was Klares sagen oder machen?

Stille.

JULIA Wollen wir? *(Julia steht auf.)* Noch mal anders. Ganz klar. Wollen wir den Rest unseres Lebens miteinander verbringen?

FRIEDA Hast du es nicht ein bisschen kleiner?

JULIA Es ist mir bitterernst. Ohne Einschränkungen. Noch hängt mein Herz nicht dran. Wenn es ein Nein ist, wechseln wir sofort das Thema. Wenn es ein Ja ist, besorge ich uns eine Wohnung und wir leben zusammen. Ich mache über so etwas keine Witze. Ihr müsst euch jetzt entscheiden.

Stille.

Ja oder nein?

GILA Das ist nicht einfach.

Stille.

JULIA Steht auf, geht im Kreis, seht euch an und denkt nach, ob das die Menschen sind, mit denen ihr leben könnt.

HEINZ Das ist aber eine große Entscheidung.

JULIA Natürlich ist es das!

Julia legt Musik auf – Procul Harum: A salty dog – und dimmt das Licht. Kurze Stille, dann steht Gila auf, geht an den anderen vorbei. Dann steht Heinz auf.

BRITTA So kann man nichts entscheiden.

JULIA Wie denn sonst!

Ulf steht auf, dann Friedrich, Britta, zuletzt Frieda, sie gehen durch den Raum. Ulf macht das Licht ganz aus, nur eine Kerze brennt noch.

FRIEDA Was machst du denn da?

ULF Ich kann das nur im Dunkeln sagen.

JULIA Was denn?

ULF Ich glaube, dass ich es will. Ja, ein ganz klares Ja. Ohne Einschränkungen. Das ist das Beste, was mir passieren kann.

Die anderen gehen im Dunkeln weiter.

GILA Auch ein Ja, ja, ja. Und jetzt muss mich mal jemand festhalten.

Heinz umarmt Gila.

HEINZ Auch Ja.

Britta bleibt stehen.

BRITTA Wie soll das gehen mit einem Paar?

FRIEDRICH Lass sie doch. Britta. Lass sie einfach. Warum denn nicht?

JULIA Ja oder nein, keine Fragen, keine Bedenken. Ich sage Ja.

FRIEDRICH Auch ein Ja.

Stille.

BRITTA Ich will aber ein paar Sachen klären.

FRIEDA Auch Ja.

Sie laufen.

BRITTA Ja mit Vorbehalt.

FRIEDA Ja oder nein?

BRITTA Ja.

Sie bleiben stehen, Stille.

Klären wir jetzt die Einzelheiten?

Gila hat eine Flasche Sekt vom Tisch genommen, trinkt, gibt sie Heinz, sie winkt Ulf heran, er kommt zu ihr, trinkt, sie legt seinen Arm um ihn, dann Julia, sie trinkt. Friedrich kommt, trinkt, dann Frieda, Friedrich legt seinen Arm um sie, zuletzt Britta, sie stehen in einem dichten Pulk, die Flasche kreist, Julia bläst die Kerze aus.

6. SZENE
Wohnung Frieda

Die Möbel sind umgestellt, auf dem Boden stehen einige Kisten und blaue Säcke, eine Dia-Leinwand ist aufgestellt. Ulf, Frieda, Britta, Friedrich, Heinz und Gila. Julia zeigt mit Beamer Photos von verschiedenen Häusern, große Räume mit Flügeltüren, Bilder von Gärten, eine Sequenz von Bildern.

JULIA Das sind meine ersten Vorschläge. Die Einzelheiten zu den Objekten kann ich euch jetzt erzählen. Ich dachte, ihr solltet es erst mal sehen und auf euch wirken lassen.

Stille. Frieda macht das Licht an. Julia holt aus einer Tasche einen Stapel von Klarsichtheftern.

GILA Da hast du dir aber richtig Arbeit gemacht.

FRIEDRICH Danke, Julia.

JULIA Jetzt können wir das Objekt für Objekt durchgehen.

FRIEDA Soll ich einen Kaffee machen, oder Tee?

Die anderen winken ab.

JULIA Ich hoffe, das ist die Richtung, in die ihr gedacht habt. Wollt ihr euch das erst mal alleine ansehen? Oder gleich etwas sagen? Ich lege das alles hier hin und jeder kann sich nehmen, was ihn am meisten interessiert.

Ulf nimmt sich einen Ordner, die anderen zögern.

ULF Will jemand? Soll ich jemandem ...?

FRIEDA Seid ihr immer noch verkatert?

FRIEDRICH Nein, nein.

JULIA Oder habt ihr euch das ganz anders gedacht?

Kurze Stille.

FRIEDA Ist irgendetwas?

FRIEDRICH Vielleicht sollten wir noch einmal grundsätzlich reden.

Stille.

JULIA Natürlich.

FRIEDRICH Ich war mir nicht sicher, wie ernst gemeint das ist, und es scheint mir so, als sei das ein seriöser Gedanke aller. Das habe ich natürlich in Erwägung gezogen, für den Fall, dass sich die jetzige Situation ergibt.

FRIEDA Fritz, sag einfach, was los ist.

FRIEDRICH Als Planspiel fand ich die Idee einer Kommune in den letzten Tagen interessant. Ich musste und muss aber auch bedenken, dass mir diese Form des Zusammenlebens neu und ungewohnt ist, unabhängig von der Tatsache, dass ich nur schwer einschätzen kann, wie viel geistige Beweglichkeit ich in meinem reifen Alter noch aufbringen kann, mich solchen Experimenten auszusetzen. Vor allem, und das habe ich nie verleugnet, weil ich immer noch die Hoffnung hege, mich mit meiner Frau zu versöhnen. Ich habe auf den gemeinsamen Abend zurückblickend den Eindruck, dass eine feste Partnerschaft für mein seelisches Wohlbefinden passender ist, um nicht zu sagen, dass Ungeregeltheit bei mir Unausgeglichenheit auslösen kann.

FRIEDA Du machst nicht mit.

FRIEDRICH Ich habe nach langem Bemühen meine Frau endlich telefonisch erreicht, wir haben ein Treffen vereinbart, um uns auszusprechen, und was immer daraus erwächst, lässt sich sicher nicht mit einem Kommuneleben vereinbaren.

Stille.

JULIA Gut, alles klar. Sehr schade.

Friedrich steht auf und nimmt seinen Mantel.

FRIEDRICH Ich lasse euch allein, damit ihr ungestört weitermachen könnt.

Britta steht auf.

BRITTA Warte. Ich werde auch nicht mitmachen. Ich bin Einzelgängerin, dazu muss ich stehen. Wenn ich seit Jahren gewusst hätte, dass ich mein Alter in einer Wohngemeinschaft verbringen werde, hätte ich mein Leben frühzeitig darauf ausgerichtet. Ich bräuchte jetzt noch lange Zeit, um mich darauf einzustellen, um mich zu prüfen, um abzuwägen, das schaffe ich nicht Knall auf Fall in einer besoffenen Gruppentherapie. Da hat es mich mitgerissen, aber einer Betrachtung bei Tageslicht hält eine solche Entscheidung nicht stand. Dieser ganze Abend hält einer nüchternen Betrachtung nicht stand. Kurz gesagt, ich vertrage so viel Nähe einfach nicht.

Friedrich geht zu Frieda, küsst ihr die Hand.

FRIEDRICH Es war mir eine Freude.

Friedrich schüttelt den anderen kurz die Hand und geht.

BRITTA *(zu Frieda)* Vielleicht sieht man sich mal.

Frieda nickt. Britta ab.

JULIA Heinz?

HEINZ Das war seit Langem mein schönster Abend. Ich habe zwei Tage auf der Nase gelegen, aber das war es mir wert. Dann bin ich zum Arzt. Ich will nicht bei Leuten einziehen und dann ständig krank sein. Da braucht man auch jemanden, der Puste hat und mit anpacken kann.

ULF Ich bin doch auch noch da.

HEINZ Ich komme nächste Woche unters Messer. Das kann alles dauern. Kann aber auch schnell gehen.

GILA Was hast du denn?

HEINZ Unwichtig. Ich kann da nicht mitmachen. Tut mir leid. Hätte ich mir denken können, aber ich wollte es eben nicht so genau wissen. Aber schön war es. Ich muss jetzt auch gleich los. Der wollte mich gleich dabehalten. Ich darf nicht so lange auf den Beinen sein.

Heinz steht auf und holt einen Zettel aus der Tasche.

Ich habe die Adresse von der Klinik aufgeschrieben. Falls mal einer von euch in der Nähe ist. Ich würde mich freuen. Nur für den Fall: Lasst euch nicht zu lange Zeit, falls ihr mich besuchen wollt.

GILA Soll ich dich nach Hause bringen?

HEINZ Ich muss aber jetzt los.

GILA Dann bringe ich dich jetzt.

Gila steht auf.

FRIEDA Willst du nicht auch was dazu sagen?

GILA Der Plan ist vom Tisch, oder? Das geht doch so nicht mehr.

FRIEDA Und das willst du nicht kommentieren?

GILA Ihr wisst, wie gern ich euch alle hab. Aber wenn es nicht geht.

Gila zieht ihren Mantel an.

JULIA Du fühlst dich nicht mehr überflüssig?

GILA Ich habe meiner Tochter von der Idee erzählt, und sie hat mir spontan angeboten, für mich eine Wohnung bei ihr in Siegburg zu suchen, was Kleines in der Nähe. Ich habe mich nie getraut, ihr das vorzuschlagen, aber sie und ihre Familie würden sich freuen. Das kann ich ihnen doch nicht abschlagen, ich gehöre doch zu meinen Kindern. Sie meinen, dass es ganz schwierig mit Besuchen wäre, wenn ich in einer Wohngemeinschaft lebe, nur ein Zimmer und immer sind Fremde in der Wohnung, und da haben sie natürlich recht, da haben sie die Oma gar nicht mehr so richtig und sie sollen mir ja nicht fremd werden nur weil ich da ...

Gila zögert ab, sieht kurz Heinz an.

Jetzt müssen wir aber, Heinz, du bist schon ganz blass.

Gila geht zur Tür, Heinz hält den Zettel hoch.

HEINZ Wenn jemand will.

Ulf nimmt den Zettel, Heinz winkt kurz und geht mit Gila. Julia packt ihre Tasche.

JULIA Fühlt euch nicht verpflichtet. Ich habe genug gehört. Danke.

Julia klappt mit einer entschiedenen Handbewegung ihre Aktentasche zu.

Gut, das haben wir erledigt. Ich muss auch los, ich habe in den letzten Wochen meine Arbeit vernachlässigt, da ist noch alle Hände voll zu tun, ich habe mich ein wenig gehen lassen.

Julia geht zu Ulf und Frieda.

Danke für den schönen Abend, Frieda. Viel Glück, Ulf, es war interessant, dich kennen gelernt zu haben.

Julia rauscht hinaus. Stille.

FRIEDA Es war wahrscheinlich eine Schnapsidee.

ULF Daran habe ich nie gedacht. Also dass es eine Schnapsidee ist. Oder dass man Nein sagt, wenn man so laut Ja gesagt hat. Aber das ist jetzt nicht mehr wichtig. Ich sollte jetzt gehen, oder? Du hast zu tun, ich will dich nicht aufhalten.
Es sei denn, ich kann dir bei irgendetwas helfen. Oder du kannst mich für irgendwas gebrauchen. Also dass ich mich nützlich machen kann. Beim Aufräumen. Oder Umräumen. Oder ... wenn ich schon mal da bin. Ich mache das gerne. Es sei denn ich störe. Das wäre mir nicht recht. Das musst du sagen.
Und ob du jetzt erleichtert bist. Oder verwirrt, weil es für dich auch überraschend kam. Für mich kam es überraschend.
Weil ich dachte, einmal zur richtigen Zeit am richtigen Ort zu sein, wenn die richtigen Entscheidungen fallen.
Alle Entscheidungen, die ich jetzt vor mir habe, sind irgendwie jetzt schon nicht richtig. Fast schon falsch. Auf jeden Fall nicht so schön wie die, die ich dachte gefällt zu haben. Mit den anderen. Mit dir.
Vor allem mit dir. Und wegen dir.

Stille.

ULF Also wenn du auch mal was sagen willst, halte ich gern für einen Moment den Mund.

Stille.

FRIEDA Ich hätte auch mitgemacht.

ULF Wirklich?

FRIEDA An dem Abend habe ich es nicht ernst genommen. Erst am nächsten Morgen, weil die Wohnung nach kaltem Rauch gestunken hat, überall leere Flaschen standen und mir so übel war, dass ich erst am späten Nachmittag aufräumen konnte. Ich lag auf dem Sofa und hatte Morast im Kopf, unfähig zu einem klaren Gedanken. Das hatte ich zuletzt im dritten Semester in Frankfurt, im vierten war ich Frau Professor und über Nacht so alt wie mein Mann, zwanzig Jahre älter. Das Alter, in dem man ein Fest verlässt, wenn die Konsonanten undeutlich werden. Besser gesagt, wenn Hermann entschieden hat, dass wir gehen. Wie er alles entschieden hat.
Das ist jetzt ungerecht. Es waren immer gute Entscheidungen. Aber seine.
Als mir am Mittag der Plan einer WG wieder in den Kopf kam, dachte ich zuerst,

dass ich niemanden habe, der mir bei der Entscheidung hilft, ich muss das alleine entscheiden. Eine so große Entscheidung, die ich alleine treffen muss. Die letzte einsame Entscheidung war meine Heirat.

Es fühlte sich jung an. Nicht unangenehm, im Gegenteil, fast verwegen, ohne die Bedenken, dass sich das alles nicht mehr lohnt, dieser Grundbass all meiner Überlegungen der letzten Jahre. Alles lohnt sich, alles ist plötzlich offen, und da kamen durch die Hintertür die zwanzig Jahre wieder herein, die ich zwischen dem dritten und dem vierten Semester verloren habe. Ist das die Sentimentalität des Alters?

ULF Nein.

FRIEDA Ich habe nicht nur aufgeräumt, ich habe umgeräumt, ausgemistet, weggeschmissen, praktisch bis heute morgen. Und durch die offene Tür, durch die meine verlorenen Jahre hereinmarschiert sind, ist Hermanns Schatten still und heimlich entwichen. Ich bin niemandem Rechenschaft schuldig, schon gar nicht einer abgeschlossenen Ehe.

Als er unter den Lebenden war, habe ich das Leben genossen, es war mir eine Freude. Als er unter den Sterbenden war, hat die Erinnerung an diese Freude mir Kraft gegeben, aber vielleicht habe ich die Freude dabei auch verbraucht. Seit dem Fest wuchs eine Vorfreude, ein Lampenfieber wie vor großen Reisen.

Über all diesen Gedanken habe ich vergessen, dass andere es als das sehen könnten, was es wahrscheinlich immer nur war. Eine Schnapsidee alter Menschen. Menschen, die über Nacht alt geworden sind, weil sie bei Tageslicht vor dieser Schnapsidee zurückschrecken.

Frieda steht auf.

Ich muss jetzt hier mal raus. Das ist ja nicht auszuhalten.

ULF Soll ich dich irgendwohin begleiten?

FRIEDA Du musst mir keine Gesellschaft leisten.

ULF Es wäre mir eine große Freude.

FRIEDA Ich weiß gar nicht, wo ich hinwill.

Stille.

Wo sollen wir denn hin? Ich kann jetzt nichts entscheiden.

ULF Wenn du sagst, dass du einen Kaffee mit mir trinken gehst, komme ich gern mit. Wenn du danach spazieren gehen willst, komme ich auch mit, du kannst jederzeit sagen, wenn es dir genug ist und du deine Zeit besser verbringen könntest. Entweder die nächsten zwei Stunden oder zwanzig Jahre. Bis dahin komme ich mit und versuche keinen Schatten zu werfen.

Stille.

Das ist ein Angebot. Ich hatte diesen Kurs eigentlich belegt, um in solchen Situationen die richtigen Worte zu finden.

FRIEDA Was soll ich denn mit dir machen? Wie soll das gehen?

ULF Man kann mit kleinen Entscheidungen anfangen, dann steigert man sich langsam, man muss sich nicht beeilen, es drängt einen keiner, man geht mit leichtem Gepäck, und die kleinen Entscheidungen passen in die Hosentasche, und wenn selbst die zu schwer werden, wirft man sie mit einer Handbewegung einfach weg.

FRIEDA Gehen wir einen Kaffee trinken.

Frieda und Ulf gehen. Black.

Frau Müller muss weg

Mitarbeit Sarah Nemitz

PERSONEN

PATRICK JESKOW (41) gebürtiger Wuppertaler, Ingenieur
MARINA JESKOW (40) gebürtige Kölnerin, Übersetzerin
KATJA GRABOWSKI (35) gebürtige Görlitzerin, Museumspädagogin
JESSICA HÖFEL (38) gebürtige Mannheimerin, Verwaltungsbeamtin
WOLF HEIDER (40) gebürtiger Erfurter, Ex-Fernmeldetechniker
SABINE MÜLLER (44) gebürtige Wismarerin, Grundschullehrerin

ORT

Klassenzimmer der 4b der Käthe-Niederkirchner-Grundschule

ZEIT

Mitte erstes Schulhalbjahr, also Herbst

Es wurde zwar schon alles gesagt, aber noch nicht von allen.
Karl Valentin

Das Leben fängt an, wenn der Hund tot ist und die Kinder aus dem Haus.
Deutsches Sprichwort

1. SZENE

Der Klassenraum einer Grundschule, Lehrerpult, niedrige Stühle und Tische, Leseecke mit Sofakissen, in Regalen Bastelarbeiten zum Thema Herbst, eine Laubgirlande quer durch den Raum. Patrick, Marina, Wolf, Katja und Jessica, die gerade telefoniert. Jessica legt auf.

JESSICA Wieder nur die Mailbox.

MARINA Er wird noch im Auto sitzen.

JESSICA Wenn ich dreimal hintereinander angeklingelt werde, rufe ich doch irgendwann zurück.

KATJA Es sind doch noch zehn Minuten.

JESSICA Ich habe gesagt, wir treffen uns eine Viertelstunde vorher, um uns noch mal absprechen zu können.

PATRICK Vielleicht steht er im Stau?

WOLF Um diese Zeit doch nicht. Der kneift, genau wie die Juliamama.

MARINA Die hat wenigstens abgesagt.

JESSICA Babysitter nicht gekommen. Schiss hat sie gekriegt, das ist es.

WOLF Und was der Marco für Töne gespuckt hat.

MARINA Wer?

JESSICA Marekpapa.

WOLF Wenn es drauf ankommt, ist es nicht weit her mit der Courage.

KATJA Der kann immer noch kommen.

WOLF Der kommt aber nicht.

JESSICA Sind wir eben zu fünft. Ziehen wir eben den Karren aus dem Dreck. Aber nach der Aktion mache ich keinen Handschlag mehr für diese Eltern.

PATRICK Aber du bist Elternsprecher.

JESSICA Ich sage ja, danach.

Verärgerte Stille.

PATRICK Sind wir zu fünft überhaupt geschäftsfähig? Also eigentlich zu viert, weil Marina und ich zusammen nur ein Kind sind.

JESSICA Wie, geschäftsfähig?

PATRICK Sind wir nicht zu wenig für so ein Misstrauensvotum? Wir müssen doch glaubwürdig wirken.

JESSICA Hier ist die Liste mit den Unterschriften.

KATJA Nicht mit allen.

JESSICA Fast allen, und hier steht, dass die gesamte Elternschaft der 4b Frau Müller das Vertrauen entzieht. Also.

PATRICK Ja, natürlich, aber ...

MARINA Was aber?

PATRICK Wenn wir hier nur zu viert sind und wir beide, also fünfundzwanzig Prozent dieses Komitees, Eltern eines Kindes sind, das erst seit einem Dreivierteljahr in der Klasse ist ... also ob uns Frau Müller da als Verhandlungspartner überhaupt ernst nimmt?

MARINA Willst du jetzt gehen, oder was?

PATRICK Ich will nur analysieren, ob wir zu viert eine gute Ausgangsbasis haben.

MARINA Jetzt hör doch mal auf, wir sind zu fünft, du kannst mich hier nicht einfach rausrechnen.

PATRICK Tue ich nicht, habe ich gerade erklärt. Ich will nur nicht, dass es für Lukas nachteilig wird, wenn die Ausgangslage nicht stimmt. Erst sollten wir sieben sein, jetzt sind wir vier.

KATJA Wenn schon, dann sechs und vier.

MARINA Du hast dich beim letzten Treffen geradezu darum gerissen mitzukommen.

PATRICK Du auch.

MARINA Das tue ich immer noch. Denk mal bitte daran, wie es Lukas geht.

PATRICK Ja. Aber nüchtern betrachtet ...

WOLF Nüchtern betrachtet sägen wir die viel zu spät ab. In drei Monaten gibt es die Übergangszeugnisse und dann hat diese unfähige Kuh unseren Kindern die Zukunft endgültig versaut. Das nächste Zeugnis entscheidet.

JESSICA Das wissen wir alle.

WOLF Da müssen wir geschlossen auftreten, und wer da nicht mitziehen will, soll gehen. Jetzt.

KATJA Mach mal halblang, Wolfi.

MARINA Denkst du, mir macht das Spaß? Oder Jessica?

PATRICK Mein Gott, was habe ich denn gesagt! Ich wollte nur mal die Lage analysieren.

MARINA Es geht nicht um die Lage, es geht um Lukas.

PATRICK Ich sage gar nichts mehr.

JESSICA Darum möchte ich übrigens alle bitten. Ich werde sprechen. Ich werde ihr sagen, was Sache ist. Und wenn ich das gesagt habe, ist es nicht nötig, dass jemand anderes das noch mal in eigenen Worten wiederholt. Das sollte hier nicht den ganzen Abend dauern. Wenn ich etwas vergesse, könnt ihr das gerne ergänzen, aber das Ziel ist, das hier in maximal einer halben Stunde durchzuziehen. Alles Weitere geht über den Dienstweg. Also keine Volksreden.

WOLF Warum siehst du mich dabei so an?

JESSICA Keine Diskussionen über das eigene Kind und bitte keine Gefühlsausbrüche.

Diese Frau kriegt hier nur mitgeteilt, dass wir sie als Lehrerin unserer Kinder nicht mehr wünschen. Das Klima in der Klasse ist schlecht, die Kinder haben Angst vor der Schule, teilweise sogar Angst vor ihr, alle sind in den schriftlichen Noten abgesackt, es gibt zu viele Hausaufgaben und offensichtlich scheint sie psychische Probleme zu haben – aber das sage ich vielleicht nur, wenn es nötig ist. Das nächste Zeugnis ist entscheidend, und deshalb wollen wir eine Klassenlehrerin, der wir und die Kinder vertrauen können. Das ist die Ansage. Habe ich irgendwas vergessen?

WOLF Diese blöden Gesprächskreise, bei denen die Kinder von zu Hause erzählen sollen, das ist doch die reinste Gehirnwäsche. Stasi.

JESSICA Das ist Kleinkram.

WOLF Ist es nicht, du hast das nicht erlebt.

JESSICA Ich habe nicht gesagt, dass die Stasi Kleinkram ist! Mensch, genau solche Dinger dürfen wir gleich nicht bringen.

WOLF Ich wollten nur sagen, dass diese Gesprächskreise für Janine auch eine Belastung sind. Da schämt sie sich.

JESSICA Dann fängt die Müller bloß an, das zu erklären, und das will ich nicht. Ich will nichts über ihren pädagogischen Ansatz hören, das ist vorbei.

KATJA Aber sie muss sich doch äußern dürfen. Sie wird sich das nicht schweigend anhören.

WOLF Die hat ihre Chance gehabt. Deshalb hat ja ... na ...

JESSICA Hape.

WOLF Wie?

JESSICA Hans Peter.

WOLF ... sich mit ihr getroffen, und sie hat total geblockt. Die wird zickig, wenn man sie kritisiert. Was kam denn da? ‚Es ist eine Unruhe in der Klasse.' Janine ist nicht unruhig ...

JESSICA Jetzt mal unabhängig von Janine. Die hat den Termin mit Hape ausgesessen, die nimmt uns Eltern nicht ernst. Eltern sind für die eine lästige Begleiterscheinung von Schülern, und Schüler sind eine lästige Begleiterscheinung ihres Jobs. So sieht es aus.

WOLF Unfähig ist sie, schlicht und ergreifend unfähig.

KATJA Jetzt macht kein Ungeheuer aus ihr, drei Jahre waren wir alle ganz zufrieden. Das Gartenprojekt. Oder die Waldsäuberung.

WOLF Und jetzt heult sie vor der Klasse, geht in Therapie und haut unsere Kinder in die Pfanne. Wahrscheinlich die Wechseljahre. Habe ich nichts dagegen, aber das soll sie mit sich alleine ausmachen.

KATJA Da bin ich jetzt richtig erleichtert, dass du nichts gegen die Wechseljahre hast.

WOLF Ich will damit nur sagen, dass ich nichts persönlich gegen sie habe.

KATJA Nein? Klingt ein bisschen so.

PATRICK Also das muss klar sein. Keine persönlichen Angriffe, wichtig ist, dass das sachlich und fair abläuft. Es geht nicht darum, sie fertigzumachen, sondern zu ihrem Besten klarzustellen, dass sie momentan leider überfordert ist. Es darf nicht demütigend für sie werden.

MARINA Das kann für eine Frau in ihrem Alter ja das berufliche Aus bedeuten, und arbeitslos, gerade hier im Osten, das ist der totale Albtraum.

JESSICA Wir feuern sie nicht, sie soll nur die Klasse abgeben. Wie sie das der Schulleitung gegenüber begründet, ist ihre Sache. Wir hätten schließlich auch direkt zur Direktorin gehen können.
Dieses Treffen ist ein Entgegenkommen unsererseits, also kein Grund, ein schlechtes Gewissen zu haben.

PATRICK Stimmt.

WOLF Im Westen ist Arbeitslosigkeit übrigens auch schlimm.

MARINA Natürlich.

Katja hat inzwischen einen eingepackten Strauß in einem Einmachglas auf den Tisch gestellt, sie packt ihn aus, ein Biedermeierstrauß.

JESSICA Muss das wirklich sein mit den Blumen?

KATJA Sie hat die Klasse über drei Jahre betreut, und dafür bedankt man sich, das gehört sich so.

PATRICK Erst feuern, dann Blumen hinterherschmeißen ist irgendwie zynisch.

MARINA Erst Blumen und dann feuern ist auch doof.

JESSICA Wir feuern sie nicht.

KATJA Darüber müsst ihr euch keine Gedanken machen, ich übergebe den Strauß.

MARINA Aber doch im Namen der Eltern.

KATJA Ich gebe ihr den Strauß, basta.

WOLF Natürlich, als Mutter des Klassenbesten kann man das machen.

KATJA Ich bin hier, oder?

WOLF Ja.

KATJA Ich habe gesagt, ich unterstütze euch, weil ich es wichtig finde, solidarisch zu sein. Unabhängig davon, ob Fritz gute Noten hat oder nicht.

JESSICA Nein, es ist wichtig, dass du auch hier bist und nicht nur die Eltern der leistungsschwachen Kinder.

WOLF Das kann man so auch nicht sagen.

JESSICA Das sage ich aber so. Und jetzt konzentrieren wir uns mal darauf, worum es hier geht. Das ist ein ganz normaler Vorgang. Wer nicht mehr tragbar ist, muss gehen, und ich habe jetzt keine Lust, mir Gedanken darüber zu machen, ob sie danach auf Weltreise geht oder zum Sozialamt, ob mit Blumen in der Hand oder nicht. Wir machen gleich mal was ganz Verrücktes und versuchen, zielorientiert zu handeln. Können wir uns darauf einigen?

PATRICK Das sage ich doch schon die ganze Zeit.

JESSICA Schön, also. Ich muss mich jetzt mal kurz konzentrieren, weil ich hier gleich die Drecksarbeit mache. Okay?

Jessica vertieft sich in ihre Zettel, Katja zupft an ihrem Strauß herum, Wolf brütet vor sich hin und Marina zeigt Patrick flüsternd Lukas' Kastanienmännchen.

2. SZENE

Frau Müller kommt herein. Sie trägt einen folkloristisch anmutenden langen Rock, weiße Lochmusterbluse mit auffällig tiefem Ausschnitt und einen Batikschal. Sie wirkt nervös, stellt ihre Tasche ab und setzt sich auf die äußerste Kante des Lehrerpults.

MÜLLER Guten Abend. Ich bin doch nicht zu spät?

Sie schaut auf die Uhr.

Zwei Minuten.

Sie lacht etwas unsicher.

Ja, ich begrüße Sie alle herzlich zu unserem Elterngespräch. Es tut mir leid, dass ich zweimal verschieben musste, aber ich bin etwas eingespannt im Moment. Ja. Nun. Ich weiß nicht, ob wir schon komplett sind?

JESSICA Es fehlt noch ein Vater. Ich weiß nicht, ob er noch kommt, er ist leider nicht zu erreichen.

MÜLLER Wenn sie wollen, können wir gerne schon mal anfangen, wir können auch noch fünf Minuten warten.

KATJA Ja, das ist vielleicht besser, bevor wir alles doppelt sagen müssen.

Kurze Stille.

WOLF Aber zu lange sollten wir nicht warten.

JESSICA Von mir aus müssen wir nicht warten.

MÜLLER Dann nutze ich die Gelegenheit, ein paar Worte zu sagen, bevor wir zum Thema kommen. Ich habe die Klasse jetzt im vierten Jahr und es macht mir große Freude, ihre Kinder zu unterrichten, die meisten sind aufmerksame und fleißige Schüler, die auch untereinander sehr verantwortungsvoll miteinander umgehen. Wir haben letzte Woche unser Herbstprojekt abgeschlossen, sie sehen hier die

Ergebnisse. Die Bastelarbeiten können zum Ende des Halbjahres nach Hause mitgenommen werden. Die Kinder haben ihre Namen darauf geschrieben, dann können Sie sehen, was Ihr Kind da Schönes gemacht hat.

MARINA Ja, das sieht sehr schön aus.

JESSICA Sollen wir dann mal anfangen?

Katja hat inzwischen ihren Strauß genommen und geht nach vorne.

KATJA Vorher wollte ich Ihnen noch gerne dies hier übergeben. Ich bin selbst im pädagogischen Bereich tätig und weiß, wie schwierig es ist, Kinder zu motivieren und Ihnen Wissen zu vermitteln.

MÜLLER Vielen Dank. Also Ihnen allen vielen Dank. Sie sind im Museum, richtig?

KATJA Museumspädagogik, genau.

MÜLLER Wo stelle ich den jetzt hin?

KATJA Nehmen Sie das Glas, damit er nicht welkt.

Katja bringt Frau Müller das Einmachglas.

MÜLLER Ich weiß ja nicht, worum es heute gehen soll, aber wollen wir vielleicht schon mal einzelne Punkte besprechen?

JESSICA Ich glaube, der kommt nicht mehr, fangen wir an.

Jessica sortiert ihre Zettel, räuspert sich.

Frau Müller, ich will nicht lange um den heißen Brei reden. Wir, die Eltern der 4b, haben kein Vertrauen mehr in Ihre pädagogischen Fähigkeiten. Die schriftlichen Noten der meisten Kinder haben sich zum Teil dramatisch verschlechtert, das Lernklima ist schlecht und es gibt eine Unruhe in der Klasse, die Sie anscheinend leider nicht in den Griff bekommen. Das ist besonders alarmierend in einem Halbjahr, an dessen Ende das Zeugnis steht, das über den weiterführenden Schultypus entscheidet. Jetzt werden die Weichen gestellt und wir müssen handeln. Ich möchte betonen, dass wir im Namen aller Eltern sprechen.

KATJA Fast aller Eltern.

JESSICA Es ist die große Mehrheit aller Eltern, für die wir sprechen und die gemeinsam die Entscheidung gefällt hat, dass es leider keinen anderen Weg gibt, als Sie aufzufordern, die Klasse 4b abzugeben. Diese Entscheidung ist keinem von uns leichtgefallen, auch in Anbetracht Ihrer Verdienste in den letzten Jahren, aber wir können nur vom jetzigen Stand ausgehen und der ist untragbar.

Wir glauben Ihnen, dass Sie an den Kindern hängen, aber wir sind verpflichtet, zuallererst an das Wohl und Fortkommen unserer Kinder zu denken, und das ist in der jetzigen Konstellation stark gefährdet. So. Jetzt können wir über die Gründe im Einzelnen reden, wenn Sie wollen, aber das wird nichts an der gefällten Entscheidung ändern und an der Tatsache, dass Sie unser Vertrauen verloren haben.

Stille, Frau Müller zupft an ihrem Blumenstrauß herum.

MÜLLER Haben Sie auch die Schulleitung darüber informiert?

JESSICA Nein, das haben wir bewusst nicht getan, um Ihnen die Möglichkeit zu geben, eine Begründung für Ihren Rückzug zu finden, der Sie in den Augen der Schulleitung nicht beschädigt.

PATRICK Von uns erfährt offiziell niemand etwas und wie Sie das begründen wollen, ist ganz Ihnen überlassen.

MARINA Das alles ist auch unabhängig von unserer persönlichen Sympathie für Sie als Mensch. Sie sind für die kleineren Klassen bestimmt eine wunderbare Lehrerin, dieses Herbstprojekt war auch sehr schön. Aber es passt eben nicht.

Stille, Frau Müller nickt.

MÜLLER Also, Sie haben sich getroffen und sind zu dieser Entscheidung gelangt. Gemeinsam.

JESSICA Ja.

PATRICK Und wir sitzen hier als Repräsentanten der gesamten Elternschaft.

MARINA Wir dachten, es ist einfacher, wenn nicht alle da sind.

JESSICA Es geht ja auch nicht mehr um Entscheidungsprozesse. Die Entscheidung ist gefallen.

WOLF Spät genug.

MÜLLER Und warum erfahre ich das erst jetzt? Warum hat man mir das nicht mitgeteilt, als die Entscheidungsprozesse liefen, damit ich die Möglichkeit gehabt hätte zu reagieren?

WOLF Die hatten Sie, Frau Müller. Oder haben Sie das vergessen? Sie müssen gemerkt haben, dass es Probleme gab, das hat man Ihnen doch mitgeteilt, oder?

Jessica bedeutet Wolf mit einer Handbewegung, sich zu mäßigen.

JESSICA Mein Mann hat mit Ihnen vor drei Wochen ein Gespräch geführt und alle Bedenken formuliert. Da hatten Sie ausreichend Gelegenheit, auf die Vorwürfe zu reagieren, und da wäre es eigentlich auch Ihre Aufgabe gewesen, auf die Eltern zuzukommen.

MÜLLER So habe ich das Gespräch mit Ihrem Mann aber nicht verstanden.

WOLF Das hätten Sie aber so verstehen müssen.

JESSICA Der Inhalt des Gespräches war ja wohl die Situation in der Klasse.

MÜLLER Ja, aber nicht mit der Dringlichkeit, die sie dem Gespräch jetzt geben. Das verlief in freundschaftlicher Atmosphäre und ich habe erklärt, warum die Klasse meiner Meinung nach gerade unruhig ist. Natürlich gibt es Probleme, das ist ganz normal.

WOLF Es gibt aber massive Probleme, und wenn Sie das nicht ernst nehmen, kann das nur bedeuteten, dass Sie die Eltern nicht ernst nehmen.

MÜLLER Entschuldigen Sie, dann müssen die massiven Probleme vom Gesprächspartner auch formuliert werden.

JESSICA Das hat er.

MÜLLER Hat er nicht. Und wenn das Gespräch eine solche Bedeutung hatte, müsste Herr Höfel eigentlich jetzt hier sein, damit man klären kann, warum es so unterschiedliche Wahrnehmungen gibt, oder?

JESSICA Der hat heute einen beruflichen Termin.

MÜLLER Es wird hier meine berufliche Zukunft verhandelt und er ist nicht da?

JESSICA Andere Leute haben auch einen Beruf.

MÜLLER Aber ich bitte Sie, das ist doch hier der entscheidende Punkt.

JESSICA Das ändert aber nichts an den Tatsachen.

KATJA Aber sie hat schon recht. Er müsste da sein, um das aufzuklären, das wäre nur fair. Wenn es so unterschiedlich wahrgenommen wurde?

MÜLLER Völlig anders.

WOLF Darum geht es jetzt nicht. Fakt ist, dass wir kein Vertrauen mehr haben. Da ist es mir völlig egal, wie das Gespräch gelaufen ist.

MÜLLER Um das mal deutlich hier zu sagen. Vertrauen wäre für mich, ein solches Gespräch zu führen, wenn noch keine Entscheidungen gefallen sind. Aber gut, so ist jetzt die Lage. Reden wir über die Gründe.

JESSICA Ich lese Ihnen das Protokoll des Elterntreffens vor und wir gehen das Punkt für Punkt durch.

MÜLLER Frau Jeskow, was genau sind die Probleme, die Lukas hat?

JESSICA Frau Müller, wir wollen jetzt nicht über einzelne Kinder sprechen.

MÜLLER So viel Zeit wird ja wohl sein, oder? Also, Lukas hatte ja anfangs Schwierigkeiten, aber beim Herbstprojekt machte er auf mich einen glücklicheren Eindruck. Kommt er denn langsam in der Klasse an?

JESSICA Frau Müller, darum geht es jetzt nicht.

MARINA Ich will aber antworten, das ist mir wichtig.

JESSICA *(seufzt)* Gut, bitte.

MARINA Er kommt nämlich gar nicht in der Klassengemeinschaft an, es wird immer schlimmer. Am Anfang ist er manchmal noch eingeladen worden, aber jetzt gar nicht mehr. Er ist jeden Nachmittag alleine, nie ruft ihn jemand an und beim Fußball lassen sie ihn auch nicht mitspielen, obwohl er das so gerne macht. Dann spielt er alleine im Hof oder hängt stundenlang vor seinem Nintendo.
Er sagt nichts, er ist ja tapfer, aber dann ist er oft so aggressiv, wenn er nach

Hause kommt. Ich kenne ihn kaum wieder. In seiner alten Schule war er so gut integriert, er war in einer Montessoriklasse, da hat er sich am Ende der Ferien immer richtig auf die Schule gefreut, und jetzt liegt er manchmal heulend im Bett und fleht mich an, dass wir nach Köln zurückgehen. Wenn ich mit anderen Müttern darüber spreche, sagen die bloß, dass die Kinder das unter sich klären sollen. Aber er ist doch noch ein Kind! Ich kann das gar nicht erzählen, dass zerreißt mir das Herz.

PATRICK So ausführlich müssen wir ja nicht werden.

MARINA Und zu Geburtstagen wird er auch nicht eingeladen. Nie.

PATRICK Man fragt sich eben, was die Schule unternimmt, um ihn zu integrieren.

MARINA Da interessiert sich keiner für ihn. Aber das ist doch alles fremd für ihn, das ist quasi Ausland für Lukas. Und dann in einer so schwierigen Klasse.

JESSICA Moment, die Klasse ist nicht schwierig.

MARINA Für Lukas ist sie schwierig.

PATRICK Wenn das so weitergeht, landet er auf der Realschule oder Hauptschule ... oder Mittelschule oder wie das hier heißt, und was das bedeutet, will man sich gar nicht ausmalen.

MARINA Dann sitzt er mit Skinheads in der Klasse, dabei braucht er besondere Förderung.

MÜLLER Ich sage gleich etwas dazu, ich will erst mal sammeln. Fritz geht es aber noch gut, oder? Ich habe nicht den Eindruck, dass er unter der Unruhe leidet.

MARINA Fritz hat ihn auch nicht zum Geburtstag eingeladen.

KATJA Fritz hat gar nicht gefeiert.

JESSICA Wir werden jetzt nicht alle Kinder durchgehen.

WOLF Das können wir gerne machen, da habe ich einiges zu erzählen.

MÜLLER Lassen Sie bitte erst mal Frau Grabowski antworten.

KATJA Da ist nicht viel zu sagen. Fritz hat keine Probleme, aber er erzählt ja auch nie etwas.

MÜLLER Nein, er hat konstant gute Leistungen, aber trotzdem haben Sie auch den Eindruck, dass diese Klasse einen Lehrerwechsel braucht.

KATJA Ja, weil alle anderen, fast alle anderen, Probleme haben.

MÜLLER Aber Fritz nicht.

KATJA Fritz nicht.

MÜLLER Dann sammeln wir jetzt, warum die Kinder der anderen Eltern Probleme haben und überlegen gemeinsam, woran das liegen könnte.

JESSICA Nein, Frau Müller, Missverständnis, niemand will hier sein Kind durchboxen, es geht um die Gesamtatmosphäre, und die hat mit einem fehlenden pädagogischen Konzept zu tun und damit zwangsläufig mit Ihrer Person, um mal deutlich zu werden.

MÜLLER Ich hätte Sie in den nächsten Tagen sowieso zu einem Gespräch gebeten, weil Laura im Moment schwierig ist.

JESSICA Ich weiß, dass meine Tochter schwierig ist, Frau Müller. Wir reden hier aber über ihr fehlendes Konzept.

MÜLLER Ich habe ein Konzept!

WOLF Dann ist es das falsche!

MÜLLER Entschuldigen sie mal! Ich bin ausgebildete Pädagogin, ich kenne meine Schüler, und ich kenne die Lernziele. Ich habe den Stoff der vierten Klasse zu vermitteln, und den interessant und anschaulich aufzubereiten, kostet mich einen großen Teil meiner Freizeit ...

WOLF Davon haben Lehrer ja genug.

MÜLLER ... es gibt immer Schüler, die sich verweigern oder blockiert sind, und ich habe Gesprächskreise eingerichtet, damit die Kinder ihre Sorgen und Nöte mitteilen und besprechen können, um wieder fleißig und konzentriert arbeiten zu können. Das ist ein Zusatzangebot, ich müsste das nicht, aber ich will helfen. Aber es können nicht alle gleich gut sein, es ist immer noch eine Schule, und da geht es um Leistung, Lernbereitschaft und Auffassungsvermögen.
Darüber können wir reden, und darüber, wie sie als Eltern den Erziehungs- und Bildungsauftrag der Schule unterstützen können. Aber nicht über meine Qualifikation, das verbitte ich mir. Fragen Sie die Schulleitung, die wird Ihnen bestätigen, dass ich das beste Pferd im Stall bin und alles für meine Schüler tue!

WOLF Ich könnte kotzen, wenn ich das höre. Sie blasen sich hier auf, unerträglich. Ich höre mir das nicht mehr an!

MÜLLER Ich lasse mich von Ihnen nicht anschreien!

WOLF Dann wissen Sie mal, wie das ist. Sie schreien die Kinder doch auch ständig an!

MÜLLER So was höre ich mir nicht an!

WOLF Das müssen Sie sich aber mal anhören. Ich habe mir Ihr Gewäsch hier lange genug angehört. Sie kapieren ja noch nicht mal, was hier los ist. Wir müssen ertragen, was Sie unseren Kindern antun, und das hat jetzt ein Ende. Basta. Und Sie mähren hier herum mit Konzepten. Erziehungsauftrag der Schule. Und wir sollen Sie unterstützen und die Klappe halten. Wissen Sie, welches Jahr wir haben? Und was alles passiert ist in den letzten zwanzig Jahren?

KATJA Wolf, das geht jetzt zu weit.

WOLF Ihr schleimt doch nur hier rum.

Wolf steht auf, schnappt sich den Zettel mit den Unterschriften, hält ihn hoch.

Das hier ist die Realität. Wir wollen Sie nicht mehr. Keiner. Das ist Fakt. Weil unsere Kinder unglücklich sind. Stecken Sie sich Ihre Konzepte sonst wo hin. Meine Janine kommt nach Hause und heult, die ist so blockiert, dass sie nicht mal mehr die einfachsten Rechnungen zustande kriegt, die sitzt zu Hause und sagt, dass sie blöd ist und eine schlechte Schülerin. Wissen Sie, was für einen Zinnober ich veranstalten muss, damit sie überhaupt in der Lage ist, ihre Hausaufgaben zu machen? Was für eine Angst die vor Ihnen hat, weil sie mal wieder böse geguckt haben? Die geht jeden Morgen mit Bauchschmerzen in die Schule, und da ist sie nicht die Einzige. Ich kümmere mich jede freie Minute um sie, damit sie durchhält, die ganze Familie ist im Aufruhr, wir haben zwei Tage an diesem Scheißkastanienmännchen gebastelt, weil sie Angst hatte, dass Sie wieder enttäuscht sind. Leistungsbereitschaft ... Fleiß ... das sind Kinder! Und die sind total terrorisiert. Und ich auch. Und das hört jetzt auf. Aus die Maus. Und anstatt mal ein bisschen in sich zu gehen, wenn man hört, dass einen keiner mehr will, zicken Sie hier herum. So borniert kann man doch nicht sein.

Stille.

MÜLLER Ich muss hier mal eines klarstellen. Diese Liste hilft Ihnen gar nichts, über so etwas entscheidet nämlich die Schulleitung oder das Schulamt. Da haben Sie als Eltern nicht das Geringste mitzureden. Wenn ich hier meine knappe Zeit vergeude, um mir Frechheiten an den Kopf werfen zu lassen, ist das reines Entgegenkommen. So weit sind wir noch nicht, dass Eltern einen Lehrer einfach so abschießen können. Da muss mir jemand erst mal schwere Fehler oder Versäumnisse nachweisen, da gibt es klar definierte Dienstwege, und wenn Sie glauben, dass ich meine Klasse abgebe, weil Ihnen plötzlich in den Sinn kommt mich hier herunterzuputzen, haben Sie sich geschnitten. Ich bin Angestellte im öffentlichen Dienst, Herr Heider, und nicht Ihr Dienstmädchen. Aber das scheinen viele Eltern nicht begreifen zu wollen.

WOLF Glauben Sie bloß nicht, dass Sie uns hier einschüchtern können. Wir leben jetzt in einem freien Land, wir haben Rechte, aber das ist bei Ihnen offenbar noch nicht angekommen. Dann schicken wir unsere Kinder eben nicht mehr in die Schule, dann wird gestreikt. Was Sie da abziehen, ist Pionierlager und kein moderner Unterricht!

MÜLLER Ich mache einen modernen Unterricht, ich mache Fortbildungen, ich kaufe von meinem privaten Geld Unterrichtsmaterial, ich gebe in meiner Freizeit Förderunterricht ...

WOLF Und was hilft das? Was? Wenn die Begabung fehlt, hilft alles nichts. Wer auf dem falschen Posten ist, fliegt. Warum soll das in der Schule anders sein?

Frau Müller nimmt ihre Tasche, geht Richtung Tür.

MÜLLER Das höre ich mir nicht länger an.

PATRICK Halt, Moment, das geht in die falsche Richtung. Kommen wir endlich mal zu den Gründen. Wir machen das nämlich auch in Ihrem Interesse.

MÜLLER Was wissen Sie denn über meine Interessen!

PATRICK Es ist doch auch in Ihrem Sinn, die Klasse abzugeben. Wir wissen, dass Sie ein ausgeprägtes Pflichtbewusstsein haben, aber es ist keine Schande, sich einzugestehen, dass man überfordert ist, oder ausgebrannt.

MARINA Burnout ist sehr häufig bei Lehrern.

MÜLLER Wie bitte?

PATRICK Wir hätten das gerne unerwähnt gelassen, aber wir wissen zufällig, dass Sie eine Therapie machen. Das bedeutet doch, dass Sie sich des Problems bewusst sind. Und wenn es so weit kommt, dass Sie als erwachsener Mensch vor einer Klasse von Neunjährigen in Tränen ausbrechen, ist der Punkt erreicht, wo man sich eine Pause oder einen Wechsel zugestehen muss. Dazu wollen wir Sie ermutigen.

Stille, Frau Müller stellt ihre Tasche ab.

MÜLLER Welche Therapie denn?

MARINA Also ... Lukas hat erzählt, dass Sie kürzlich früher gegangen sind, weil Sie zur Therapie mussten.

MÜLLER Das hat Lukas erzählt, ja?

MARINA Ganz arglos hat er das erzählt, er weiß nicht, was das ist.

MÜLLER Das sind also Ihre Gründe, ja?

PATRICK Ich kann mir vorstellen, dass Ihnen das unangenehm ist ...

MÜLLER Ich muss zur Physiotherapie wegen meinem Rücken. Ich bin nicht ausgebrannt, ich habe Rückenprobleme! Ich werde ja wohl noch Rückenschmerzen haben dürfen!

WOLF Und geheult haben Sie auch wegen Ihrer Rückenschmerzen oder was!

MÜLLER Sie halten sich mal einen Moment raus, Herr Heider! Ich habe geweint, Herr und Frau Jeskow, weil Ihr Sohn, der so einen Unsinn über mich erzählt, mich die ganze Stunde mit Papierkügelchen beschossen hat, und zwar so lange, bis ich eines ins Auge bekommen habe. So etwas tut weh und ich wollte, dass er das mal merkt, dass er sieht, was es bedeutet, einem Papierkügelchen ins Auge zu schießen, damit er einmal begreift, was er tut und es vielleicht einmal schafft, sich in andere hineinzuversetzen, zum Beispiel, wenn er ihnen weh tut, und dass es auch noch andere Menschen auf der Welt gibt, nicht nur ihn. Ihr Sohn dreht durch, wenn er nicht die ganze Aufmerksamkeit hat, der kann keine Minute still sitzen, zuhören kann er auch nicht, und wenn ich die Zeit, die ich für ihn brauche, für den Rest der Klasse hätte, wäre das Lernklima in der Klasse besser.

MARINA Weil er unterfordert ist, das ist bei Hochbegabten so.

MÜLLER Der ist nicht hochbegabt, sondern ein klarer Fall von ADS, da können Sie auch die Fachlehrer fragen. Wir haben ihm Zeit gelassen, damit er die Umstellung schafft, aber das ist ein grundsätzliches Problem. Er hat nicht mal den Stoff der dritten Klasse drauf, der sollte die Klasse am besten wiederholen. Ihr Sohn ist einer der Hauptgründe, dass diese Klasse seit Schuljahresbeginn nicht mehr funktioniert. Der ist nicht nur für mich eine Belastung, sondern für alle seine Mitschüler! Und ich dachte, dass es heute Abend auch darum geht, denn abgesehen von Fritz sind hier ziemlich genau die Eltern der Kinder versammelt, die mir die größten Probleme machen, und da können wir auch gleich über Janine reden, Herr Heider. Dass sie die Hausaufgaben nicht alleine macht, ist mir schon länger aufgefallen, denn wenn ich sie im Unterricht etwas frage, hat sie nicht den leisesten Schimmer. Wenn Sie ihr schon die Hausaufgaben machen, dann sollten Sie auch dafür sorgen, dass Ihre Tochter in der Nähe ist und ungefähr weiß, worum es geht.

WOLF Und warum arbeitet sie nicht mehr mit? Weil …

MÜLLER Ruhe! Ich rede! Weil sie die ganzen Schulstunden damit beschäftigt ist, Laura anzuhimmeln, die mündliche Mitarbeit für streberhaft hält und ihre Zeit damit verbringt, sich die Nägel zu feilen oder die Bravo zu lesen. Wenn die beiden überhaupt mal einen Stift in die Hand nehmen, dann nur, um In- und Out-Listen zu schreiben. Wenn Ihre Tochter Bauchschmerzen hat, Herr Heider, dann nur, weil sie Angst vor Lauras Launen hat. Wenn Laura nicht so oft fehlen würde, wäre Janine noch viel schlechter in der Schule. Und da bin ich bei Ihnen, Frau Höfel.

Frau Müller holt einige Zettel aus ihrer Tasche, wirft sie Jessica auf den Tisch.

Das wollte ich mit Ihnen heute Abend besprechen. Das sind die Entschuldigungen, die Laura in den letzten zwei Wochen abgegeben hat.

Ist das Ihre Unterschrift? Wenn ja, dann wissen Sie ja, dass Ihre Tochter bis jetzt in diesem Halbjahr schon bei zehn Fehltagen ist. Wenn nicht, dann sollten Sie sich vielleicht etwas mehr mit Ihrer Tochter beschäftigen. Darüber hätten wir heute Abend reden sollen, anstatt meine fachliche Kompetenz in Frage zu stellen. Kinder, die lernen wollen, wie Fritz, die lernen auch etwas, aber alles kann die Schule auch nicht auffangen. Also fassen Sie sich mal an die eigene Nase, anstatt hier die Schule für Ihre Fehler verantwortlich zu machen!

Frau Müller ist zuletzt sehr laut geworden. Sie steht einen Moment regungslos und sieht in fassungslose Gesichter, dann verlässt sie türenknallend den Raum.

3. SZENE

Ein Moment der Schreckensstarre, dann geht Wolf Richtung Tür, zögert, dreht sich zu den anderen um.

WOLF Die kann doch nicht einfach abhauen, das geht ja nun gar nicht.

KATJA Bleib hier, du hast schon genug Unheil angerichtet.

WOLF Ich? Entschuldige mal, wenn ich hier nicht Tacheles geredet hätte, wäre das überhaupt nicht weitergegangen. Jetzt wissen wir, woran wir sind.

KATJA Was bringt das?

WOLF Entschuldige mal, aber auf wessen Seite du heute Abend bist, könnte ich nicht sagen.

KATJA Weil das von Anfang an verkorkst war.

WOLF Natürlich, Fritz fühlt sich wohl und wird gefördert, das darf man nicht gefährden.

JESSICA Könnt ihr euch das für später aufheben? Ich muss nachdenken.

WOLF Haut die einfach ab, echt.

MARINA Ich will auch gehen, sofort!

Alle sehen zu Marina, die in Tränen ausgebrochen ist. Jessica verdreht die Augen.
So hat noch nie jemand über mein Kind gesprochen und so darf niemand über mein Kind sprechen. Das lasse ich nicht zu. Ich hole mein Kind hier raus, sofort.

PATRICK Lass uns das bitte zu Hause besprechen.

MARINA Hast du gehört, was die gesagt hat? Hast du?

JESSICA Können wir das bitte auch zurückstellen?

PATRICK Marina, wir müssen jetzt realistisch bleiben.

MARINA Nein! Das habe ich lange genug versucht, ich habe die Schnauze voll! Ich will zurück nach Köln, und zwar so schnell wie möglich. Ich kann und will hier nicht leben.

PATRICK Das weiß ich doch.

MARINA Also, dann ziehen wir jetzt die Konsequenzen. Ich will nicht mehr. Jetzt ist Schluss. Ich war in jedem blöden VHS-Kurs, in jeder Bürgerinitiative, ich bin Lesepatin, ich habe jeden Scheiß gemacht, um hier anzukommen ...

PATRICK Ja doch, Liebling ...

MARINA ... du sollst nicht mit mir reden, als ob ich schwachsinnig wäre ...

JESSICA Könnt ihr das draußen klären?

MARINA ... ich habe das ausgehalten, aber wenn es Lukas schlecht geht, wenn sogar seine Lehrerin ihn nicht respektiert, so wie er ist, wenn dieses wunderbare Kind von allen für komplett gestört gehalten wird, ist Schluss. Wir hauen ab, mach du was du willst.

PATRICK Das geht nicht, und das weißt du! *(zu den anderen)* Ich bin von der Firma hierher versetzt worden.

MARINA Das ist mir egal, hörst du?

PATRICK Ich kann diesen Job nicht aufgeben.

MARINA Und dafür willst du unser Kind opfern.

JESSICA Klärt das verdammt noch mal zu Hause, wir haben jetzt andere Probleme.

MARINA Ich gehe zurück nach Köln, hier kann man nicht leben.

WOLF Wie bitte?

JESSICA Hör endlich mal auf zu jammern. Ich bin jetzt zehn Jahre hier und ohne guten Willen geht das nicht. Jammern hilft überhaupt nichts, das machen die Ossis schon selber. Natürlich ticken die hier anders, hat man doch eben gesehen.

KATJA Was hat das denn jetzt mit dem Osten zu tun?

JESSICA Ich versuche hier gerade was zu erklären, das könnt ihr nicht beurteilen.

WOLF Weil wir Ossis sind?

JESSICA Im Westen wäre das hier anders gelaufen. Einfacher, kurz gesagt.

WOLF Wer hat sich denn zum Chefsprecher gemacht?

JESSICA Das heißt Elternsprecher, und das bin ich nur, weil ihr mich in freier und geheimer Wahl dazu gemacht habt. Schon vergessen? Keiner von euch hat sich aufstellen lassen. Ich hätte das mal besser bleiben lassen.

KATJA Das würde ich auch sagen.

JESSICA Ach, auf einmal werden wir kämpferisch?

KATJA Ich habe mir nichts vorzuwerfen.

JESSICA Ich habe gesagt, dass ihr mich machen lassen sollt.

WOLF Die Wessis reden und die Ossis halten die Schnauze oder was?

JESSICA Ich habe eine klare Ansage gemacht, und was passiert? Die eine schwenkt um, der andere wird cholerisch, anstatt einfach mal souverän einen Konflikt auszutragen. Ich habe es geahnt. Das passiert ständig, auch auf der Arbeit. Sobald es um Konflikte geht, wird es unterirdisch. Ist das ein Arbeiter- und Bauernspätschaden auf der Genkarte oder woher kommt das?

WOLF Ja, wir sind Schuld.

JESSICA Und ständig eingeschnappt, das habe ich vergessen.

WOLF Du hast es versaut, das ist Fakt!

JESSICA Weil ihr nicht gemerkt habt, dass die uns den Wind aus den Segeln nimmt. Kannst du mal aufhören zu flennen, Marina? Das nervt.

MARINA Tue ich nicht.

JESSICA Ich habe noch gesagt, dass du nicht über dein Kind reden sollst, damit hat sie Oberwasser bekommen.

WOLF Jetzt haben alle außer dir Fehler gemacht. Das Problem ist aber, dass du am meisten versaut hast. Du hättest wissen müssen, dass diese Liste nichts hilft, und was noch schlimmer ist, dein Hape hat es wohl so richtig vergeigt.

JESSICA Wenn wir tough geblieben wären, wäre sie nicht bockig geworden, dann wäre das nie zur Sprache gekommen. Aber nein, du musstest ja rumbrüllen und den wilden Mann markieren.

WOLF Wenn ich nicht den wilden Mann markiert hätte, wäre nie rausgekommen, woher die Probleme in der Klasse kommen. Von deiner Tochter, die ja völlig aus dem Ruder läuft, und von diesem Klassenkasper mit ADS. Früher war das Klima in der Klasse gut. Stimmt doch, oder?

KATJA Ja, früher war das Klima gut.

JESSICA Bitte nicht auch noch über die Kinder reden.

PATRICK Ich will das hier in aller Deutlichkeit sagen. Egal, was die Müller gerade behauptet hat, Lukas hat kein ADS und er ist nicht der Klassenkasper.

Stille.

Katja, du scheinst hier die Besonnenste zu sein. Hast du den Eindruck, dass Lukas der Klassenkasper ist?

Stille.

KATJA Ich habe schon gehört, dass er schwierig ist.

MARINA Wisst ihr denn, was der durchmacht? Der wird gemobbt, die grenzen ihn aus. Wessiarsch hat ein Kind zu ihm gesagt.

PATRICK Das ist jetzt nicht so wichtig, Marina.

KATJA Wer hat das gesagt?

PATRICK Egal.

WOLF Wer denn?

MARINA Laura hat das gesagt.

KATJA Die Wessis grenzen die Wessis aus? Das ist wirklich hart.

JESSICA Mein Gott, die schnappt ein Schimpfwort auf und weiß nicht, was es bedeutet.

WOLF Aber das ist doch wieder ein klares Zeichen dafür, welche Kinder die Probleme machen.

JESSICA Ich habe nicht die geringste Lust, über meine bezaubernde und missratene Tochter zu sprechen.

Wolf nimmt die Entschuldigungszettel vom Tisch und streckt sie Jessica hin.

WOLF Und was ist das? Gefälschte Entschuldigungen. Von einer Zehnjährigen.

JESSICA Hör auf, ständig mit Zetteln herumzuwedeln, das nervt.

WOLF Das ist ein Alarmsignal.

JESSICA Was kann ich dafür, wenn dein Kind zu blöd für so was ist.

WOLF Meine Tochter ist nicht blöd. Aber ich werde nicht zulassen, dass sie unter schlechten Einfluss gerät.

JESSICA Meine Tochter zwingt deine Tochter nicht, ständig hinter ihr her zu dackeln. Und wenn deine Tochter das tut, dann hat sie ihre guten Gründe.

WOLF Weil sie zusammen Lerngruppe machen und das nimmt Janine ernst. Sie ist ein soziales Kind, sie hilft gerne, aber das wird von Kindern wie deinem ausgenutzt. Immer treffen sie sich bei euch, ich habe tausendmal gesagt, dass wir drei uns auch bei uns mal einen schönen Nachmittag machen können, aber immer muss sie zu euch.

JESSICA Mann, weil die auch mal Ruhe von zu Hause haben möchte.

WOLF Ich verstehe mich sehr gut mit meiner Tochter, ich kümmere mich um sie, ich mache Angebote. Das ist kein Kind, das mit irgendwelchem Elektroschrott und Heftchen abgespeist wird. Ich versuche, sinnvolle Sachen zu finden, auch wenn das viel mehr Zeit kostet. Ich mache es mir nicht so einfach.

JESSICA Die ist doch heilfroh, wenn sie mit Laura mal in Ruhe am Computer daddeln kann.

WOLF Die daddeln? Ich dachte, die machen Lerngruppe.

JESSICA Die daddeln, und das ist auch gut so.

WOLF Dann kommt Janine nicht mehr zu euch.

JESSICA Jetzt reg dich ab.

WOLF Computerspiele machen dumm, die löschen den Lernstoff, durch Endorphine, das ist erwiesen.

JESSICA Die machen nicht dumm, sondern normal. Das Mädchen ist heilfroh, mal deinem Freizeitterror zu entkommen, mir wird schwindlig, wenn die manchmal erzählt, was du mit ihr alles durchziehst, Matheolympiade, Chemiebaukasten, english for kids, Kinderuni und zur Belohnung Gehirnjogging. Die kann überhaupt nicht mehr, kein Wunder, dass die nichts mehr in die Birne kriegt.

WOLF Das macht ihr aber Spaß.

JESSICA Dir macht das Spaß, sonst niemandem. Such dir einen Job oder kauf dir einen Hund, aber lass das arme Kind in Ruhe. Wollte ich schon lange mal sagen.

WOLF Kehr du erst mal vor deiner eigenen Tür!

Aus Frau Müllers Tasche, die sie bei ihrem Aufbruch neben dem Pult stehengelassen hat, ist ein Handyklingeln zu hören. Alle sehen zu der Tasche.

PATRICK Die hat ihre Tasche vergessen.

Das Klingeln verstummt.

Das heißt, sie kommt wieder.

MARINA Ich will der nicht noch mal begegnen. Wenn ich die sehe, kann ich für nichts garantieren.

PATRICK Wir müssen aber heute Abend noch mit der reden, sonst kriegen das morgen die Kinder ab.

MARINA Wir streiken. Wolf hat recht. Ich werde dieser Person mein Kind keine Minute mehr überlassen.

JESSICA Damit kommen wir nicht durch.

PATRICK Wir müssen mit der reden.

MARINA Gut, aber dann richtig, keine Kompromisse, sonst gehe ich sofort, ist das klar, Patrick? Dann muss es sich auch lohnen. Also bitte. Wir warten.

WOLF Die wartet bestimmt, bis wir gehen, dann holt sie sich ihre Tasche und morgen informiert sie die Leitung und wer weiß, was diese Schnepfe dann erzählt.

PATRICK Wir müssen heute Abend noch was ausrichten. So können wir hier nicht abtreten.

JESSICA Besser, wir warten.

KATJA Die kann auch nach Hause gegangen sein und holt ihre Tasche morgen.

MARINA Der Hausschlüssel ist bestimmt in der Tasche.

WOLF Das ist nicht gesagt. Vielleicht hat sie ihn im Mantel.

MARINA Quatsch. Jede normale Frau hat ihren Schlüsselbund in der Handtasche.

JESSICA Also warten wir.

KATJA Um zehn schmeißt uns der Hausmeister hier raus.

WOLF Scheiße, das sind noch zwei Stunden.

JESSICA So lange kann ich Laura und Martin nicht alleine lassen, die machen nur Blödsinn.

WOLF Also wenn der Schlüssel da drin ist, kommt sie wieder.

PATRICK Das ist nicht gesagt.

WOLF Aber wahrscheinlich.

Stille.

KATJA Also, dann sehen wir jetzt nach. Kann mal jemand an der Tür aufpassen?

Patrick geht zur Tür, öffnet sie einen Spalt und sieht den Flur hinunter. Katja geht zur Tasche, holt ein Handy heraus, legt es auf das Pult, dann einen dicken Lehrerkalender, ein Portemonnaie und schließlich einen Schlüsselbund mit Auto- und Hausschlüsseln.

Also, sie wird aller Wahrscheinlichkeit nach wiederkommen.

WOLF Traut die sich das?

JESSICA Die ist bestimmt irgendwo hier in der Nähe.

PATRICK Räumt ihr den Kram mal wieder ein? Die muss das ja nicht sehen.

Katja räumt die Tasche wieder ein.

Also, wie machen wir weiter, wenn sie kommt?

MARINA Eine Frau, die so abfällig über ihre Schüler spricht, ist untragbar. Wer so denkt, kann eine Klasse nicht mehr unterrichten. Es gibt nichts mehr zu diskutieren. Morgen gibt es einen gemeinsamen Termin mit der Schulleitung, sonst rufe ich beim Schulamt an und ich werde da die ganze Schule in Verruf bringen, darauf könnt ihr euch verlassen. Das ziehe ich notfalls alleine durch. So jemand wird nicht mehr auf Kinder losgelassen, das schwöre ich euch. Das teile ich ihr nachher mit, und was ihr macht, ist mir egal, ihr könnt auch gehen, aber der sage ich heute noch die Meinung.

Stille.

WOLF Nee, ist richtig.

MARINA Wer das nicht vertreten kann, soll gehen.

KATJA Ich habe gesagt, ich bin solidarisch.

JESSICA Also, teilen wir uns auf. Einer muss hierbleiben, falls sie auftaucht.

KATJA Ich kann das machen, aber nicht so gerne alleine.

WOLF Ich warte mit dir.

KATJA Wäre es nicht besser, wenn das zwei Mütter sind?

JESSICA Blödsinn.

KATJA Marina?

MARINA Ich kann jetzt hier nicht herumsitzen.

JESSICA Also, einer sucht den Parkplatz ab, einer Bushaltestelle und Kneipen, einer die Umgebung. Wir treffen uns spätestens in einer Viertelstunde wieder hier. Wer sie findet, ruft kurz durch. Nummern haben alle? Also.

Marina, Patrick und Jessica gehen, Wolf und Katja bleiben zurück, Stille.

4. SZENE

Wolf beginnt, auf und ab zu laufen, dann nimmt er ein Stühlchen.

WOLF Ich kann mich auch in den Flur setzen, wenn du willst.

KATJA Nein.

WOLF Wenn es dir unangenehm ist, ein paar Minuten alleine mit mir zu sein.

KATJA Nein.

WOLF Ich bin ja nicht dageblieben, um dir eine Szene zu machen. Soweit solltest du mich kennen. Ich habe das akzeptiert, ich habe eingesehen, dass es nicht mehr ging für dich. Ich bin kein Unmensch, kein Brüllaffe, ich habe versucht, vernünftig damit umzugehen und die Geschichte auch von deiner Warte aus zu sehen und ich hatte gehofft, dass du das merkst. Ich bin erwachsen und sachlich damit umgegangen. Es gibt keinen Grund, sich aus dem Weg zu gehen.

KATJA Nein.

WOLF Obwohl ich allen Grund gehabt hätte, verletzt zu sein. Nicht wütend, verletzt, denn ich hatte schon den Eindruck, dass da mehr zwischen uns ist. War. Zumindest so viel, dass man das nicht nur mit einer knappen Mail beenden sollte. Ohne Gründe. Das ist schon sehr knapp.

KATJA Weiß ich, ob deine Frau deine Mails liest?

WOLF Also wenn du wirklich gewollt hättest mir das schonend beizubringen, hätte es Möglichkeiten gegeben, mehr zu schreiben oder mehr zu sagen als in dieser knappen Abfuhr stand oder gesagt wurde, ausführlicher, nachvollziehbarer und nicht so kalt, so Schluss, aus, basta.

KATJA Äh, wie bitte?

WOLF Eine Mail. Nach allem was war. Es wäre anders gegangen. Das Schlussmachen.

KATJA Jetzt machst du mir doch Vorwürfe.

WOLF Ich stelle nur fest. Ich akzeptiere das ja. Ich bin dir nicht nachgelaufen, ich habe nicht versucht, dich umzustimmen.

KATJA Dankeschön. Es hätte auch nichts gebracht.

WOLF Ich sehe ein, dass es schwierig war, vor allem zum Schluss. Aber es wäre auch ohne die Kinder gegangen, wenn man gewollt hätte.

KATJA Wollte ich aber nicht.

WOLF Weiß ich. Aber es war nicht meine Schuld, dass sich die Kinder nicht verstanden haben.

KATJA Sag ich auch gar nicht.

WOLF Schließlich war es Fritz, der Janine eine gescheuert hat und nicht umgekehrt, und wenn man wirklich gewollt hätte ...

KATJA Also ich, meinst du wahrscheinlich.

WOLF ... ja du, wirklich gewollt hättest, hätten wir sicher einen Weg gefunden, dass sich die Kinder wieder verstehen. Da darf man den Launen seines Kindes auch nicht immer gleich nachgeben.

KATJA Wolf, die Kinder haben sich nie verstanden, die ganze Zeit nicht.
Fritz hat nie verstanden, warum er ständig mit Janine Hausaufgaben machen soll, der findet Mädchen doof, und das ist ganz normal in dem Alter, und Janine hat es auch gehasst, ständig bei uns zu sein. Die haben sich total angeödet, und wir können froh sein, dass sie nichts gemerkt haben. Ich habe oft genug Blut und

Wasser geschwitzt, dass sie Verdacht schöpfen. Dich kann Fritz übrigens auch nicht ausstehen.

WOLF Muss er ja auch nicht. Aber ein Kind muss akzeptieren, wenn die Mutti einen Freund hat.

KATJA Ja, aber doch nicht dich! Und wie hättest du es denn Janine erklärt, wenn sie was gemerkt hätte.

WOLF Das geht die gar nichts an. Das ist mein Leben. Außerdem hat sie nichts gemerkt. Und Heidrun auch nicht, sie hat sogar gesagt, dass sie froh ist, wenn ich nicht immer zu Hause herumhänge. Außerdem muss dich das alles nicht kümmern, ich hätte das schon geschafft. Es geht doch auch um uns, nicht um die Kinder.

KATJA Wolf, bitte, das versuche ich dir gerade zu erklären, es hat nichts mit den Kindern zu tun. Ich habe einfach nicht die Kraft für so was. Ich bin zu alt für eine Affäre, die sich auf dem Rücksitz eines Opel Astra oder einem Datschensofa abspielt, das ist mir zu anstrengend, ich bin aus dem Alter raus, wo man im Park hinter Büschen liegt oder im Kino knutscht.

WOLF Wir sind doch nie erwischt worden.

KATJA Aber es ist unbequem, total unbequem, ich bin nicht mehr sechzehn, mir war das alles zu anstrengend.

WOLF Tut mir leid, dass ich dir nicht mehr bieten konnte.

KATJA Darum geht es doch gar nicht. Du bist verheiratet und eigentlich hatte ich mir geschworen, nie wieder etwas mit einem verheirateten Mann anzufangen, es ist einfach zu kompliziert.

WOLF Ich kann Heidrun nicht verlassen.

KATJA Das sollst du ja auch nicht.

WOLF Wo ist denn dann das Problem? Was habe ich denn falsch gemacht?

KATJA Nichts! Du bist ein verheirateter Mann mit Kind, und das geht einfach nicht.

WOLF Aber das muss doch gehen, andere Leute mit Kindern haben doch auch Affären. Wie machen die das denn?

KATJA Woher soll ich das wissen! Was ist das denn für eine blöde Frage!

WOLF Ich dachte, unsere Beziehung ist intensiv und romantisch und jetzt sagst du, sie ist unbequem und anstrengend.

KATJA Du bist anstrengend, das ist das Problem. Wenn man sich ab und zu trifft, wenn es gerade passt, dann würde das noch gehen, aber du warst ständig eifersüchtig, ständig diese Fragen, was ich mache, wenn du nicht da bist und ob ich Besuch hatte. Du warst doch schon sauer, wenn ich mal mit einem anderen Mann gesprochen habe oder alte Freunde vorbeikamen und einmal hast du mir nachspioniert.

WOLF Ich war ganz zufällig in dem Café.

KATJA Und du hast zu oft angerufen, du warst unvorsichtig vor den Kindern. Außerdem hast du versucht, Fritz zu erziehen.

WOLF Wenn ein Kind nicht Guten Tag sagt, wenn man reinkommt, ärgert mich das. Und das soll er ruhig auch mal von einem Mann gesagt bekommen.

KATJA Aber nicht von dir.

WOLF Von wem denn dann?

KATJA Von jemandem, der zuständig ist. Also nicht von dir.

WOLF Ich habe noch nicht einen Grund gehört, der mir einleuchtet.

KATJA Dann tut es mir leid.

Stille.

WOLF Hat es dir wenigstens Spaß gemacht, mit mir zu schlafen?

KATJA Sag am besten gar nichts mehr. Ist besser, glaub mir.

Stille, Wolfgang beginnt zu singen. „Logical Song" von Supertramp. Katja hört sich das eine Weile an.

KATJA Muss das jetzt sein?

WOLF Ich weiß. Singen kann ich auch nicht. Ist mir aber egal.

Wolf singt weiter. Katja geht zu ihm, streicht ihm über den Kopf. Wolf hört auf zu singen, steht auf und zieht seine Jacke an.

Ich gehe jetzt. Hätte ich schon vorhin machen sollen. Ich gehe jetzt zu Heidrun, die hat heute Betriebsfeier. Da sagt mir wenigstens keiner, dass ich ein Volltrottel bin. Von denen spricht nämlich keiner mit mir, weil ich nicht lustig bin. Für einen Volltrottel halten sie mich trotzdem, aber sie sagen es mir wenigstens nicht. Das reicht mir vollkommen für den Rest des Abends, in Ruhe gelassen zu werden, ein Bier trinken und der Polonaise zuwinken. Zwanzig Jahre Touristinfo mit Büfett und buntem Programm und ich sitze hier rum und lasse mich niedermachen.

KATJA Also wenn du dir derartig leidtust, solltest du wirklich besser gehen. Aber sag wenigstens Jessica Bescheid, das hier war ja auch deine Idee.

WOLF Mit der rede ich nicht mehr. Hast du nicht gehört, was sie zu mir gesagt hat? Die behandelt mich wie einen armen Irren, für die ist alles, was ich mache, Spinnerei und Kinderquälerei. Die stellt ihr Kind mit Chips, Bravo-Heften und Elektroschrott ruhig und ist auch noch stolz darauf.

Sie muss meine Tochter vor mir schützen, vor meiner fixen Idee, meiner Tochter so etwas wie Wissen und Umgangsformen zu vermitteln. Klar, ich mache mich lächerlich, meine Tochter ist zu blöd, um so abgefeimt zu sein wie ihre Rotzgöre, die glaubt, dass sie was Besseres ist, weil sie alles kriegt und machen kann, was sie will.

Dieses arrogante, aufgeblasene Kind. Ich habe sie erlebt, als sie einmal Janine besucht hat. Wie die schon reinkam, ohne zu grüßen, Schuhe hat sie auch nicht ausgezogen, wie die sich in der Wohnung umgesehen hat, die hat noch nicht mal versucht, einen guten Eindruck zu machen, der war es scheißegal, was ich von ihr halte, wahrscheinlich hat sie sogar erwartet, dass wir uns bedanken, weil sie sich herablässt, Janine zu besuchen.

Nichts war der recht, das Essen war eklig, Fruchtsaft mag sie nicht und dann schnell ab an den Computer, um bei irgendeinen Supermodelscheiß zu chatten, und Janine sitzt brav daneben und himmelt sie an, statt sie einfach rauszuschmeißen, die kriecht ihr in den Arsch, die redet schon wie die, alles ist ‚posh' oder ‚voll übertrieben'.

Ich weiß gar nicht, wie ich Janine vermitteln kann, wie man gegen solche Kinder ankommt. Die klatschen sie an die Wand, weil Janine freundlich und sozial ist. Damit kommt man nicht durch.

Was soll ich ihr sagen? Sei genauso rücksichtslos wie die? Versuch dich nach oben zu beißen? Was diese Jessica mir um die Ohren haut, ist mir egal, das kenne ich, das nervt, aber das kann ich einordnen, da kann ich mich wehren.

Aber was wächst denn da nach? Wie gehen die denn miteinander um? Die sind keine zehn Jahre alt, wie soll das denn mal werden, wenn solche ans Ruder kommen? Wie soll Janine denn da mal klarkommen? Die geht doch jetzt schon unter.

KATJA Du machst dir viel zu viele Gedanken.

WOLF Du hast gut reden, du hast einen Job und ein Kind, das nur Einser nach Hause bringt.

KATJA Das ist wirklich nicht wichtig.

WOLF Das kann nur sagen, wer das Problem nicht hat.

KATJA Ich wäre froh, wenn er mal eine schlechte Note nach Hause bringen würde, wenn ich dafür wüsste, was in ihm vorgeht. Ich komme doch überhaupt nicht mehr an Fritz heran, der sagt nie etwas, und das macht mir manchmal Angst. Verstehst du das nicht? Der lebt in seiner eigenen Welt, der braucht mich nicht, der braucht niemanden, und ich glaube nicht, dass er damit glücklich ist, aber ich weiß es einfach nicht und deshalb kann ich nichts machen. Mein Kind ist mir fremd. Weißt du, wie sich so was anfühlt? Kannst du dir das vorstellen? Die Noten sind mir wirklich egal.

WOLF Mir werden die Noten auch egal sein, wenn Janine auf dem Gymnasium ist, aber das muss sie schaffen. Dann lasse ich sie in Ruhe.

KATJA Lass sie doch jetzt schon in Ruhe, mein Gott, sie ist ein ganz normales kleines Mädchen, und wenn sie diese Laura bewundert, dann soll sie eben, sie wird schon selbst drauf kommen. Du sitzt ihr viel zu sehr im Nacken, hör auf, alles kontrollieren zu wollen.

WOLF Das weiß ich doch alles. Wenn sicher ist, dass sie aufs Gymnasium kommt ...

KATJA Nein jetzt, hör jetzt auf.

WOLF Das kann ich nicht.

KATJA Verdammt noch mal, du bist erwachsen, jetzt benimm dich auch so.

WOLF Ich habe mehr Angst vor diesem Zeugnis als Janine, ich kann kaum noch schlafen.

KATJA Gut, dann sieh jetzt nach. Da vorne steht die Tasche, hol dir den Kalender und sieh dir die Noten an, dann weißt du Bescheid.

WOLF Das kann ich nicht machen. Außerdem merkt die Müller, dass jemand an ihrer Tasche war.

KATJA Ich habe die Tasche vorhin schon ausgeräumt, oder? Sieh nach, dann weißt du, woran du bist.

WOLF Kannst du nachsehen und es mir sagen?

KATJA Soll ich jetzt ‚Feigling' rufen, damit du in diesen verdammten Kalender siehst? Los, beeil dich, die kann jeden Moment kommen. Mach schon, ich pass auf.

Katja geht nach vorne, nimmt die Tasche, bringt sie zu Wolf und leert sie vor ihm aus. Dann geht sie zur Tür und sieht hinaus. Wolf beginnt hektisch den Kalender durchzublättern, findet ein Blatt mit der Klassenliste, wirft einen Blick darauf, erstarrt.

Hast du es?

Wolf nickt.

Dann räum jetzt die Tasche ein.

Wolf stopft alles wieder in die Tasche, geht schnell nach vorne und stellt sie wieder auf das Lehrerpult, Katja schließt die Tür.

Und?

WOLF Sie hat sich überhaupt nicht verschlechtert, sie hat gute Noten, damit kann sie alles ausgleichen.

Stille, Wolf setzt sich.

KATJA Und du hast dich verrückt gemacht.

WOLF Die Müller muss geblufft haben, so schlecht kann Janine gar nicht sein. Wenn sie solche Noten hat, arbeitet sie mit. Dieses Miststück hat sie nicht aus der Bahn geworfen, sie macht alles gut.

KATJA Du hättest ihr einfach mal vertrauen müssen.

Stille.

WOLF Entschuldige.

KATJA Was denn?

WOLF Den ganzen Mist, den ich gebaut habe, wie ich mich aufgeführt habe, jetzt ist alles okay, ich habe es überstanden. Du hast völlig recht, ich habe mich unmöglich aufgeführt.

KATJA Es ist okay.

WOLF Du hast mich da rausgeholt. Ich danke dir.

Katja umarmt Wolf, sie lässt ihn wieder los, er hält ihre Hand.

Ich habe es dir schon gesagt, ich sage es noch mal, und ich sage es ohne Absichten und Hintergedanken, zum Abschied, den wir nicht hatten. Du bist eine wunderbare, großartige Frau.

KATJA Du wirst jetzt aber nicht wieder singen.

WOLF Nein, aber ich würde dich gerne heute Abend zum Essen einladen.

KATJA Das geht nicht.

WOLF Oder lass uns ein Bier trinken, ein halbes Stündchen, dann gehen wir auseinander und ich werde dich nie mehr auf unsere Geschichte ansprechen.

KATJA Wolf, es war nicht so furchtbar für mich wie du jetzt denkst.

WOLF Nein?

KATJA Nein, es war überhaupt nicht furchtbar. Nur anstrengend.

Wolf küsst sie, sie umarmen sich.

Das passt hier aber nicht so.

WOLF Ja, stimmt, ist irgendwie komisch hier.

Sie lösen sich voneinander, die Tür geht auf, Jessica kommt herein.

JESSICA Lasst euch nicht stören.

WOLF Was soll denn sein?

JESSICA Hebt es euch für später auf.

WOLF Was soll das denn jetzt?

JESSICA Ist doch egal, geht mich nichts an, ihr seid ja erwachsen.

KATJA Quatsch.

JESSICA Wir sollten erst mal das hier zu Ende bringen. Die Müller ist wie vom Erdboden verschluckt. Auch gut. Nutzen wir die Zeit.

Sie geht zu Frau Müllers Tasche.

Hätte man auch gleich drauf kommen können. Wo ist die Notenliste?

WOLF Welche Liste?

JESSICA Ihr wollt mir doch nicht erzählen, dass ihr noch nicht nachgesehen habt.

WOLF Nein.

KATJA Ja.

JESSICA Also. Und?

WOLF Besser als gedacht. Viel besser.

Jessica hat die Liste gefunden, wirft einen Blick darauf.

KATJA Und?

JESSICA Verstehe ich nicht.

Jessica packt den Kalender wieder ein.

WOLF Schlecht?

JESSICA Gut. Viel zu gut. Wieso macht die Müller die ganze Zeit Terror und gibt denen solche Noten? Kapiere ich nicht. Erzählt uns, dass die Kinder unmöglich sind und dann so was. Blufft die? Warum?

WOLF Sie ist ein Albtraum.

JESSICA Ist mir egal. Hauptsache, Laura schafft die Qualifikation. Dann kommt sie auf eine Privatschule und die sollen sie irgendwie durchziehen. Sie ist nicht die hellste Kerze im Leuchter und eine Nervensäge ist sie auch, da mache ich mir keine Illusionen.

KATJA So kann man doch nicht über sein Kind sprechen.

JESSICA Was soll ich mir da denn schönreden? Manchmal wünschte ich, ich hätte so einen Autisten wie deinen Fritz. Laura muss unter Kinder, die etwas in der Birne haben und Umgangsformen, vielleicht färbt das ja ab. Was siehst du mich denn so an, Wolf?

WOLF Ich bin nur erstaunt.

JESSICA Ich hoffe, dass es nach der Pubertät besser wird. Vielleicht hat sie das früher hinter sich, wenn sie jetzt schon damit anfängt. Tut mir leid, wenn ich vorhin etwas grob war. Ich war nur wütend.

WOLF Ich bereue nicht, dass ich meine Meinung gesagt habe.

JESSICA Brüll ruhig rum, wenn es dir guttut. Ich bin sauer auf meinen Mann. Erzählt mir, sie hätte geblockt und dann hört man, dass er das Maul nicht aufgekriegt hat. Das hätte ich mir denken können.

KATJA Vielleicht hat sie das falsch verstanden.

JESSICA Nein. Als sie das sagte, wusste ich, dass sie recht hat. Den darf man einfach nicht losschicken, der raspelt nur Süßholz und kapiert nicht, worauf es ankommt, als Vater ist der Mann ein Vollpfosten.

KATJA Ich habe von Anfang an gesagt, dass diese Aktion falsch ist.

JESSICA Das hilft uns jetzt auch nicht weiter.

WOLF Aber die Müller ist eine Zumutung.

JESSICA Trotzdem müssen wir das alles abblasen. Solche Noten bekommen unsere Kinder bei keinem anderen Lehrer.

WOLF Glaube ich nicht.

JESSICA Willst du es drauf ankommen lassen?

WOLF Nein.

JESSICA Wenn die dem Sauhaufen diese Noten gibt, müssen wir sie behalten, wir sollten kein Risiko eingehen.

WOLF Stimmt.

KATJA Das wird nicht gehen, nach allem, was vorhin gesagt wurde.

JESSICA Ich arbeite in einem Ministerialbüro, du glaubst nicht, was man alles zurücknehmen kann. Die Frage ist nur wie und wer, und da bin ich froh, dass du vorhin so unsolidarisch warst.

KATJA War ich nicht.

JESSICA Dann eben objektiv, wenn dir das lieber ist. Du kannst das machen. Wir haben uns zu weit aus dem Fenster gelehnt.

KATJA Ihr fahrt die Karre in den Dreck und ich soll sie wieder rausziehen?

JESSICA Etwa so, ja.

WOLF Bitte, du musst jetzt solidarisch sein. Wenn du mir nicht gesagt hättest, dass ich nachsehen soll, wäre das ja überhaupt nicht nötig.

KATJA Das ist unlogisch, Wolf.

JESSICA Du hältst sie für eine gute Lehrerin, oder?

KATJA Ich habe auf jeden Fall keine Probleme mit ihr.

JESSICA Alles, was du sagen musst, ist, dass wir in dem Gespräch gemerkt haben, wie engagiert sie ist, mit welcher Leidenschaft sie unterrichtet und wie groß ihr persönlicher Einsatz ist. Dass dieser Konflikt auf einem Missverständnis beruhte. Wir sind froh, dass es zu dieser Aussprache kam und jetzt, wo alles ausgesprochen und geklärt ist, haben wir eine neue Vertrauensbasis.

WOLF Das nimmt sie uns nicht ab.

JESSICA Das wird sie, schließlich hat sie auch einen taktischen Fehler gemacht. Die wird froh sein, wenn wir nicht zur Sprache bringen, wie sie über unsere Kinder hergezogen ist.

KATJA Ich weiß nicht, ob ich das vertreten kann.

JESSICA Willst du, dass sie die Klasse abgibt?

KATJA Nein.

JESSICA Also.

Patrick und Marina kommen herein.

PATRICK Die ist weg. Man könnte den Hausmeister fragen, vielleicht hat der sie gesehen.

JESSICA Bleibt hier, wir haben einen Strategiewechsel. Die Müller bleibt.

MARINA Was?

JESSICA Sie war so freundlich, uns die Notenliste dazulassen. Es gibt keinen Grund mehr sie abzusägen, die Noten sind brillant.

PATRICK Wirklich?
WOLF Wir wären blöd, sie abzusägen.
MARINA Aber die Frau ist komplett irre.
JESSICA Aber eine Irre, die gute mündliche Noten gibt. Mehr kann man von einer Lehrerin nicht erwarten. Ich bin zufrieden.
KATJA Und das willst du ihr gleich so sagen.
JESSICA Nein, du redest ja.
MARINA Wieso denn Katja?
WOLF Ihr müsst nichts machen, es ist alles schon geplant.
PATRICK Was hat Lukas für Noten?
JESSICA Da müsst ihr schon selber nachsehen.
PATRICK Wo ist die Liste?
WOLF Steckt in ihrem Kalender.
JESSICA Beeilt euch, wer weiß, wann die auftaucht.
Katja steht auf, geht Richtung Tür. Patrick geht zur Tasche.
KATJA Ich steh wieder Schmiere.
MARINA Patrick, lass das!
PATRICK Was?
MARINA Ich will die Noten nicht wissen.
PATRICK Wir müssen sicher sein, dass Lukas ...
MARINA Nimm deine Pfoten von der Tasche.
PATRICK Ich sehe kurz nach und danach reden wir über deine Bedenken.
MARINA Wenn du auch nur noch eine glückliche Minute mit deiner Familie haben willst, lässt du die Tasche in Ruhe. Denk gefälligst mal an dein Kind.
WOLF Das ist jetzt aber voll übertrieben.
JESSICA Du redest schon wie meine Tochter.
PATRICK Ich mach das für Lukas! Da drin steht, ob er aufs Gymnasium kommt oder nicht.
MARINA Hörst du mir nicht zu? Ich will, dass mein Sohn von Lehrern unterrichtet wird, die ihn achten, die es schaffen, dass er gerne in die Schule geht. Ich will keine Lehrerin, die ihn öffentlich als verhaltensgestörten Klassenkasper bezeichnet. Das hat etwas mit Würde zu tun. Kennst du das Wort? Ja?
PATRICK Mein Gott, im Sommer ist er sie los, jetzt denk mal pragmatisch.
MARINA Ich bin nicht pragmatisch! Ich kann schon dieses Wort nicht ausstehen. Und wenn du pragmatisch sagst, meinst du opportunistisch. Ich bereue jede einzelne deiner pragmatischen Entscheidungen, die ich mitgetragen habe. Wo haben sie uns denn hingeführt, deine wohldurchdachten pragmatischen Entscheidungen? Hierher. In Köln habe ich Freunde, da hat auch dein Sohn Freunde, da verstehe ich

die Leute, da hält man beim Bäcker mal ein Schwätzgen und wird nicht angeblafft, als ob man die Brötchen klauen wollte. Ich laufe den ganzen Tag herum und versuche hier alles und alle zu verstehen. Das mache ich nicht mehr. Ich will auch mal verstanden werden, ich will unter Leuten leben, die wie ich sind. Und Lukas soll das auch.

PATRICK In Köln hätte ich höchstens noch einen Job als Taxifahrer bekommen.

MARINA Na und? Es gibt Schlimmeres.

PATRICK Was denn bitte?

MARINA Da hätte ich wenigstens das Gefühl gehabt, einen Mann zu haben, der an seine Familie denkt und der einen Arsch in der Hose hat.

JESSICA Für solche Gespräche haben andere Ehepaare ein Schlafzimmer.

MARINA Dann klär in deinem Schlafzimmer erst mal, was für einen Mist dein Hape baut, bevor du hier Töne spuckst.

JESSICA Du hältst hier den ganzen Laden auf mit deinem Gejammer.

MARINA Das heißt nicht Gejammer, das heißt Prinzipien, Jessica. Schon mal gehört das Wort? Zu Prinzipien gehört zum Beispiel, von der Schule mehr zu erwarten als eine Irre, die gute Noten gibt.

Patrick hat sich unauffällig der Tasche genähert.

Geh da weg!

PATRICK Merkst du nicht, dass du alle nervst? Du bist total kindisch.

MARINA Wie kindisch ist es denn, eine Lehrerin rausschmeißen zu wollen und es dann zurücknehmen zu wollen? Wenn unsere Kinder sich so verhalten würden, hätten wir sie falsch erzogen.

KATJA Da hat sie nicht ganz unrecht.

JESSICA Seid ihr alle vom wilden Affen gebissen? Es geht darum, unsere Bälger durchzukriegen. Wo lebt ihr denn?

WOLF Sie hat recht, sie hat völlig recht. Danke, dass du das gesagt hast. Das hat mir gefehlt, dass jemand über Prinzipien spricht, dass man mal wieder darüber nachdenkt, dass einem auffällt, was einem fehlt, dass man das von einer höheren Warte betrachtet und sich wieder im Spiegel angucken kann, die machen einen Schritt für Schritt klein, und man merkt das kaum und so kriegen die einen untergebuttert. Weil man nicht mehr im Großen denkt, weil man dieses Rattenrennen mitmacht, so wie das hier, das ist doch eine Kapitulationserklärung, die wollen doch, dass man so ist.

KATJA Wer ist denn bitteschön die?

WOLF Die Leute, die dich auf eine halbe Stelle gedrückt haben, obwohl sie wissen, dass du trotzdem die ganzen Stunden arbeiten musst, um deinen Job zu machen, die Leute, die mich so lange durch Maßnahmen gejagt haben, bis ich draußen war, und ich habe mich auch wie ein Arschkriecher verhalten, genau wie Patrick.

PATRICK Ich bin kein Arschkriecher.

MARINA Natürlich bist du das.

PATRICK Verdien einfach mehr mit deinen blöden Übersetzungen, dann habe ich auch die Zeit und die Nerven, die Moraltrompete zu blasen. Wenn du die Familie ernährst, gehen wir sofort zurück.

MARINA Macho und Arschkriecher, du bist wirklich eine unwiderstehliche Kombination.

KATJA Können wir nicht erst mal die eine Sache hier zu Ende bringen?

WOLF Man muss auch mal grundsätzlich werden.

KATJA Muss man nicht.

MARINA Aber man muss einen Standpunkt haben.

PATRICK Das hast du bereits gesagt und das haben alle kapiert.

JESSICA Jetzt reicht es, jetzt bin ich mal dran! Ich bin hier heute Abend angetreten, weil ich Laura auf dem Gymnasium haben will. Darum geht es, das ist mein Ziel. Seit Anfang des Schuljahres sind alle Kinder abgesackt und an wem das liegt, ist mir gerade scheißegal. Die Stimmung ist mies und die Müller wird wunderlich, ist mir auch scheißegal. Denn sie gibt mündliche Noten, die keines dieser kleinen Monster verdient, also schaffen es alle, und wir sollten drei Kreuze machen, dass die Müller auf eine andere Art wunderlich ist als wir dachten. Keine Ahnung, warum sie das macht.

Ein anderer Lehrer könnte diese Klasse objektiv beurteilen und dann sind unsere lieben Kleinen da wo wir sie nicht haben wollen, wo sie alle abkacken, und wenn sie dann fragen, warum wir das nicht verhindert haben und ihr sagt, dass es gegen eure moralischen Prinzipien war, möchte ich gerne hören, was die euch sagen, viel Vergnügen. Dann werden sie sagen, dass wir den Arsch offen haben und sie haben recht. Jetzt geht es darum, sie irgendwie durchzukriegen. Nur darum geht es.

Seit wann sind denn Eltern objektiv? Was ist das denn für ein Bockmist?

Ihr missbraucht eure Kinder, um eure moralischen Bauchschmerzen zu kurieren. Wenn ihr gute Menschen sein wollt, dann geht zu Amnesty, aber lasst es nicht eure Kinder ausbaden. Das hat nichts mit Prinzipien zu tun, das ist kitschig und sentimental. Ich habe kein Glaubwürdigkeitsproblem, ich habe ein Problem mit meiner Tochter, das reicht.

MARINA Mit der Einstellung hättest du vor siebzig Jahren auch zur SS gehen können.

JESSICA Wundert mich überhaupt nicht, wenn dein Kind völlig verkorkst ist.

Marina steht auf.

MARINA Ich gehe. Kommst du mit?

PATRICK Nein.

MARINA Du lässt es also zu, das ich so beschimpft werde?

PATRICK Ich habe vor allem gehört, wie du andere Leute beschimpfst.

MARINA Ist irgendwas vom dem, was ich gesagt habe, bei dir angekommen?

PATRICK Jetzt hör endlich mit deiner moralischen Erpressung auf! Das ist alles, was du hier abziehst, alles und jeden in moralische Geiselhaft zu nehmen. Aus jedem Scheiß machst du eine Frage der Moral. Diese ständige Leier über Prinzipien und Pragmatismus. Das muss man sich erst mal leisten können.

MARINA Und das kann ich mir nicht leisten, oder was?

PATRICK Nein! Weil ich den Scheißladen zusammenhalte und das werde ich nicht noch mal erklären. Wenn du Jessica zugehört hättest, wüsstest du, was ich meine, die hat das gerade wunderbar formuliert. Du bist so zugedröhnt von deiner Gutmenschenwelt, dass du überhaupt nichts kapierst, was von außen kommt. Aus der Realität. Da lebe ich nämlich, und das ist manchmal ein finsterer und zugiger Ort. Aber wenn ich nicht ständig darum kämpfen müsste, mich da zu halten, könntest du dir deine ganze esoterische Bioladenweltsicht ganz schnell abschminken.

MARINA Ich würde liebend gerne in der Realität leben. Mit einem glücklichen Kind. Was ich hier lebe, ist nicht die Realität, die ich mir ausgesucht habe, sondern du. Und das will ich ändern. Nicht aus Egoismus, sondern für Lukas.

PATRICK Ich schmeiße doch nicht alles hin, nur weil der Junge keine Freunde findet. Andere Kinder haben es auch nicht leicht. Dann soll er sich zusammenreißen. Ich werde nicht auf Hartz IV landen, nur damit er jemanden hat, mit dem er Fußball spielen kann. Und ob der Bäcker freundlich zu dir ist oder nicht, ist mir auch scheißegal. Worauf es ankommt, ist, dass Brötchen Geld kosten, und das verdiene ich hier. Also bleiben wir. Der Rest ist Luxus.

Alles, was ich von meinem Kind verlange, ist, dass er gute Noten schreibt und einen guten Schulabschluss hat, damit er sich später auch mal Brötchen kaufen kann. Es muss ja nicht gleich die ganze Bäckerei sein, ich stelle keine maßlosen Forderungen. Der soll nur tun, was man vom ihm verlangt. Das ist das Wichtigste.

WOLF Ist es nicht!

PATRICK Hast du einen Job?

WOLF Nein. Was hat das denn damit zu tun?

PATRICK Ganz einfach. Dann kannst du hier nicht mitreden.

WOLF Sag mal, spinnst du jetzt völlig?

PATRICK Die Hausfrauen und Arbeitslosen hier sind moralisch und die Berufstätigen pragmatisch, und jetzt fragt euch mal, warum das so ist.

KATJA Und ich?

PATRICK Du hast doch heute Abend noch keine Meinung zu irgendwas gehabt, zumindest keine, die so prägnant war, dass ich mich daran erinnere. Halbe Stelle, von Kündigung bedroht, oder? Also, dann sollten das hier die Leute regeln, die noch etwas gesunden Menschenverstand haben, nämlich Jessica und ich.

Stille.

So, wie fangen wir es an?

JESSICA So natürliche Verbündete, wie du denkst, sind wir nun auch wieder nicht.

PATRICK Egal, die Müller muss bleiben, oder? Ich sehe sicherheitshalber noch mal nach den Noten, dann kann es losgehen. *(zu Marina)* Also, haben wir das geklärt?

Marina steht auf.

MARINA Ich gehe schon mal Koffer packen.

PATRICK Du wirst mir noch dankbar sein.

MARINA Kann ich mir nicht vorstellen.

Sie nimmt Müllers Handtasche.

Die nehme ich mit.

PATRICK Die Tasche bleibt hier.

Patrick geht auf sie zu.

MARINA Wenn du noch einen Schritt näher kommst, trete ich dich, dass du nicht mehr weißt, wo die Glocken hängen. So, ich gehe jetzt. Tschöö mit ö.

Patrick bleibt stehen, Marina geht, kurze Stille.

JESSICA Ich will mich ja nicht einmischen, aber ich würde ihr hinterher gehen.

PATRICK Das kläre ich nachher. Also, wie sieht es aus. Wolf? Hauptschule für Janine oder nicht?

WOLF So ein Arschloch wie du ist mir noch nicht untergekommen.

PATRICK Soll die Müller weg oder nicht?

WOLF Sie soll bleiben, auch wenn ich dann mit einem wie dir einer Meinung bin.

PATRICK Katja?

KATJA Nach dem, was die Müller über Lukas gesagt hat, glaube ich nicht, dass er die Klasse packt.

PATRICK Hast du seine Noten auf der Liste gesehen?

KATJA Ist nur so eine Vermutung.

PATRICK Weißt du was oder nicht? Ich versaue es mir doch nicht bis in die Steinzeit mit meiner Frau, damit der Junge hängenbleibt.

KATJA Ich sage doch, ist nur so eine Vermutung.

Die Tür geht auf, Marina kommt wieder.

MARINA Die Müller kommt.

Patrick entreißt ihr die Tasche.

Du Arschloch!

Patrick macht die Tasche auf, Frau Müller kommt herein. Frau Müller stutzt.

MÜLLER Darf ich meine Tasche bitte wiederhaben?

PATRICK Ich wollte gerade nachsehen, ob Ihr Handy drin ist.

MÜLLER Geben Sie mir jetzt bitte meine Tasche?

Patrick gibt ihr die Tasche und setzt sich neben Marina, die sofort aufsteht und sich neben Wolf setzt. Stille.

Ich danke Ihnen, dass Sie auf mich gewartet haben.

JESSICA Wir hatten nicht den Eindruck, dass das Gespräch beendet ist.

MÜLLER Nein, das war es auch nicht. Ich musste mich etwas sammeln. Ich habe mich gerade gehen lassen, dafür möchte ich mich entschuldigen. Es tut mir leid, es tut mir sogar furchtbar leid. Wir sollten darüber in Ruhe reden, ich habe nachgedacht und es ist mir klar, dass diese Auseinandersetzung Konsequenzen haben muss.

PATRICK Entschuldigen Sie, dass ich das jetzt frage, aber wo waren Sie denn eigentlich?

MÜLLER Im Lehrerzimmer, wieso?

MARINA Halt doch die Klappe.

JESSICA Wir haben uns auch noch einmal in aller Ruhe ausgetauscht und vielleicht kann Katja mal zusammenfassen, zu welchem Ergebnis wir gekommen sind.

Stille.

Katja, wolltest du nicht etwas sagen?

KATJA Ich? Nein, wieso. Patrick kann das doch sagen.

MARINA Der hält die Klappe.

PATRICK Ich weiß gerade nicht …

MARINA Eben, deshalb hältst du die Klappe.

KATJA Wolf, wolltest du nicht etwas über Prinzipien sagen?

WOLF Nein, wollte ich nicht.

MARINA Ich wollte etwas über Prinzipien sagen.

PATRICK Nein.

MARINA Halt du doch die Klappe.

JESSICA Gut, dann werde ich sprechen, in meiner Eigenschaft als Elternsprecherin, obwohl das eigentlich anders vereinbart war.

MÜLLER Ich kann verstehen, dass Sie verwirrt sind, deshalb ist es vielleicht besser, wenn ich beginne, und Prinzipien ist da ein gutes Stichwort, denn darum geht es mir bei dieser ganzen Diskussion. Ich würde gerne ein bisschen weiter ausholen.

JESSICA Keine Sorge, das machen hier alle.

MÜLLER Ich bin jetzt seit neunzehn Jahren Lehrerin, ich wollte schon als Kind diesen Beruf ergreifen und ich habe die Entscheidung, an die Schule zu gehen, nie bereut. Ich will eine gute Lehrerin sein, zumindest eine bessere als die meisten, die ich in meiner Schulzeit erlebt habe. Das Wichtigste ist für mich ein guter Kontakt zu den Kindern, damit sie gerne zur Schule gehen.

Ich mache bestimmt nicht alles richtig und tue sicher manchen Kindern unrecht, aber auch ich muss lernen, in jeder Klasse, mit jedem Kind neu. Ich versuche offenzubleiben, Routine ist das Schlimmste für einen Lehrer, ich will mir meine Leidenschaft für diesen Beruf bewahren, deshalb mache ich Fortbildungen, nie zweimal das gleiche Projekt, kaufe zusätzliches Unterrichtsmaterial und gebe Förderstunden, um allen die Chance zu geben, zu lernen und Interesse für den Lernstoff zu entwickeln.

Ich will dafür jetzt kein Lob, ich halte das für selbstverständlich, außerdem hilft es mir, flexibel zu bleiben. Denn die Schule hat sich verändert in den letzten Jahren, die Kinder sind insgesamt unruhiger geworden, sie können sich nicht mehr so gut konzentrieren und stehen unter größerem Druck, und das hat nicht nur mit den Elternhäusern zu tun, sondern auch mit veränderten Anforderungen. Ich will niemanden angreifen, ich stelle nur fest.

Ich habe versucht, darauf zu reagieren, zum Beispiel durch die Gesprächskreise. Ich habe das nicht getan, um mich in Ihr Privatleben einzumischen, sondern um das Verhalten mancher Schüler besser zu verstehen und um den Kindern die Möglichkeit zu geben, sich mitzuteilen. Manchmal genügen wenige unausgeglichene Schüler, um ein Klassenklima zu verändern. Ich versuche Verständnis für diese Schüler zu entwickeln, nicht nur, um ihr Verhalten ändern zu können, sondern auch, um Aggressionen abzubauen. Meine Aggressionen wohlgemerkt. Man kann nicht alle Kinder sympathisch finden, man ist manchmal wütend auf Einzelne, manchmal auf die ganze Klasse. Ich habe Jahre gebraucht, diese Wut zuzulassen, und wenn ich diese Antipathien nicht zulassen würde, wäre ich nicht mehr im Dienst.

Nicht wütend zu sein ist genauso schlimm wie das Gegenteil, blinde Liebe und hemmungslose Subjektivität, gerade bei der Notenvergabe. Ich habe keinen unbegrenzten Spielraum, wenn ich ein Kind bewerte. Alles andere widerspricht meiner beruflichen Moral, deshalb kann ich es auch vor wütenden Eltern vertreten, die das Potenzial ihrer Kinder naturgemäß anders bewerten.

Meine Prinzipien sind nicht verhandelbar, deshalb führe ich über meine pädagogischen Leitlinien keine Diskussionen. Solange ich selbst das Gefühl habe, meinen Prinzipien treu zu bleiben, kann mich niemand dazu zwingen, die Klasse abzugeben. Deshalb gebe ich die Klasse ab.

Stille.

JESSICA Nicht ab.

MÜLLER Ich gebe sie ab.

Stille.

KATJA Haben Sie sich versprochen oder geben Sie die Klasse ab?

MÜLLER Ich gebe sie ab, weil ich vorhin gegen meine Prinzipien verstoßen habe. Ich habe mich dazu hinreißen lassen, schlecht über die Kinder zu sprechen, und das ist nicht zu entschuldigen. So etwas darf nicht passieren, und die einzige Erklärung ist, dass ich mit dieser Klasse vielleicht wirklich überfordert bin. Trotzdem müssen Sie mir glauben, dass ich nicht immer so über ihre Kinder denke. Das war nur Ausdruck der Wut, die mich manchmal überkommt. Ich liebe Ihre Kinder, das müssen Sie mir glauben.

JESSICA Aber wir sind doch auch manchmal sauer auf unsere Blagen ...

MÜLLER Ich denke beispielsweise so über Lukas, wenn er andere Kinder schlägt oder Unsinn macht, aber wenn ich dann höre, was er in den Gesprächskreisen erzählt, ist diese Wut auch verflogen.

MARINA Lukas schlägt andere Kinder?

PATRICK Was erzählt er denn von zu Hause?

MÜLLER Ich habe den Kindern versprochen, dass nichts aus unserem Gesprächskreisen nach außen dringt.

MARINA Sie können nicht erzählen, wen Lukas schlägt?

MÜLLER Natürlich, aber das wissen Sie ja sicher, ich denke auch, dass Sie sich darüber schon ausgetauscht haben, ich habe Fritz und Lukas doch Briefe mitgegeben.

KATJA Ich habe keinen bekommen, ich weiß nichts.

MARINA Ich auch nicht.

MÜLLER Wir hatten zwei Streitschlichtungen in der letzten Zeit.

PATRICK Lukas schlägt Fritz?

MÜLLER Das ging über Wochen.

KATJA Fritz wird seit Wochen durchgeprügelt?

PATRICK Lukas hat nur erzählt, dass Fritz mit seinen guten Noten angibt und ihn ärgert. Entschuldige, Katja.

Kurze, gelähmte Stille.

JESSICA Sie dürfen Laura nicht alles glauben.

MÜLLER Das weiß ich.

WOLF Was hat denn Janine so erzählt?

MÜLLER Sie haben vorhin darum gebeten, nicht über einzelne Kinder zu sprechen, und das würde ich jetzt auch gerne einfordern. Was die Noten betrifft, ich gebe zu, dass viele Kinder sich verschlechtert haben, aber alle Noten sind gerecht, auch wenn ich mich vorhin vergessen habe und ungerecht war.

PATRICK Sind die Noten von Lukas auch so? Also auch so gerecht wie die der anderen? Also alle Noten?

MÜLLER Ja. Natürlich. Warum?

PATRICK Nur so.

MÜLLER Also, ich würde Ihnen vorschlagen, dass ich morgen um zehn einen Termin bei der Schulleitung mache und darum bitte, aus gesundheitlichen Gründen von der Arbeit in der 4b entbunden zu werden.

Stille.

MARINA Ich habe Ihnen unrecht getan, Frau Müller, das tut mir leid. Wirklich.

JESSICA Frau Müller, jetzt lassen wir mal die Kirche im Dorf. Wir waren schon vor Ihrem schönen Plädoyer bereit, die ganze Sache auf sich beruhen zu lassen. Wissen Sie, ich glaube, das ist alles ein riesengroßes Missverständnis. Da ist in der Kommunikation gründlich was schiefgegangen. Wir alle haben schon vorhin gemerkt, mit welchem Engagement Sie Ihren Job machen, das war imponierend, wirklich.

PATRICK Beeindruckend, wirklich.

JESSICA Ich zum Beispiel wusste nicht, wie durchdacht Ihre Konzepte sind, oder was für eine Persönlichkeit Sie sind. Das wünscht man sich doch für sein Kind. Wenn man nicht miteinander redet, hört man immer nur das Gequäke der Kinder, wenn sie aus der Schule kommen, und was davon manchmal zu halten ist, wissen wir. Wenn man die andere Seite nicht hört, kommt man eben zu Fehlurteilen. Und mal unter uns, für Ihr Gemotze gerade müssen Sie sich nicht schämen, sicher hat jeder von uns regelmäßig das Gefühl, ein kleines Monster zu Hause zu haben. Oder?

MARINA Eigentlich nicht.

PATRICK Doch.

JESSICA Warum soll es Ihnen besser gehen. Kinder nerven, das ist nun mal so. Jetzt kann man sich verständigen, jetzt kennt man sich besser und mir hat dieser Abend das Vertrauen in Ihre Fähigkeiten wiedergegeben. Oder sieht das hier jemand anders?

KATJA Sie hätten mich anrufen müssen, Fritz erzählt nie was und er gibt auch nie irgendwas ab.

MARINA Warum schlägt der Junge denn? Das hat er noch nie gemacht.

PATRICK Früher hat er zugebissen, schon vergessen?

MARINA Können wir mal einen Termin bei Ihnen haben?

KATJA Aber vorher machen wir einen Termin. Jetzt geht es nämlich zuallererst um das Opfer und nicht um euer verhaltensgestörtes …

JESSICA Bleiben wir mal bei der Sache.

KATJA Gut, gut, gut.

JESSICA Spreche ich im Namen aller, wenn ich sage, dass Frau Müller weitermachen soll?

MÜLLER Aber was ist denn mit den anderen? Sie haben diese Liste.

JESSICA Das werden wir denen schon beibiegen.

MÜLLER Moment, das geht mir zu schnell. Ich möchte, dass Sie wissen, dass es in diesem Jahr für manche Kinder schlechte Zeugnisse geben wird, ich habe Ihnen erklärt, wie das zustande kommt.

WOLF Das ist schon angekommen.

MÜLLER Wenn das hier ein Votum für meinen Unterrichtsstil und meine pädagogischen Kriterien ist, bin ich bereit, meinen Entschluss noch mal zu überdenken. Ich brauche aber auch weiterhin Unabhängigkeit in meinen Entscheidungen.

JESSICA Liebe Frau Müller, wir vertrauen Ihnen, da können Sie uns ruhig auch ein bisschen vertrauen. Also, wer ist dafür, dass Frau Müller bleibt?

Alle melden sich. Frau Müller wirkt aufgewühlt.

MÜLLER Ich danke Ihnen vielmals, ich bin … entschuldigen Sie. Sie haben wunderbare Kinder. Wir sollten versuchen, in Zukunft enger zusammenzuarbeiten. Ich habe vielleicht nicht genug bedacht, wie sehr das Übergangszeugnis Sie alle belasten muss, und um Ihnen da entgegenzukommen, kann ich Ihnen ja die mündlichen Noten sagen, damit Sie wissen, wie Ihr Kind gerade steht, und gezielt mit ihm arbeiten können.

WOLF Das müssen Sie nicht.

MÜLLER Ich glaube, ich bin Ihnen das schuldig.

Frau Müller beginnt, in Ihrer Tasche nach dem Lehrerkalender zu suchen.

Und ich will vorher noch einmal betonen: Es gibt Kinder, für deren Entwicklung es besser ist, auf einer Realschule glücklich zu sein, als unglücklich auf einem Gymnasium.

PATRICK Meinen Sie da jemanden Bestimmtes?

MÜLLER Nein, nein.

JESSICA Das ist schon gut so, Frau Müller, lassen Sie mal.

Frau Müller wirft einen Blick auf den Zettel, sie lacht verlegen.

MÜLLER Das muss ich wahrscheinlich wirklich, ich habe nämlich nur die Liste vom letzten Schuljahr dabei. Tut mir leid. Aber das kann man ja auch in der Sprechstunde klären.

Stille.

Ja, also, wenn Sie keine weiteren Fragen haben, würde ich jetzt gerne gehen. Ich wohne außerhalb, und ich möchte nicht, dass es zu spät für mich wird. Aber ich denke, wir haben alles geklärt. Danke für die Aussprache, danke für Ihr Vertrauen, und ich möchte noch mal betonen, dass mir Ihre Kinder sehr ans Herz gewachsen sind. Aber ich glaube, das haben Sie gemerkt. Was das Klassenklima betrifft, das kriegen wir schon hin. Danke. Auf Wiedersehen.

Frau Müller geht.

KATJA Gratulation. Super. Ganz toll hingekriegt. Das geschieht euch recht.

PATRICK Wenn dein Sohn genauso ein Rechthaber ist wie du, wundert es mich nicht, dass er Dresche von meinem Sohn bekommt.

KATJA Eines sage ich euch. Das wird umgehend geklärt, und ich will genau wissen, was da los war und eines kann ich euch versprechen: Wenn dieser Hooligan meinen Sohn noch einmal anfasst, bekommt er einen solchen Ärger ... ich hetze euch das Jugendamt auf den Hals, ich ...

WOLF Komm, Katja, ist schon gut.

PATRICK Ach, auf einmal werden wir temperamentvoll, auf einmal geht es, ja? Wenn es um die eigene Brut geht ...

MARINA Lass die doch, Patrick.

KATJA Das wird geklärt, und zwar umgehend ...

JESSICA Ist gut jetzt.

PATRICK Was soll denn diese Hysterie? Jungs kloppen sich, das ist ganz normal.

KATJA Was?!

JESSICA Ruhe! Darum geht's jetzt nicht! *(zu Wolf)* Sag mal, hättest du Idiot nicht gucken können, was oben auf dem Notenzettel steht?

WOLF Hast du doch auch nicht.

MARINA Können wir gehen, Patrick? Ich will zu Lukas. Wir müssen reden.

PATRICK Ja, natürlich.

Marina und Patrick gehen. Katja steht auf.

WOLF Wenn du willst, kann ich ja mal mit ihm reden. Von Mann zu Mann sozusagen.

KATJA Ich weiß nicht. Meinst du?

WOLF Denk drüber nach. Du kannst mich jederzeit anrufen.

KATJA Danke.

Katja geht. Jessica und Wolf sitzen einen Moment ratlos da.

JESSICA Willst du nicht Elternvertreter werden?
WOLF Keine Lust.
JESSICA Kann ich verstehen.
WOLF Vielleicht an der Realschule. Wer weiß, was für Lehrer Janine da haben wird.
JESSICA Über so was macht man eigentlich keine Witze.
WOLF Ich finde übrigens, dass du das ganz gut gemacht hast.
JESSICA Hat aber nichts geholfen.
WOLF Nein, aber trotzdem.
JESSICA Danke.
WOLF Gehen wir noch ein Bier trinken?
JESSICA Ja, ich glaube, ich brauche jetzt ein Bier. Oder zwei.
Sie stehen auf, ziehen ihre Mäntel an und gehen.

Die Firma dankt

Mitarbeit Sarah Nemitz

PERSONEN

ADAM KRUSENSTERN Mitte 40, Leitender Angestellter
MAYUMI SELO Mitte 20, Assistentin der neuen Leitung
SANDOR MAYER Anfang 20, Universitätsabsolvent
JOHN HANSEN Mitte 30, Personalchef
ELLA GOLDMANN Anfang 40, Personaltrainerin

ORT

Das Gästehaus der Firma, der große Saal im Erdgeschoss eines restaurierten Herrensitzes. Zwei Terrassentüren, Flügeltüren, eine geschwungene Treppe. Clubatmosphäre, schwarze Ledersessel, ein großes, etwas zu langes Sofa, niedriger Couchtisch und Leselampe.

ZEIT

Später Nachmittag, Gegenwart

Now I am a was.
Morrissey

1. SZENE

Krusenstern sitzt auf dem Sofa, er ist eingenickt. Mayumi kommt, betrachtet ihn einen Moment, geht zu ihm, stupst ihn sanft. Krusenstern schrickt auf, ist kurz desorientiert, Mayumi weicht einen Schritt zurück, lächelt.

MAYUMI Ich wollte Sie nicht erschrecken.

KRUSENSTERN Jetzt bin ich doch wirklich eingeschlafen. Ich hoffe mal, dass ich nichts verpasst habe?

MAYUMI Aber nein. Sie können ruhig noch mal auf Ihr Zimmer gehen, um sich auszuruhen.

KRUSENSTERN Wann fangen wir an?

Krusenstern steht auf, sieht auf seine Uhr.

Wann kommen die anderen?

MAYUMI Wen meinen Sie?

KRUSENSTERN Meine Kollegen?

MAYUMI Sie sind der Einzige.

KRUSENSTERN Sind Sie sicher? Nun gut. Wir werden sehen. So. Und Sie sind ...?

MAYUMI Mayumi. Ich bin Johns Assistentin. John. Der neue Personalchef.

KRUSENSTERN Ja, ist mir bekannt. Wollten Sie mir Bescheid sagen, oder wie komme ich zu der Ehre, von Ihnen geweckt zu werden?

MAYUMI Nein, ich dachte nur, dass es hier vielleicht unbequem für Sie ist.

KRUSENSTERN Ich lege keinen Wert auf Bequemlichkeit. Schon gar nicht in beruflichen Zusammenhängen.

Mayumi lacht.

MAYUMI Aber nein, das hier ist Urlaub. Es soll ein ganz entspanntes Wochenende werden.

KRUSENSTERN Bei aller Liebe, ich kann mir nicht vorstellen, dass die Firma mich zu einem Urlaub ins Gästehaus einlädt.

MAYUMI Es ist wunderschön hier. Haben Sie den Park schon gesehen?

KRUSENSTERN Ich kenne das Haus von Klausurtagungen.

MAYUMI Natürlich.

Pause.

KRUSENSTERN Sie können das nicht wissen.

Stille.

Ich fürchte, Sie irren sich. Es kann nicht sein, dass ich der einzige Abteilungsleiter hier bin.

MAYUMI Ich glaube schon.

KRUSENSTERN Sie schmeicheln meiner Eitelkeit. So wichtig bin ich nicht, so wichtig ist auch meine Abteilung nicht. Man hat Sie wahrscheinlich ungenügend informiert.

MAYUMI Duzen Sie mich, das bin ich gewohnt.

KRUSENSTERN Ich habe auch meine Gewohnheiten. Also, man hat Ihnen gesagt, ich sei von der neuen Leitung für einen kleinen Urlaub einbestellt?

Mayumi lacht.

MAYUMI Warum nicht? Und mein Job ist es, Ihnen das Leben so angenehm wie möglich zu machen. Haben Sie Hunger? Im Wintergarten ist ein kleines Büfett mit Fingerfood. Soll ich Ihnen etwas bringen?

KRUSENSTERN Das schaffe ich schon selbst. Danke. Damit wir uns richtig verstehen. Ich bin einfach etwas irritiert. Ich bin von einer Klausur aller verbliebenen Abteilungsleiter ausgegangen. Allzu viele sind es ja nicht mehr. Und jetzt soll ich Urlaub machen mit ... wer ist denn von der neuen Leitung da?

MAYUMI John und Ella, die Personaltrainerin.

KRUSENSTERN Haben die alle keine Nachnamen?

Mayumi lacht.

MAYUMI Ich kenne nur die Vornamen, sorry.

KRUSENSTERN Gut. Ich will Sie nicht verhören. Warten wir ab. Entspannen wir uns. Machen wir unseren Mitmenschen eine Freude und duzen sie.
Mayumi, ja? Ist das richtig?

Mayumi nickt.

KRUSENSTERN Da bin ich an einem schönen Ort mit einer charmanten jungen Frau, die für mich sorgen will. Dann habe ich es mir wohl verdient.
Nicht fragen. Genießen. Ja?

MAYUMI Viel besser.

KRUSENSTERN Genießen. Abwarten. Wachsam sein. Und dennoch entspannen.

MAYUMI Genau. Kann ich Ihr Handy kurz haben? Ich gebe Ihnen meine Nummer, falls Sie mich brauchen.

Krusenstern nimmt sein Handy heraus, sie nimmt es ihm aus der Hand.

KRUSENSTERN Moment.

MAYUMI So geht es schneller.

Mayumi setzt sich sehr nah neben Krusenstern. Sie sieht auf das Display.
Ist das Ihre Familie?

KRUSENSTERN Ja.

MAYUMI Wie süß. Das Mädchen hat Ihre Augen.

Mayumi sieht Krusenstern prüfend an, dann wieder das Bild.

Ja, ganz eindeutig.

Sie tippt ihre Nummer ein, Krusenstern rutscht etwas von ihr weg.

Welchen Namen soll ich schreiben? Nicht, dass Ihre Frau misstrauisch wird.

KRUSENSTERN Darüber müssen Sie sich keine Sorgen machen.

Mayumi knufft ihn leicht in die Seite, lacht.

MAYUMI Just kidding. Ich habe Dschinn geschrieben. Ist das gut? Sie rufen einen Dschinn und haben drei Wünsche frei.

Sie macht eine Dschinn-Geste, lacht.

Einen Tee?

KRUSENSTERN Gerne.

MAYUMI Earl Grey.

KRUSENSTERN Woher wissen Sie das?

MAYUMI Service ist alles.

Mayumi geht, Krusenstern steht auf, klopft seinen Anzug ab, kämmt sich, reibt sich über das Gesicht. Mayumi kommt wieder herein, in der einen Hand ein Glas Tee, in der anderen Zuckertütchen und Milchdosen. Sie hat ihr Handy ans Ohr geklemmt, schließt die Tür mit einem Fußtritt, sie fällt krachend ins Schloss. Mayumi geht zu Krusenstern und stellt alles ab, während sie weiter spricht.

Das war nicht geplant, es war einfach nur so ein durchgeknallter Abend ... ich weiß nicht mehr wer ... frag nicht, frag nicht ... ja, er wollte Photos machen, stell dir vor ... aber ich hab Nein gesagt, das kenne ich: ‚Nur für mich', und nachher finde ich das im Netz, das hat doch Carla mal erlebt ... war das Carla? ... keine Ahnung ... egal, auf jeden Fall hab ich Nein gesagt ... aber was denkst du denn ... nein, er hat dann Ruhe gegeben, sonst wäre ich gegangen ... nein, nicht so ... aber er hat es getaped und du glaubst es nicht, es klingt so derartig strange, wenn man nicht wüsste ... echt, ich dachte ... egal, das weiß ja keiner oder höchstens Leute, die mich gut kennen, also wirklich gut ... nein, glaube ich nicht ...

Mayumi hat während des Telefonats gemerkt, dass sie vergessen hat, einen Löffel mitzubringen, geht zurück, lässt die Tür offen, holt einen Löffel, gibt ihn Krusenstern, strahlt ihn dabei an, setzt sich auf die Sofakante, telefoniert weiter.

Der Firmenjob ... hab ich dir doch erzählt ... ich ruf dich später noch mal an, okay? Ja, ich melde mich ... nein, mache ich nicht ... nein, diesmal nicht. Ciaoui.

Mayumi legt auf, packt ihr Handy ein.

Sorry.

Stille.

KRUSENSTERN Hören Sie ...

MAYUMI Mayumi, okay?

KRUSENSTERN Ich möchte eines vorher noch loswerden. Es wäre mir sehr recht, wenn Sie solche Gespräche einfach draußen führen. Ich höre da einfach nicht gerne zu.

MAYUMI Was meinen Sie denn mit ‚solche Gespräche'?

KRUSENSTERN Private Gespräche. Gespräche, deren Inhalt nicht für die Öffentlichkeit bestimmt ist.

MAYUMI Das haben Sie missverstanden, das war ganz harmlos, es ging um ...

KRUSENSTERN Das muss ich nicht wissen, ja?

MAYUMI Sie denken aber nicht, dass ich ...

KRUSENSTERN Ich will einfach nicht über die Telefongespräche anderer Menschen nachdenken. Auch wenn das jeder menschlichen Neugier widerspricht. Wir müssen das nicht weiter diskutieren. Einverstanden?

MAYUMI Okay. Sorry.

KRUSENSTERN Danke, Mayumi.

Stille.

Gibt es irgendeinen zeitlichen Rahmen?

MAYUMI Wenn Sie unruhig sind, kann ich nachfragen, wie lange es noch dauert.

KRUSENSTERN Haben sie ein Meeting?

MAYUMI Sie sind in einem Gespräch.

KRUSENSTERN Also ist doch noch jemand da.

MAYUMI Natürlich. Ich rufe schnell an.

Mayumi zückt ihr Handy, wählt.

KRUSENSTERN Nein, das musst du nicht.

MAYUMI Kein Problem.

Mayumi geht nach draußen, schließt dann die Tür hinter sich. Krusenstern steht auf, um ihr hinterher zu gehen, zögert, setzt sich wieder. Mayumi kommt zurück, sie wirkt zerknirscht.

KRUSENSTERN Was ist?

MAYUMI Ist schon okay, sie sind gleich da.

KRUSENSTERN Vielleicht habe ich mich unklar ausgedrückt, aber bei solchen Gesprächen musst du nicht nach draußen gehen.

MAYUMI Ich respektiere das, wirklich.

Stille.

KRUSENSTERN Wir werden sicher noch einen Umgang miteinander finden.

MAYUMI Wenn Sie nicht zufrieden sind, müssen Sie es sagen. Ich versuche, alles richtig zu machen.

KRUSENSTERN Du machst das schon gut.

MAYUMI Danke.

John und Ella kommen mit Sandor herein, sie reden flüsternd und anscheinend sehr engagiert auf ihn ein. Sandor hört mit abwesender Miene zu. Krusenstern steht auf, John winkt ihm kurz zu, ohne das Gespräch zu unterbrechen.

KRUSENSTERN Ich werde draußen warten, bis Sie Ihr Gespräch beendet haben.

JOHN Gleich, Herr Krusenstern, bitte. Einen kleinen Moment noch.

KRUSENSTERN Aber natürlich.

Krusenstern steht etwas ratlos da, setzt sich dann wieder.

SANDOR Nein, ist schon okay, ich bin ziemlich hungrig. Wo steht das denn?

MAYUMI Ich zeige es dir.

Im Vorbeigehen grinst Sandor Krusenstern an.

SANDOR Krusenstern, richtig? Ich bin Sandor.

Sandor geht mit Mayumi ab. John lässt sich in einen Sessel fallen, legt die Füße hoch, Ella setzt sich neben Krusenstern. Ella und John sehen sich kurz an, lächeln.

JOHN Okay. Wir kennen uns ja, Herr Krusenstern. Das ist Ella Goldmann.

ELLA Freut mich.

KRUSENSTERN Ganz meinerseits.

John wirft einen Blick zur Tür, beugt sich zu Krusenstern.

JOHN Interessant, oder?

KRUSENSTERN Nun, ja, ungewöhnlich, würde ich sagen.

John lacht, Ella stimmt mit ein.

JOHN Das gefällt mir. Die jungen Leute sind ungewöhnlich. Waren wir das auch?

ELLA Wir? John, du bist zehn Jahre jünger als wir.

JOHN Und ich war nicht ungewöhnlich.
Ich war höchstwahrscheinlich langweilig. The boring generation.
Und Sie, Herr Krusenstern?

KRUSENSTERN Ich habe mir darüber noch keine Gedanken gemacht.

ELLA Es ist okay, John.

JOHN Ist sie nicht wunderbar? Sie will sagen: Hör auf zu schwafeln. Aber sie sagt: Es ist okay. Man hört auf zu schwafeln und fühlt sich trotzdem okay.

ELLA Muss ich es noch mal sagen?

JOHN Nein, ist angekommen.

KRUSENSTERN Sie sind Personaltrainer, wenn ich das richtig verstanden habe?

JOHN Hab ich vergessen zu erwähnen. Ist aber auch nicht wichtig. Jetzt zumindest. Wir plaudern ja nur.

ELLA Ist hier alles zu Ihrer Zufriedenheit?

KRUSENSTERN Ja, danke.

JOHN Wie sieht es denn mit Ihnen aus, Herr Krusenstern? Nun?

KRUSENSTERN Was wollen Sie wissen? Worüber sollen wir sprechen? Über das, was ich in den letzten neunzehn Jahren in der Firma geleistet habe, sind Sie wahrscheinlich informiert. Ich kann das aber auch gerne noch mal kurz referieren. Die Pläne der neuen Firmenleitung kenne ich noch nicht, ich kann aber skizzieren, in welche Richtung meine Abteilung weitergearbeitet hätte, also welche Projekte momentan in der Pipeline sind ...

JOHN Es ist okay, Herr Krusenstern. Verstehen Sie? Es ist okay.

KRUSENSTERN Ja, ich verstehe. Aber dann müssen Sie Ihre Frage präziser formulieren.

JOHN Nicht Ihre Schuld. Ich dachte, Mayumi hätte Sie schon gebrieft, aber das hat sie wohl auch vergeigt. Schade. Nun gut.

KRUSENSTERN Sie gibt sich große Mühe.

JOHN Stimmt, sie ist ziemlich attraktiv.

KRUSENSTERN Sie sagte mir, es wäre eine Art Urlaub, ein Entspannungswochenende.

JOHN Korrekt. Warum sollen wir dann über Projekte sprechen?

KRUSENSTERN Weil Sie mich gefragt haben, wie es bei mir aussieht.

ELLA John, bitte. Gib Herrn Krusenstern zumindest irgendeinen Anhaltspunkt.

JOHN Machen Sie sich denn Sorgen?

ELLA John, bitte.

JOHN Ich dachte einfach, es sei nicht nötig, das deutlich zu formulieren. Natürlich wissen wir, was Sie geleistet haben, Herr Krusenstern, nicht nur fachlich, sondern auch als Führungskraft Ihrer Abteilung. Wir haben niemanden getroffen, der nicht Ihr Loblied gesungen hätte. Sie haben es anscheinend geschafft, sich in neunzehn Jahren nicht einen einzigen Feind in der Firma zu machen. Die Entwicklungsabteilung hat geradezu einen Heiligenschein, wenn man in den anderen Abteilungen herumfragt. Auch als Sandor Ihren Namen hörte, sagte er gleich: Krusenstern, ja, gut. Sie müssen mir bei Gelegenheit verraten, wie Sie das geschafft haben. Man lobt Ihre Kompetenz, Ihre Führungsqualitäten und ihre ausgeprägte Teamfähigkeit. *(lacht)*

Ihre einzige Sünde scheint die Eitelkeit zu sein, sonst hätten Sie mich nicht dazu gezwungen, das jetzt zu referieren.

KRUSENSTERN Das war wirklich nicht meine Absicht.

John gibt ihm einen kumpelhaften Schlag auf die Schulter.

JOHN Weiß ich doch, Krusenstern. Just kidding.

Sandor kommt mit einem Teller Fingerfood herein und setzt sich kauend zu der Gruppe, Mayumi hält sich etwas im Hintergrund.

Ich kann verstehen, dass so ein layoff belastend ist, eine massive Kündigungswelle ist immer brutal, und Sie müssen mir glauben, dass es auch mich schlaflose Nächte gekostet hat. Aber gut, das ist mein Job, einer muss es machen. Dafür kann man das neue Team zusammenstellen. Einen Neuanfang ermöglichen. Und zu den guten Seiten des Berufs gehört eben auch, so etwas wie dieses Wochenende zu ermöglichen. Zu jemandem sagen zu können: Willkommen. Machen wir uns eine schöne Zeit. Okay?

KRUSENSTERN Einverstanden.

ELLA Haben Sie Fragen?

KRUSENSTERN Es kommt etwas überraschend. Ein Entspannungswochenende.

ELLA Natürlich sollte man auch über die Firma sprechen. Es wäre ja Unsinn, da Denkverbote auszusprechen, oder?

KRUSENSTERN Wann immer Sie wollen.

ELLA Mich persönlich interessiert Ihre Einschätzung der Vorgänge sehr.

KRUSENSTERN Und was die anderen Abteilungsleiter betrifft ...?

JOHN Deren Anwesenheit war nicht nötig.

ELLA Ich hoffe, es belastet nicht Ihr Familienleben, wenn wir Ihnen ein kostbares Wochenende mit Ihren Kindern rauben.
Sie leben doch noch en famille?

KRUSENSTERN Ja. Warum war es nicht nötig, dass sie kommen?

JOHN Habe ich nötig gesagt? Möglich. Ich habe möglich gesagt. Oder?

ELLA Ich weiß nicht mehr.

JOHN Egal.

ELLA Wir können über alles sprechen. Natürlich nur, wenn Sie möchten.

KRUSENSTERN Daran wäre mir sehr gelegen.

JOHN So, ich muss jetzt ein bisschen auf den Platz. Spielen Sie Golf?

KRUSENSTERN Nein, leider nicht.

ELLA Ich werde noch ein wenig arbeiten.

JOHN Was haben Sie jetzt vor?

KRUSENSTERN Mal sehen.

JOHN Nicht arbeiten. Versprochen? Großes Indianerehrenwort?

KRUSENSTERN Jja ... versprochen.

John schüttelt ihm die Hand.

ELLA Also dann, bis später.

John und Ella gehen.

MAYUMI Brauchen Sie irgendetwas? Alles gut?

Mayumi geht. Krusenstern lehnt sich zurück, atmet aus, Sandor beobachtet ihn.

SANDOR Klang gut für Sie.

KRUSENSTERN Wie bitte?

SANDOR Aber braucht man solche Texte? Diese Guter-Hund-Nummer. Preisgekrönte Milchkuh. Held der Arbeiterklasse. Man weiß doch, was man wert ist, oder?

KRUSENSTERN Ich kann mich nicht erinnern, dich nach deiner Meinung gefragt zu haben. Warum sprichst du mich darauf an?

SANDOR Interessiert mich eben.

KRUSENSTERN Was ist das? Projekttag Schule und Arbeitswelt? Bin ich dir gegenüber irgendwie auskunftspflichtig? Warum sollte ich ausgerechnet mit dir darüber sprechen?

SANDOR Weil ich hier bin.

KRUSENSTERN Und warum bist du da?

SANDOR Da müssen Sie meine Eltern fragen.

KRUSENSTERN Warum kommst du herein, kaust an deinem Essen herum, während hier wichtige Gespräche geführt werden.

SANDOR Das eben war ein wichtiges Gespräch. Finden Sie wirklich? Ich hatte eher den Eindruck, dass John sich gerne reden hört.

Krusenstern sieht Sandor an, der ihn anlächelt.

KRUSENSTERN Du willst doch wahrscheinlich in der Firma anfangen, oder?

SANDOR Das weiß ich noch nicht.

KRUSENSTERN Hast du Berufserfahrung?

SANDOR Kaum.

KRUSENSTERN Hätte mich auch gewundert.

SANDOR Warum?

KRUSENSTERN Weil du die einfachsten Regeln nicht kennst. Bei mir hättest du kein Bein auf den Boden bekommen. Willst du wissen, warum? Willst du einen guten Rat? Ein paar Tricks vom Fachmann?

SANDOR Warum nicht?

KRUSENSTERN Also. Punkt eins, man beendet ein berufliches Gespräch nicht, weil man Hunger hat. Wenn man mit der Leitung spricht, hat man keinen Hunger, keinen Durst, keine Schmerzen und muss nicht aufs Klo. Punkt zwei, man platzt nicht in Gespräche, schon gar nicht mit einem Teller Spießchen. Man sollte Respekt haben. Und Umgangsformen. Dann, und erst dann, geht es um die fachliche Qualifikation. Falls du eine hast.

SANDOR Wollen Sie eins von diesen Spießchen?

Stille.

KRUSENSTERN Ich finde es bemerkenswert, dass ein Bewerber wie du es bis hierher geschafft hat. Das nötigt mir fast Respekt ab.

SANDOR Ich finde Sie übrigens interessant, Herr Krusenstern.

Mayumi kommt herein.

MAYUMI Alles klar bei euch?

SANDOR Du kannst nicht einfach so in ein Gespräch platzen.

MAYUMI Störe ich?

SANDOR Man platzt nicht in Gespräche und man geht raus zum Telefonieren, nicht wahr, Herr Krusenstern?

MAYUMI Wollen wir einen Spaziergang machen?

KRUSENSTERN Nein, danke.

MAYUMI Braucht ihr mich noch? Ich würde sonst gerne in die Sauna gehen.

SANDOR Ich komme mit.

MAYUMI Sie auch, Herr Krusenstern?

KRUSENSTERN Nein, danke.

SANDOR Seien Sie doch nicht beleidigt.

KRUSENSTERN Ich habe Nein gesagt.

Mayumi und Sandor ab, Krusenstern setzt sich, Black.

2. SZENE

Krusenstern sitzt auf dem Sofa, er scheint zu schlafen, John und Ella kommen herein, Krusenstern bemerkt sie.

JOHN Na, Krusenstern, noch ein kleines Nickerchen? Sie scheinen ja wirklich erschöpft zu sein.

KRUSENSTERN Ich habe Ihren Rat befolgt und mich mal richtig erholt.

JOHN Wenn das Ihre Art von Erholung ist?

KRUSENSTERN Spricht etwas dagegen?

JOHN Habe ich das gesagt?

ELLA Wo ist denn die Jeunesse dorée?

KRUSENSTERN In der Sauna.

JOHN Warum sind Sie nicht mit? Wollte man Sie nicht dabei haben?

KRUSENSTERN Ich wollte nicht.

ELLA Warum haben Sie diese Chance nicht genutzt?

KRUSENSTERN Welche Chance denn?

JOHN Zum Beispiel, einmal zwanglos ins Gespräch zu kommen.

ELLA Warum separieren Sie sich? Belastet Sie irgendwas?

KRUSENSTERN Aber nein … ich verstehe nicht … was hätte ich denn tun sollen?

JOHN Das müssen wir Ihnen doch nicht sagen.

KRUSENSTERN Ich war alleine hier, also habe ich mich etwas ausgeruht.

ELLA Ich war die ganze Zeit im Wintergarten.

KRUSENSTERN Sie wollten arbeiten.

ELLA Ich hätte sehr gerne einen Kaffee mit Ihnen getrunken.

KRUSENSTERN Das kann ich doch nicht ahnen.

JOHN Ist gut.

KRUSENSTERN Ich weiß wirklich nicht …

JOHN Ich sagte, es ist gut. Wir haben das geklärt.

KRUSENSTERN Den Eindruck habe ich nicht.

JOHN Ich könnte das einfach nicht. Nur herumsitzen und dösen. Ich entspanne mich, wenn ich an meinem Handicap arbeite. So bereite ich mich vor.

KRUSENSTERN Worauf denn?

JOHN Ist das eine ernst gemeinte Frage?

KRUSENSTERN Muss ich mich auch auf etwas vorbereiten?

JOHN Auf das Team. Morgen kommt das neue Team an.

ELLA Wussten Sie das nicht?

KRUSENSTERN Nein.

JOHN Ich habe doch vorhin in unserem Gespräch das Team erwähnt, oder?

KRUSENSTERN Ja, schon, aber ich dachte, jetzt wäre es Urlaub.

JOHN Natürlich. Aber es ist das Gästehaus der Firma. Da ist doch wohl klar, dass wir hier nicht nur Urlaub und Faulenzen spielen.

ELLA Warum haben Sie sich denn nicht erkundigt?

KRUSENSTERN Ich hatte das schon vermutet.

ELLA Wenn Sie zu mir in den Wintergarten gekommen wären …

JOHN Gut, jetzt wissen Sie es.

Stille.

KRUSENSTERN Es ist mir recht. Es gibt also einen Plan. Ist mir auch lieber. Ich hatte schon Angst, hier unterfordert zu sein.

Krusenstern lacht, John und Ella sehen ihn erstaunt an.

JOHN Krusenstern, Sie wissen, wir schätzen Sie. Aber ein wenig erstaunt bin ich doch. Diese passive Haltung ist, gelinde gesagt, überraschend. Man kann immer etwas organisieren, man sollte die Dinge nicht einfach auf sich zukommen lassen.

KRUSENSTERN Was könnte ich denn hier organisieren?

JOHN Das ist ganz Ihnen überlassen.

ELLA Oder haben Sie ein Problem mit irgendwem?

KRUSENSTERN Was wollen Sie von mir?

ELLA Kein Grund zur Aufregung. Es ist nichts passiert.

JOHN Machen Sie was mit Sandor. Sie haben alle Freiheiten. Mayumi kann alles organisieren. Nutzen Sie die Möglichkeiten.

ELLA Es ist ja nichts passiert.

JOHN Ich sage es lieber jetzt, bevor es zu spät ist.

John geht.

KRUSENSTERN Ich wünsche eine klare Auskunft. Was will man von mir? Ich kann arbeiten ...

ELLA Das wissen wir.

KRUSENSTERN Aber man muss mich informieren, worum es geht.

ELLA Wir klären das. Ganz ruhig.

Ella schließt die Tür, durch die John abgegangen ist, und setzt sich neben Krusenstern. Ich kann verstehen, dass Sie überfordert sind.

KRUSENSTERN Dafür müsste ich es zuerst mal mit Forderungen zu tun haben.

Krusenstern steht auf. Ihr rückt mir dermaßen auf die Pelle. Das will ich nicht.

ELLA Sie dürfen sich nicht verkrampfen. Es ist doch niemand gegen Sie.

KRUSENSTERN Ich brauche klare Rahmenbedingungen. Hier ist alles unklar.

ELLA Sie müssen John verstehen. Es ist seine bisher größte Aufgabe, er ist nervös. Wenn das hier nicht funktioniert, ist er erledigt. Er hat Potenzial, wirklich, er ist auch wesentlich sensibler als Sie jetzt wahrscheinlich denken. Er macht diese Arbeit mit Herzblut, er hängt an den Leuten, für die er sich entschieden hat. Aber ob das alles zusammenpasst, ob das ein wirklich schlagkräftiges Team wird, kann keiner sagen. Seien Sie etwas souveräner, lassen Sie ihm auch mal was durchgehen, legen Sie nicht jedes Wort auf die Goldwaage.

KRUSENSTERN Man hat fast alle meine Kollegen gefeuert. Man hat ein unverbindliches Gespräch mit mir geführt. Bis heute habe ich keine definitive Zu- oder Absage bekommen. Ich kann Rechenschaft ablegen von allem, was ich getan habe. Danach möchte ich beurteilt werden. Ich kann für alles einstehen. Ich kann sagen, wohin ich inhaltlich möchte. Wenn man das nicht will, wenn man mich nicht mehr will, akzeptiere ich das natürlich. Aber ich brauche ein Gegenüber. Ich brauche kein Lob und keinen Tadel. Ich brauche klare Verhältnisse, klare Anweisungen.

Ella hat unterdessen begonnen, sich Notizen zu machen.

ELLA Ich habe schon vermutet, dass Sie klare Anweisungen brauchen.
KRUSENSTERN Was ist daran so schlimm?
ELLA Ich verstehe das. Ich würde Ihnen zustimmen.
KRUSENSTERN Dann tun Sie es doch.
ELLA Können Sie nicht versuchen, offener zu sein?
KRUSENSTERN Ich habe gerade mein Herz über den Zaun geworfen.
ELLA Sie haben nur gesagt, dass alles so bleiben soll, wie es ist.
KRUSENSTERN Warum soll ich etwas ändern?
ELLA Weil etwas Neues beginnt, weil das ganze Team deutlich verjüngt wird.
KRUSENSTERN Das Neue ist keine Qualität an sich.
Ella lacht.
Sie geben mir recht, oder? Jugend ist nicht abendfüllend. Nehmen Sie diesen Sandor. Ein Schnösel, arrogant, von sich eingenommen, größenwahnsinnig und ohne jede Erfahrung. Oder? Geben Sie es zu. Sie sind eine erwachsene Frau. Oder imponiert Ihnen das?
ELLA Sie haben vollkommen recht. Aber meine private Meinung interessiert leider nicht.
KRUSENSTERN Doch, mich. Es hilft mir sehr, zu wissen, dass meine Sicht der Dinge zumindest nachvollziehbar ist.
ELLA Vollkommen.
Ella schreibt wieder.
KRUSENSTERN Oder mache ich einen Fehler? Verspiele ich gerade meinen Job? Legen Sie mir das als Schwäche aus?
ELLA Ich entscheide nicht über Ihre Zukunft.
KRUSENSTERN Wer dann? Das Team? John?
ELLA Nein ...
KRUSENSTERN Entscheidet überhaupt irgendjemand? Oder würfelt eine Horde Affen im Hinterzimmer gerade meine Zukunft? Wer ist mein Gegner?
Ella schreibt.
ELLA Denken Sie wirklich in solchen Kategorien?
KRUSENSTERN Streichen Sie das. Ich habe nicht Gegner gesagt. Streichen Sie alles, was ich in den letzten Minuten gesagt habe.
ELLA Diese Notizen sind unwichtig.
KRUSENSTERN Trotzdem, ich habe mich verrannt. Wir fangen noch mal an.
ELLA Womit?
KRUSENSTERN Mit dieser Begegnung.
Ella sieht Krusenstern an. Stille.

ELLA Beruhigen Sie sich. Ich bin nicht gegen Sie. Es ist mir fast eine Wohltat, mit Ihnen zu sprechen. Ich kann Sie verstehen. Wirklich.

KRUSENSTERN Ja?

ELLA Sicher.

KRUSENSTERN Ich brauche irgendeinen Hinweis, was man von mir verlangt.

ELLA Aber Sie sind doch eine Führungskraft. Entwickelt man da keine Instinkte?

Sandor und Mayumi kommen herein, beide in weißen Saunabademänteln, sie albern herum, schlagen mit den Saunatüchern nacheinander. Dann lässt sich Sandor in den Sessel fallen.

SANDOR Ich kann nicht mehr.

MAYUMI Ich hole uns was zu trinken.

Mayumi ab, Ella strahlt Sandor an.

ELLA Na? Geht es dir gut. Zufrieden?

SANDOR Alles gut.

ELLA Freut mich. Ich will euch nicht weiter stören.

Ella geht zur Tür, wirft Krusenstern einen Blick zu, den er nicht deuten kann, geht ab. Mayumi kommt mit zwei Flaschen Wasser, wirft Sandor eine zu, er öffnet sie, das Wasser sprudelt heraus, Mayumi lacht, fast vulgär, sie lässt sich neben Krusenstern auf das Sofa fallen. Krusenstern steht auf, geht zur Terrassentür.

MAYUMI Sorry. Wollen Sie auch etwas zu trinken?

SANDOR Uups.

KRUSENSTERN Nein, danke.

MAYUMI Stört es Sie, wenn wir hier in Bademänteln sitzen?

KRUSENSTERN Nein, ist mir egal. Ich kann mir alleine Wasser holen. Ich bin auch nicht prüde. Ich kann problemlos mit nackten jungen Frauen in einer Sauna sitzen. Ich wollte nur nicht. Das ist nicht altmodisch, sondern eine Frage der Diskretion.

Sandor lächelt.

Und dieses dämliche Grinsen kannst du langsam mal unterlassen. Ich verzichte dankend auf jeden Kommentar in Worten und Grimassen. Und ich hasse es, fremde Telefongespräche mitzuhören. Wenn es nach mir ginge, wärst du hier schon längst achtkantig rausgeflogen. So. Kannst du mich jetzt bitte mit Mayumi alleine lassen? Wir haben zu arbeiten.

SANDOR Kann ich Ihnen helfen?

KRUSENSTERN Nein danke.

Sandor geht, Krusenstern wirkt etwas erschöpft, Mayumi beobachtet ihn.

Wie soll ich diesen Blick deuten? Mitleid? Habe ich mich wieder albern benommen?

MAYUMI Aber nein, wann sollten Sie sich denn albern benommen haben?

KRUSENSTERN Welches Wort würde mein Verhalten denn besser beschreiben?

MAYUMI Sorry, aber dazu kann ich nichts sagen. Ich bin nur die Assistentin.

KRUSENSTERN Es gibt wunderschöne deutsche Wörter anstelle dieses lächerlichen ‚Sorry'. So. Also du bist hier die Assistentin?

MAYUMI Ja.

KRUSENSTERN Mehr nicht?

MAYUMI Mehr nicht.

KRUSENSTERN Woher weiß dann Sandor von meiner Abneigung gegen mitgehörte Telefonate? Warum spricht John davon, dass ich ‚wieder' ein Nickerchen mache? Ist das die begnadete Intuition der neuen Führungsriege oder hat ihnen das jemand geflüstert? Oder gibt es hier Wanzen? Bin ich die Versuchsratte in irgendeinem Experiment?

MAYUMI Was haben Sie denn?

KRUSENSTERN Warum erfahre ich nicht, dass morgen das neue Team kommt? Warum setzt man mich ins Unrecht? Warum erzählst du mir, ich wäre hier, um Urlaub zu machen?

MAYUMI Ich versuche, alles richtig zu machen.

KRUSENSTERN Was heißt hier ‚richtig'? Teekochen? Sauna? Ordinäre Telefongespräche?

MAYUMI Was mache ich falsch?

KRUSENSTERN Ich stelle die Fragen. Warum mutet man mir diesen Sandor zu?

Die Tür geht auf, John winkt Mayumi zu sich, ohne von Krusenstern Notiz zu nehmen, er schließt die Tür. Man hört, dass er Mayumi anschreit, aber es ist kein Wort zu verstehen. Krusenstern geht zur Tür, versucht zu lauschen, dann hört man im anderen Raum eine Tür zuschlagen, Krusenstern geht zurück zum Sofa. Mayumi kommt wieder herein, sie weint, geht zum Sofa, rollt sich zusammen und schluchzt hemmungslos. Krusenstern geht zu ihr, unschlüssig, was er tun soll.

Willst du allein sein?

Mayumi schüttelt den Kopf, Krusenstern berührt sie sachte an der Schulter, um sie zu trösten, sie nimmt seine Hand und birgt ihren Kopf darin. Krusenstern verharrt ratlos. Mayumi küsst seine Hand, lässt sie los.

MAYUMI Sorry.

KRUSENSTERN War das meine Schuld?

Mayumi schüttelt den Kopf.

MAYUMI Danke. Sie sind ein netter Mensch.

KRUSENSTERN Nimm ihn nicht so ernst, er ist überfordert und lässt es an dir aus.

Ich habe das vorhin auch erlebt. Ich bin nicht wütend auf dich. Er hat mich durcheinandergebracht. Du machst das alles sehr gut.

MAYUMI Wirklich?

KRUSENSTERN Dieser Mann weiß nicht, was er will. Weil er keine Erfahrung hat, keine Struktur. Vergiss das, ja?

MAYUMI Darf ich Sie mal kurz umarmen?

Mayumi umarmt ihn, er löst sich etwas verlegen von ihr.

KRUSENSTERN Wir müssen umdenken. Ich habe die Lage falsch eingeschätzt. So kommen wir hier nicht weiter, man muss Entscheidungen fällen. Ich nehme das jetzt in die Hand. Kann ich auf dich zählen?

MAYUMI Was soll ich machen?

KRUSENSTERN Wir machen ein Meeting. Kannst du Stifte besorgen, Papier, Mineralwasser, das Übliche?

MAYUMI Natürlich.

KRUSENSTERN Ich stelle ein paar Stühle zusammen, der Tisch kommt hierher. Wenn du alles besorgt hast, sagst du den anderen Bescheid, dass wir uns in zehn Minuten hier zur Lagebesprechung treffen. Sandor soll ruhig auch dazukommen. Dann sieht er mal, wie man so etwas professionell organisiert.

MAYUMI Haben Sie eigentlich was gegen ihn?

KRUSENSTERN Nein, er ist mir völlig gleichgültig.

MAYUMI Ich glaube, er mag Sie.

KRUSENSTERN Mögen. Was für ein niedliches Wort.

MAYUMI Ich denke nur, Sie sollten das wissen.

KRUSENSTERN Ich will mir jetzt darüber keine Gedanken machen. Zuerst müssen ein paar grundsätzliche Dinge geklärt werden.

Mayumi geht los.

Noch etwas. Wenn die Herrschaften nicht bereit sind, meiner Einladung zu folgen, reise ich ab. Sag das ruhig dazu.

MAYUMI Sie dürfen nicht abreisen. Bloß nicht. Es ist ganz entscheidend, dass Sie da sind.

KRUSENSTERN Danke.

MAYUMI Ich glaube, alle warten darauf, dass Sie etwas unternehmen.

KRUSENSTERN Desto eher sollten wir anfangen.

Mayumi geht ab, Krusenstern holt Stühle, stellt sie zusammen, zieht einen Tisch in die Mitte. Mayumi kommt mit Block und Stiften, Wasserflaschen und Gläsern.

Hol sie jetzt.

Mayumi geht wieder ab. Krusenstern stellt alles bereit, setzt sich, macht sich ein paar Notizen. Mayumi kommt wieder herein.

Kannst du gleich das Protokoll führen? Nur Stichpunkte. Und mach das Deckenlicht an. Bei dieser Puffbeleuchtung kann ich nicht arbeiten.

Mayumi macht das Licht an, setzt sich neben Krusenstern und nimmt sich Block und Stift.

MAYUMI Sie machen das wirklich sehr gut.

KRUSENSTERN Das ist mein Job.

Ella und John kommen herein.

Danke, dass Sie etwas Zeit erübrigen konnten. Wo ist Sandor?

MAYUMI Er kommt später.

KRUSENSTERN Dann fangen wir an.

Ella holt ihren Block heraus, macht sich eine Notiz.

Das ist nicht nötig. Mayumi wird das Protokoll führen.

Ella macht weiter Notizen.

Ich möchte bei dieser Gelegenheit betonen, dass Mayumi gute Arbeit leistet. Ich weiß nicht, welcher eurer Anforderungen sie nicht genügt. Ich bin zufrieden. Das muss nicht ins Protokoll.

Ich will kurz referieren, was mich bewogen hat, diese Besprechung einzuberufen. Es gibt hier offensichtlich Probleme mit dem Informationsfluss, was dazu geführt hat, dass, zumindest für mich, eine klare Zielvorstellung nicht erkennbar ist. Woran das liegt, tut jetzt nichts zur Sache. Ich habe nur das Bedürfnis, alle Missverständnisse auszuräumen und gemeinsam mit euch eine Vision zu entwickeln, wie die nächsten Tage ablaufen könnten und welche Aufgaben jeder übernehmen kann. Vorausgesetzt, es gibt nicht schon irgendwelche Pläne, die mir nicht bekannt sind.

Stille, Ella schreibt, Mayumi macht sich Stichworte, John sieht Krusenstern an.

Also nicht. Gut. Dann gehe ich von den Informationen aus, die ich habe. Man hat mir mitgeteilt, dass morgen das neue Team kommt. Da man mich zu diesem ersten Treffen gebeten hat, gehe ich vorerst davon aus, dass man mich als Teil dieses neuen Teams sieht. Auch wenn das explizit noch niemand formuliert hat.

Es irritiert mich ein wenig, dass Sie sich Notizen machen, Ella.

Stille, eine leichte Nervosität ist bei Krusenstern zu spüren. Ella sieht ihn aufmerksam an und schreibt weiter, wenn er wieder spricht.

Gut. Weiter. Man hat mich aufgefordert, Initiative zu zeigen, ohne jedoch zu präzisieren, worin diese Initiative bestehen könnte. Wenn Sie zu diesem Thema Informationen haben, wäre jetzt dafür eine gute Gelegenheit.

Stille.

Dann gehe ich davon aus, dass man von mir Vorschläge erwartet, was die Begrüßung des neuen Teams betrifft. Will vielleicht jemand etwas über das neue Team sagen? Das würde meine Arbeit erheblich erleichtern.

Sandor kommt herein.

Offensichtlich sind meine guten Ratschläge nicht verstanden worden.

JOHN Setz dich doch.

Sandor lässt sich auf das Sofa fallen.

KRUSENSTERN Wenn du an dem Gespräch teilnehmen möchtest, ist dein Platz hier am Tisch.

SANDOR Hier ist es bequemer.

John steht auf, setzt sich neben Sandor.

JOHN Völlig richtig.

KRUSENSTERN Aber wir arbeiten doch.

JOHN Wollten wir nicht. Schon vergessen? Sie haben es versprochen. Indianerehrenwort.

Ella setzt sich in den Sessel.

KRUSENSTERN Ich glaube nicht, dass wir so zu brauchbaren Ergebnissen kommen.

SANDOR Habe ich etwas verpasst?

JOHN Krusenstern entwirft einen Plan.

KRUSENSTERN Herr Krusenstern, bitte.

SANDOR So einen wohlklingenden Namen sollte man nicht durch ein ‚Herr' dissonant klingen lassen, oder? Krusenstern, da ist Musik drin.

ELLA Stimmt. Sie haben wirklich einen schönen Namen.

KRUSENSTERN *(zu Mayumi)* So ein Mist muss nicht ins Protokoll.

JOHN Sie unterstellen uns, dass wir Mist reden?

KRUSENSTERN Ich bin einen anderen Stil gewohnt, ich bin es gewohnt, dass man versucht, eine konzentrierte Arbeitsatmosphäre zu schaffen. Dazu sitzt man auf Stühlen und entwickelt gemeinsam Ideen. Kommen Sie bitte an den Tisch zurück, machen Sie sich Notizen, antworten Sie, wenn ich eine Frage stelle und bleiben Sie bei der Sache.

JOHN Haben Sie uns zusammengerufen, um uns das zu sagen?

KRUSENSTERN Nein, ich will Vorschläge machen, ich will hier etwas Sinnvolles tun.

ELLA Niemand hindert Sie daran.

JOHN Jetzt machen Sie doch endlich Ihre Vorschläge.

KRUSENSTERN Man könnte einen gemeinsamen Ausflug machen. Oder wir entwickeln Themen für Arbeitsgruppen. Gehen gemeinsam essen. Gesprächsrunden. Oder wir organisieren eine Party.

Stille.

MAYUMI Soll ich das aufschreiben?

KRUSENSTERN Es scheint offensichtlich kein Interesse daran zu bestehen, irgendetwas auf die Beine zu stellen. Oder man erwartet es zumindest nicht von mir.

JOHN War es das?

SANDOR Bingo. Wir machen eine Party. Was meint ihr?

ELLA Sehr gut.

JOHN Brillant. Sehen Sie, so einfach kann das gehen, Krusenstern.

KRUSENSTERN Das war mein Vorschlag.

JOHN Hat Krusenstern Party gesagt?

KRUSENSTERN Mayumi, ich habe Party gesagt, oder?

MAYUMI Ich habe nichts aufgeschrieben, weil Sie sagten ...

JOHN Warum wollen Sie denn jetzt auf jeden Fall recht haben? Das ist etwas unangenehm. Seien Sie doch lieber froh, dass Sandor so ein entscheidungsfreudiger Mensch ist.

SANDOR Aber Krusenstern hat recht, es war seine Idee.

ELLA Würde es dir denn Spaß machen, so etwas zu organisieren, Sandor?

JOHN Du musst das nicht, Krusenstern kann das machen, er scheint ja das Bedürfnis zu haben, sich irgendwie nützlich zu machen.

SANDOR Mayumi, sollen wir eine Party organisieren?

MAYUMI Ja, gerne.

ELLA Was ist mit Krusenstern?

SANDOR Wir machen eine Überraschungsparty für Krusenstern. Als Testlauf für den Welcome Day. Okay?

JOHN Großartig.

ELLA Was meinen Sie, Krusenstern? Das ist doch ein schönes Ergebnis.

JOHN Endlich geht es hier mal vorwärts. Danke, Sandor.

KRUSENSTERN Wollen Sie, dass ich gehe?

SANDOR Nein, bleiben Sie hier, wir treffen uns draußen.

Sandor seht auf, geht nach draußen, John folgt ihm, dann geht Ella, Mayumi bleibt zurück, geht zu Krusenstern.

MAYUMI Sie haben das ganz großartig gemacht, wirklich. Sie dürfen nicht an sich zweifeln, sie müssen stark bleiben.
Herr Krusenstern? Was haben Sie denn? Sie müssen nicht traurig sein.

KRUSENSTERN Danke, du bist der einzig normale Mensch hier. Ich bin sehr froh, dass du da bist und egal, wie dieses Wochenende verläuft, ich würde dich, wenn alles vorbei ist, gerne noch auf ein Glas Wein einladen.

MAYUMI Aber gerne, vielen Dank, Herr Krusenstern. Aber ... nur damit es nicht zu

Missverständnissen kommt. Ich werde nicht mit Ihnen schlafen. Okay? Ich wollte nur, dass Sie das wissen.

KRUSENSTERN Aber daran habe ich nicht einmal im Traum gedacht. Ich meinte wirklich nur ein Glas Wein.

MAYUMI Das weiß ich.

KRUSENSTERN Fühlst du dich irgendwie von mir belästigt?

MAYUMI Aber nein.

KRUSENSTERN Wenn irgendetwas in meinem Verhalten ...

MAYUMI So meine ich das nicht. Ich wollte nur sagen. Kein Sex. Okay?

Krusenstern nickt, Mayumi geht ab.

3. SZENE

Krusenstern mit geschlossenen Augen auf dem Sofa. Auf dem Sessel im Hintergrund sitzt Sandor. Er trägt eine schwarze Ray Ban und spielt mit einem Diktaphon. Krusenstern öffnet die Augen. Sandor startet das Band, man hört Mitschnitte aus Krusensterns Gesprächen.

TAPE Ungewöhnlich ... ungewöhnlich ... ungewöhnlich ... ein Schnösel, arrogant, selbstgefällig, größenwahnsinnig ... eine Horde Affen im Hinterzimmer ... wo ist mein Gegner? ... ich habe nicht Gegner gesagt ... ich habe gerade mein Herz über den Zaun geworfen ... wer ist mein Gegner? ... ich habe nicht Gegner gesagt ...

Sandor schaltet das Band aus, lächelt Krusenstern an.

SANDOR Ein Spiel. Das Andy Warhol Memorial Taping.

Ich stelle das Gerät in einen leeren Raum, lasse es laufen und höre mir später an, was ich eingefangen habe. Davon weiß keiner der anderen. Falls Sie das jetzt fragen wollten. Ich werte nicht, was ich da höre. Alles ist schön. Und was schön ist, ist auch interessant. Geschenke des Zufalls. Die würfelnden Affen. Das Herz über den Zaun. So etwas hätten Sie zu mir nie gesagt. Warum eigentlich nicht? Weil Sie etwas beweisen wollen mit diesem Technokratenslang? Diesem Autopiloten von Information, Vision und Vorgaben? Das klingt wirklich beeindruckend, sicher. Nur leider schalte ich da immer ab, weil ich weiß, was kommt. Hätten Sie das vorhin alles auch gesagt, wenn Sie auf dem Sofa gesessen hätten? Oder in der Sauna? Vor Mayumi? Sie ist übrigens rasiert. Vielleicht spricht man anders, wenn man diesen Anblick nicht gewohnt ist. Finden Sie diese Information indiskret?

KRUSENSTERN Man sitzt auf einem Stuhl an einem Tisch und dann spricht man miteinander, macht sich Notizen und kommt zu Ergebnissen. Das sind die

Bedingungen, unter denen ich arbeiten kann, das sind die Regeln für eine effektive Arbeit. Wenn man will, dass ich gute Arbeit leiste, muss man mir diese Bedingungen schaffen.

SANDOR Nach welchen Regeln würfeln denn die Affen?

KRUSENSTERN Das weiß ich nicht, ich arbeite unter Menschen. Ich kann warten. Jetzt sind die dran.

Sandor geht zu Krusenstern und macht das Diktaphon an.

TAPE JOHN ... bis heute Abend muss es entschieden sein ... ob so oder so ...

TAPE ELLA ... man muss noch die Funktion klären ...

Die Stimmen entfernen sich. Sandor schaltet das Diktaphon aus.

KRUSENSTERN Das wusste ich.

SANDOR Warum sind Sie sich so sicher, dass es um Sie geht? Vielleicht geht es um mich? Oder um deren Jobs? Vielleicht schmeißen wir zwei sie heute Abend raus. Oder Sie uns alle.

KRUSENSTERN Ich fälle hier keine Entscheidungen und du auch nicht.

SANDOR Woher wollen Sie das wissen? Vielleicht entscheide ich gerade über Sie?

KRUSENSTERN Dein Problem ist, dass du dich zu wichtig nimmst. Du bist ein dummer kleiner Junge, der glaubt, die Welt wäre ein großer Spielzeugladen, und das beeindruckt diese Herrschaften anscheinend. Aber so funktioniert das nicht.

SANDOR *(schnell)* Stufe eins, der Butlers Hedgefonds erwirbt in aller Stille dreißig Prozent Streuaktien, Stufe zwei, über einen geschmierten Betriebsrat erfährt Butlers, dass eine Rückrufaktion wegen Materialmängeln aus der Shenzen-Produktion angedacht ist. Das lanciert man einem Journalisten, der Andeutungen platziert, der Kurs gibt nach, Stufe drei, Teile des Vorstands bekommen hohe Boni in Aussicht gestellt, wenn sie ihre Anteile verkaufen, sonst kocht man die Sache richtig hoch. Insgesamt werden 51,2 Prozent angekauft, man entlarvt die Gerüchte um den Rückruf als böswillig. Stufe vier, hostile takeover, die Kosten werden dem Unternehmen aufgesattelt, Teilproduktionen verkauft, Abschmelzen auf das Kerngeschäft, Neudefinition der Marke. Das Label ist übrigens zwanzig Units wert, wusstest du das? Dafür braucht man ein neues Team, das alles anders macht. Helter Skelter und wer Reaktanz-Symptome zeigt, fliegt.

KRUSENSTERN Woher weißt du das?

SANDOR Ich war ein halbes Jahr bei Lytton & Inglewood in London, die haben das refinanziert. Effektiv, bösartig und vollkommen uninteressant. Es ist wie Ihr Autopilot, vollkommen absehbar. Auch alles, was jetzt kommen wird. Man muss es anders machen. Es interessiert mich nicht, dass Sie ein guter Mitarbeiter sind. Mich interessiert etwas anderes.

KRUSENSTERN Was?

SANDOR Darf ich Ihnen etwas zeigen?

Sandor holt einen Laptop, tippt etwas ein, reicht ihn Krusenstern. Er beginnt zu lesen.

KRUSENSTERN Wieso hast du Zugang zu solchen Daten?

Krusenstern liest.

Ist das meine Personalakte?

SANDOR Nein, das ist nicht das goldene Buch, sondern das schwarze. Ein Schwachstellendossier. Deine Gefährdungsanalyse. So etwas wird über jeden Mitarbeiter ab der mittleren Leitungsebene geführt.

KRUSENSTERN Nach dem, was hier steht, hätte ich der Erste sein müssen, der gefeuert wird.

SANDOR Ich habe es nicht gelesen. Ich wollte Sie unvoreingenommen treffen. Außerdem fällt das bei keinem besser aus. Keiner ist ohne Sünde. Aber das interessiert mich nicht.

KRUSENSTERN Haben die anderen das gelesen?

SANDOR Natürlich.

Krusenstern klappt den Laptop zu.

Ändert das irgendetwas?

KRUSENSTERN Das ist die Beschreibung eines Wracks.

SANDOR Es ist nur das schwarze Buch. Und vielleicht wird es ja zum goldenen Buch, jetzt wo alles anders wird und neue Regeln aufgestellt werden. Ich könnte es lesen und sagen: Das ist Krusenstern, das ist der Mann, mit dem ich die Welt verändern kann.

Sandor hat eine Kamera aufgebaut, richtet sie auf Krusenstern.

Können wir einen Screentest machen? Sie müssen einfach nur in die Kamera schauen.

KRUSENSTERN Nein.

SANDOR Warum nicht?

KRUSENSTERN Weil es dafür nicht die geringste Veranlassung gibt.

SANDOR Ich interessiere mich für Sie, für Ihr Leben, Ihre Arbeit.

KRUSENSTERN Dann erkundige dich, was ich in den letzten zwanzig Jahren getan habe. Es gibt Unterlagen, Rechenschaftsberichte und Bilanzen. Danach kann man mich und meine Arbeit beurteilen. Ich werde nicht bei irgendwelchen peinlichen Psychospielchen mitmachen, nur weil du gerade Oberwasser hast. Es gibt klare Kriterien. Es geht um Ökonomie. Schon mal gehört?

SANDOR Ich sage es wirklich nicht gern, aber Ihre Erfahrungen sind unwichtig, Krusenstern, größtenteils veraltet und ansonsten jederzeit in Datenbanken abrufbar. Sie sind ein brillanter Produktentwickler. Nur, man muss die Produkte nicht weiterentwickeln. Eine Verbesserung der Produktqualität würde sich in

einem Bereich bewegen, den der Kunde nicht mehr wahrnehmen kann. Die meisten Kunden benutzen sowieso nur einen Bruchteil dessen, was das Produkt leisten kann. Sie kaufen Möglichkeiten, die sie nie begreifen oder nutzen werden. Die gemeinsame Plattform des teuersten und des billigsten Produktes beträgt achtzig Prozent.
Die Herstellungsprozesse sind so ausgereift, dass die Leitungskompetenz des Vorstandes praktisch irrelevant ist, die wenigsten Vorstände einer Weltmarktfirma könnten einigermaßen intelligente Aussagen über den Produktionsablauf ihrer Firma machen.
Kompetenz und Erfahrung sind überflüssig, die neue Leitung könnte aus Pinguinen bestehen und der Laden würde trotzdem laufen.
Mehr als die Hälfte der Börsengeschäfte werden schon von Computerprogrammen getätigt, irgendwann surren da nur noch friedlich Maschinen vor sich hin, während sie Währungen und Firmen zerfetzen. Es gibt schon alles, es muss nur noch programmiert werden. Niemand muss mehr innovativ sein. Aber das haben Sie sicher bemerkt.

Sandor nimmt seine Sonnenbrille ab.

Die hat mir mein Vater zum achtzehnten Geburtstag gekauft. Mit einem Echtheitszertifikat der Andy Warhol Foundation. Ich habe mir auf dem Flohmarkt zwei baugleiche Brillen gekauft, das Zertifikat kopiert und das Originalschreiben weggeschmissen. Jetzt habe ich drei Originale und damit eine Wertsteigerung um dreihundert Prozent. Das ist die Ökonomie, die mich interessiert. Reine Aufladung. Der Akt des Kaufens ist wichtig. Das Produkt ist gleichgültig.

KRUSENSTERN Das sind Taschenspielertricks.

SANDOR So wird man in Zukunft Firmen leiten. Man braucht keine Produkte mehr, weil niemand mehr weiß, wo er den ganzen Krempel hinstellen soll und sowieso schon alles doppelt und dreifach hat. Wir verkaufen den Kaufvorgang, das Produkt ist digital und löscht sich nach drei Wochen. Aber so lange ist man Teil der Firmenfamilie und gehört irgendwo dazu. Factory products limited. Wie klingt das?

KRUSENSTERN Komplett irrational. Blödsinn.

SANDOR Richtig. Blödsinn. Bullshit. Jetzt bist du dran mit bullshit. Vorschläge?

KRUSENSTERN Ich weiß, was ich kann.

SANDOR Oh, ja, richtig, habe ich vergessen.

Sandor wirft Krusenstern die Sonnenbrille zu.

Ein Geschenk. Sie ist drei Dollar oder fünftausend Dollar wert. Vielleicht hilft das?

KRUSENSTERN Nein. Ich mache diesen Unsinn nicht mit. Und so blöd sind die Neuen nicht, dass sie einem Scharlatan wie dir länger als drei Minuten zuhören. Damit kannst du auf der Weihnachtsfeier im bunten Programm herumkaspern, aber im Berufsalltag kommst du damit nicht weit.

SANDOR *(als Andy Warhol)* Yes, it's complete bullshit. I'm sorry to bother you with that stuff. It means nothing at all. You're right. Forget about that.

Sandor schaltet die Kamera ab.

Thanks, I love it, it's great, you're wonderful, really.

KRUSENSTERN Hast du dich ausgesponnen? Dann gehe ich jetzt mal zu den Erwachsenen.

Musik Velvet Underground: ‚Waiting for the man', John kommt als älterer Andy Warhol mit weißer Perücke und Anzug, Mayumi als Edie Sedgwick, Ella als Nico, rote Luftballons und silver cushions, eine Discokugel, Sandor singt laut mit, während er sich umzieht, Streifenpulli, Cowboystiefel, Lederjacke. Lightshow plastic inevitable show, die Musik wird immer lauter, dann Black.

4. SZENE

Krusenstern auf dem Sofa, Ella im Nico-Kostüm, aus dem erleuchteten Nebenraum hört man gedämpfte Musik und Gesprächsfetzen.

KRUSENSTERN Wo sind die anderen?

ELLA Sandor unterschreibt den Vertrag. Er hat zugesagt.

KRUSENSTERN Nimm es mir nicht übel, wenn ich eure Begeisterung nicht teile.

Ella nimmt die Perücke ab, setzt sich.

ELLA Ich muss mich kurz erholen. Das strengt an.

KRUSENSTERN In welcher Funktion kommt er?

ELLA Er entwickelt das neue Konzept. Er ist jetzt die Firma. Es kommt alles aus seinem Kopf. Morgen kommt sein Team, dann fängt alles von null an.

KRUSENSTERN Behalte ich meine Abteilung?

ELLA Gibt es nicht mehr. Er will keine einzelnen Abteilungen, jeder macht alles, jeder kann Ideen entwickeln und die beste wird realisiert.

KRUSENSTERN Behalte ich mein Büro?

ELLA Es gibt nur noch einen Gemeinschaftsraum mit großen Arbeitsflächen, Sofas, einem Tisch, an dem gemeinsam diskutiert und gegessen wird. Keine Verpflichtungen, keine Zeitverträge, jeder kann jederzeit gehen.

Stille.

KRUSENSTERN Es ging hier nie um mich.

ELLA Er wollte dieses Wochenende, um zu einer Entscheidung zu kommen, mit John als Vertreter der neuen Leitung, mir als Coach für das Team und Mayumi, weil er sie bei den Vorgesprächen kennen gelernt hat. Und mit dir.

KRUSENSTERN Warum mit mir?

ELLA Irgendjemand aus dem alten Team sollte dabei sein, er hat deinen Namen auf der Mitarbeiterliste gesehen und sagte: Krusenstern soll dabei sein.

KRUSENSTERN Er weiß nicht, was ich zwanzig Jahre in der Firma getan habe?

ELLA Er liest keine Berichte.

KRUSENSTERN Mein Name. Ich hätte zwanzig Jahre den Kantinenmüll runterbringen können und wäre trotzdem eingeladen worden.

ELLA Möglich.

KRUSENSTERN Alles, was mein Berufsleben ausgemacht hat, ist für ihn völlig unerheblich.

ELLA Ich fürchte ja.

KRUSENSTERN Warum hat mich niemand darauf vorbereitet?

ELLA Weil wir auch nicht wussten, was er vorhat. Er entwickelt seine Ideen spontan.

KRUSENSTERN Ja, das habe ich erlebt. Und was hat er morgen mit dem Team vor?

ELLA Andy Warhol Factory Party. Screen Tests. Tanzen. Musik machen. Falls ihm nicht noch etwas anderes einfällt.

KRUSENSTERN So wird entschieden, wie es mit meiner Firma weitergeht. Und alle machen mit. Man schmeißt eine hundertjährige Firmengeschichte einem Irren zum Fraß vor.

ELLA Einserabitur am Grauen Kloster, Stipendiat der Stiftung des deutschen Volkes, EBS, Gastsemester in Harvard, London School of Economics, alles maxima cum laude, er hätte im dritten Semester schon bei McKinsey anfangen können. Er hatte fünf Stellenangebote, alles Global Players, wir hatten eigentlich kaum eine Chance, haben ihm aber völlige Freiheit in all seinen Entscheidungen zugesagt. Allein das Gerücht, dass er mit uns verhandelt, hat den Aktienkurs in die Höhe getrieben. Morgen kommen die besten Köpfe, die man auf dem freien Markt derzeit kriegen kann, nur weil die Aussicht besteht, dass er zusagt.

Stille.

Er ist ganz oben. Noch bevor er angefangen hat. Er hat jetzt schon erreicht, was niemand von uns in drei Leben hätte erreichen können.

KRUSENSTERN Und ich bin hier, weil ich einen wohlklingenden Namen habe. Nur deshalb.

ELLA John hatte Sie ganz oben auf der Kündigungsliste. Man kann keine neue Unternehmenskultur etablieren, wenn man Leitfiguren der alten Mannschaft übernimmt.

KRUSENSTERN Und er? Was sagt er zu mir?

ELLA Ich weiß es nicht. Er wird es jetzt entscheiden.

Stille.

Irgendwann wird man wieder Menschen wie Sie suchen. Erfahrene Mitarbeiter, die ihr Handwerk verstehen, loyal sind ...

KRUSENSTERN Sie müssen mich nicht trösten. Ich bin nicht niedergeschlagen. Nur müde. Sehr müde.

Stille.

KRUSENSTERN Er ist ein Scharlatan. Ein Rattenfänger.

ELLA Möglich.

KRUSENSTERN Ein verwöhntes Kind im Spielzeugladen. Er kommt herein und bekommt alles, auf das er deutet, geschenkt. Und ich habe zwanzig Jahre auf eine Murmel gespart, die er mir mit einem freundlichen Lächeln aus der Hand schlägt. Ganz aus Versehen. Man kann ihm nicht böse sein. Er ist noch so jung. Er weiß nicht, was er tut. Deshalb haben alle Verständnis. Mein Gott, es war doch nur eine Murmel, die da in den Gully gerollt ist. Warum so viel Aufhebens wegen einer Bagatelle. Ich kann ja auf eine neue Murmel sparen. Was sind denn zwanzig Jahre.

Die Tür geht auf, John kommt zu Ella, flüstert ihr etwas ins Ohr.

JOHN ... nicht interessant ... hat ihn nicht inspiriert ...

Ella nickt, John geht wieder nach draußen, Ella sieht Krusenstern an.

KRUSENSTERN Sie müssen es mir nicht sagen. Ich weiß. Ich bin draußen.

Ein Summton ist zu hören, wird langsam immer lauter.

Wissen Sie, welche Frage mich als Kind beschäftigt hat? Ob die Welt dunkel wird, wenn ich die Augen schließe. Ob die Menschen verschwinden, wenn ich Sie nicht mehr sehe. Ob dann alles weg ist.

Krusenstern schließt die Augen, es wird schlagartig dunkel, der Summton steigert sich.

5. SZENE

Goldenes Licht, es weht ein Wind, Krusenstern auf dem Sofa, Ella im Hintergrund, John und Mayumi kommen herein, beide immer noch im Kostüm, Mayumi trägt einen Blumenstrauß und einen Aktenkoffer. John wirkt etwas hektisch, sie bleiben an der Tür stehen. Aus dem Nebenraum ist immer noch leise Musik zu hören.

JOHN Sag noch mal schnell den Namen.

MAYUMI Adam Krusenstern.

JOHN Firmenzugehörigkeit?

MAYUMI Neunzehn Jahre, vier Monate.

JOHN Also fast zwanzig, das heißt, er hat Anspruch auf ein Präsent.

Mayumi holt eine in Plastikfolie verpackte goldene Uhr aus dem Aktenkoffer.

JOHN Haben wir irgendwas? Eine kleine Rede? Eine Urkunde?

MAYUMI Die Personalakte.

JOHN Ich überfliege das kurz. Frag Sandor, wie lange er noch braucht.

John wirft einen Blick in die Akte, wirkt ärgerlich.

Ella, kommst du mal einen Moment?

Ella kommt zu John, Mayumi kommt zurück.

Das ist sein Dossier, nicht die Personalakte. Für die Verabschiedung brauchen wir die guten Taten. Ist das denn so schwer?

MAYUMI Sorry.

JOHN Sorry, sorry ... weißt du irgendwas Genaueres, Ella?

ELLA Nicht mehr als das, was du vorhin schon gesagt hast.

JOHN Ich merke mir doch nicht, was ich den lieben langen Tag erzähle. Egal. Wie lange braucht Sandor noch?

MAYUMI Fünf Minuten.

JOHN Dann fangen wir jetzt an. Es muss auch so gehen.

John geht zu Krusenstern.

So, Herr Krusenstern, jetzt kann es losgehen. Sind Sie mit dem Ablauf vertraut?

KRUSENSTERN Nein, es ist meine erste Kündigung.

JOHN Es ist ganz einfach. Mayumi, gibst du mir die Umschläge?

Mayumi holt drei Briefumschläge aus dem Aktenkoffer.

Zuerst klären wir die Formalitäten, dann wird es feierlich. *(lacht)* Also. Uns ist klar, dass eine Kündigung zum jetzigen Zeitpunkt juristisch nicht haltbar ist. Sie werden auf Wiedereinstellung klagen, bekommen natürlich recht und haben Anspruch auf Ihren alten Arbeitsplatz, der inzwischen natürlich von Ihrem Nachfolger besetzt ist. Da Sie wahrscheinlich ein sturer Hund sind, teilen Sie das Büro mit ihm, auch wenn Sie keinerlei betriebliche Entscheidungskompetenz mehr haben. Sie werden es aussitzen wollen. Deshalb sehen wir uns gezwungen, einen Privatdetektiv auf Sie anzusetzen, der Material für eine fristlose Kündigung wegen Arbeitszeitbetrug und sonstigem Fehlverhalten sammelt: Verlängerte Pausen, private E-Mails vom Firmencomputer, eingesteckte Textliner ... alles, was sich in einem normalen Arbeitsalltag zwangsläufig so ansammelt. Daraufhin fristlose Kündigung, zweiter Prozess, wir einigen uns außergerichtlich auf diesen Betrag.

John zeigt Krusenstern einen Scheck.

Variante zwei, Sie kündigen selbst, bekommen eine Abfindung plus Erstattung aller Ausfälle wegen des gesperrten Arbeitslosengeldes ...

John hält den dritten Umschlag in die Höhe.

... plus einen Barbetrag ohne Quittung in Anerkennung Ihrer Kooperation. Wie entscheiden Sie sich?

Krusenstern reagiert nicht.

Variante zwei, sehr vernünftig. Kommen wir jetzt zur eigentlichen Verabschiedung.

Wollen Sie bitte aufstehen? Es wirkt einfach souveräner.

Krusenstern steht auf.

Mach doch mal ein Photo, Ella. Mayumi, stellst du dich dazu bitte?

Mayumi hängt sich bei Krusenstern ein, lächelt strahlend. Ella macht ein Photo.

Für den Newsletter. Danke.

KRUSENSTERN Was soll ich tun?

JOHN Sie müssen gar nichts tun, wie versprochen. Das hier ist mein Job.

Herr Krusenstern, wir bedauern, einen verdienten Mitarbeiter gehen lassen zu müssen. Aber Reisende soll man nicht aufhalten. Sie haben sich dazu entschlossen, unsere Firma zu verlassen, Sie haben sich das bestimmt reiflich überlegt, wie alle Ihre Entscheidungen. Und auch diese respektieren wir, weil wir Sie respektieren. Ich überspringe ein paar Sätze, wir haben ein wenig Zeitdruck.

John wirft einen Blick ins Dossier.

Sie haben fast zwanzig Jahre der Firma aufopferungsvoll gedient und alle privaten Belange zurückgestellt, was Sie fast Ihre Ehe gekostet hat. Über ein Jahr haben Sie getrennt von Frau und Kindern gelebt, bevor Sie diese persönliche Katastrophe, für alle Kollegen unerwartet, in den Griff bekommen haben.

In diese Zeit fällt auch Ihr zunehmender Medikamentenmissbrauch, Ritalin und Mutoflavin, was zu einem bleibenden Leberschaden geführt hat, der sich aber in der Zeit Ihres aktiven Arbeitslebens kaum auf Ihre Leistungsfähigkeit ausgewirkt hat. Die Zahl Ihrer unbezahlten Überstunden blieb selbst in dunkelster Zeit konstant, die Zahl Ihrer Projekte hat sich sogar leicht erhöht.

Nur eine etwas unglücklich verlaufende Affäre mit einer Kollegin zeugt von Ihrer psychischen Instabilität. Die Korrespondenz mit einer Selbsthilfegruppe von Ihrem Büro-Account sind Beweis Ihres Bemühens, das Leben wieder in den Griff zu bekommen. Das ist Ihnen gelungen, nie gab es ernsthafte Zweifel an Ihrer Loyalität.

Ein vertrauliches Gespräch mit einem Schweizer Headhunter haben Sie nach einer halben Stunde abgebrochen. Ich nehme an, dass hatte mit der damaligen Einschulung Ihrer Tochter zu tun, oder?

Krusenstern nickt.

MAYUMI Wie süß.

JOHN Leider hat sich, nach Aussagen von Kollegen, in der letzten Zeit ein fast schon zwanghafter Ordnungswahn bemerkbar gemacht, verbunden mit einem Hang zur Prinzipienreiterei und einer Ungeduld, die Ihre Teamfähigkeit zunehmend beeinträchtigt hat. Nun, früher hätte man das Alter genannt, nicht wahr? *(lacht)* Deshalb ist im Falle einer Restrukturierung von einer Weiterbeschäftigung abzuraten.

John klappt das Dossier zu.

Das ist das Profil eines normalen Mitarbeiters und so jemanden verliert man nicht gern. So. Können wir?

Ella und Mayumi kommen zu Krusenstern.

KRUSENSTERN Was soll ich tun?

JOHN Steigen Sie doch mal auf den Tisch. Das könnte schön sein.

KRUSENSTERN Warum?

MAYUMI Bitte.

Krusenstern steigt auf den Tisch, Ella und Mayumi stellen sich neben ihn, drücken ihm einen Kuss auf die Wange. John gibt ihm den Blumenstrauß in die Hand, Krusenstern reckt den Arm mit dem Strauß, in die andere Hand bekommt er das Dossier und die goldene Uhr. Das Bild eines Tour de France-Siegers.

JOHN Alles Gute, Hals- und Beinbruch.

Mayumi und Ella steigen vom Tisch, Krusenstern lässt die Arme fallen, steht etwas verloren.

Mayumi, du kannst das Dossier jetzt löschen.

Mayumi geht zum Laptop, löscht das Dossier, Ella öffnet ihr Notizbuch.

ELLA Sie machen das mit sehr viel Würde. Ein paar Standardfragen noch.

Haben Sie Rachegefühle?

Sind Sie im Besitz irgendwelcher Firmeninterna, die Sie der Presse übergeben wollen?

Krusenstern schüttelt den Kopf.

JOHN Haben Sie noch irgendwelche Fragen?

KRUSENSTERN Warum?

JOHN Sie sind nicht interessant. Zitat Ende. Aber keine Sorge, in spätestens zwei Jahren geht es mir genauso. Ella, dich wird es noch früher erwischen.

ELLA Freiberufler in meinem Alter? Ein Jahr noch, höchstens.

Sie lachen, John sieht auf die Uhr.

JOHN Kommen wir zum Schluss. Verzeihen Sie uns, Herr Krusenstern?

ELLA Sehen Sie ein, dass es Notwendigkeiten gibt, die größer als der Einzelne sind? Begreifen Sie, dass dieser schmerzhafte Vorgang unvermeidlich ist, Herr Krusenstern?

Krusenstern nickt.

JOHN Das waren fünf Minuten. Perfekt. Sie müssen nicht sofort abreisen. Bleiben Sie, genießen Sie die Ruhe. Kommen Sie mit sich ins Reine. Wir rufen Ihnen nach dem Abendessen ein Taxi.

KRUSENSTERN Worüber hast du am Telefon gesprochen, Mayumi?

MAYUMI Wann?

KRUSENSTERN Als du mir den Tee gebracht hast.

Mayumi zögert.

JOHN Das kann man doch ruhig sagen, oder?

MAYUMI Wir haben beim letzten Vorbereitungstreffen Strip-Kicker gespielt. Wer ein Tor kassiert hat, musste etwas ablegen.

John startet ein Tape, man hört Menschen, die keuchen, stöhnen, schreien, dazwischen dumpfe Schläge, Lachen, Flüche und es könnte sein, dass Menschen gequält werden, Sex haben, aus anderen Gründen euphorisch sind oder einfach nur Tischkicker spielen. John lacht, Mayumi und Ella wirken etwas verlegen.

JOHN So, wir müssen. Kommen Sie ruhig vom Tisch runter, Herr Krusenstern, das war's.

John und Mayumi gehen, Krusenstern kommt vom Tisch, setzt sich, Ella setzt sich neben ihn, nimmt seine Hand, fährt ihm über die Haare.

ELLA Jetzt haben Sie es überstanden. War es sehr schlimm?

Krusenstern schüttelt den Kopf.

KRUSENSTERN Jetzt ist es vorbei.

Ella geht, das Licht wird dunkler, man hört aus dem Nebenraum, wie eine Vertragsunterzeichnung gefeiert wird, Gelächter, Applaus. Nach einiger Zeit kommt Sandor, er bleibt in der Tür stehen, Krusenstern schließt die Augen.

6. SZENE

Krusenstern auf dem Sofa, Sandor im Sessel, immer noch als Andy Warhol. Krusenstern öffnet die Augen.

KRUSENSTERN Du kommst zu spät. Es ist vorbei.

SANDOR Ich musste nicht hören, was John da wieder erzählt, diese Formalitäten langweilen mich. Oder hättest du mich gerne dabei gehabt?

Krusenstern packt die Uhr aus, betrachtet sie.

KRUSENSTERN Brauchst du eine Armbanduhr?

SANDOR Du hättest dich im neuen Team sicher nicht wohl gefühlt.

Krusenstern beginnt in seinem Dossier zu lesen.

KRUSENSTERN Brauchst du mein Dossier? Nein? Ich brauche es auch nicht.

Krusenstern beginnt akribisch, die Seiten des Dossiers zu zerreißen.

Brauchst du den Ordner? Der ist praktisch neu. Ich brauche keine Ordner mehr.

SANDOR Nein danke.

KRUSENSTERN Was willst du dann? Die Blumen? Die kriegst du nicht. Die bringe ich meiner Frau mit. Mehr habe ich nicht zu bieten. Also, was willst du?

SANDOR Ich schätze dich ...

KRUSENSTERN Du kriegst die Blumen nicht, vergiss es. Also, noch was?

SANDOR Ich dachte, jetzt, wo wir nichts mehr miteinander zu tun haben, könnten wir reden, ganz privat.

KRUSENSTERN Warum?

SANDOR Ich weiß nicht, mir wurde vorhin klar, dass du zwanzig Jahre in der Firma warst, was für ein Zeitraum das ist. Als du in der Firma angefangen hast, war ich noch nicht mal eingeschult.

Ich habe meine Schulzeit durchgezogen, ich war in London, auf der ganzen Welt unterwegs, Ausbildung, alles, was mein Leben ausmacht, alles, woran ich mich erinnern kann, und du warst immer in diesem Büro, jeden Tag.

Zwanzig Jahre. Es gab noch kein Internet, keine Handys, keine Globalisierung, Fliegen war wahnsinnig teuer ... alles hat sich seither verändert und du warst immer da, immer, jeden Morgen bist du da hingegangen, immer für diese Firma, du hast dort mehr Zeit verbracht als zu Hause bei deiner Familie. Ich kann mir das nicht vorstellen.

Die ganze Welt hat sich neu erfunden, die ganze Ökonomie. Als du vorhin diese Meeting-Nummer brachtest ... ich dachte nicht, dass ich so was noch mal zu sehen kriege, das ist richtig old school. Du stehst für eine große, alte Firmenkultur, in der Arbeit noch einen ganz anderen Stellenwert hatte, in der man für seinen Job gelebt hat. Ein halbes Leben. Für diese Firma. Ich könnte das nicht, aber ich finde es beeindruckend, wirklich.

Stille.

Wie fühlt sich das an? Jetzt, wo es vorbei ist?

Stille.

Ich wüsste gerne, wie das ist. Könntest du das beschreiben?

KRUSENSTERN Nein.

SANDOR Oder ich versuche, es zu beschreiben, und du sagst mir, ob ich da richtig liege?

KRUSENSTERN Nein.

SANDOR Man geht zum Arzt zu irgendeiner Routineuntersuchung und bekommt dort gesagt, dass man unheilbar krank ist. Wie reagiert man da? Kauft man sich ein Bier, heult man los, sagt man es jemandem, erfüllt man sich noch einen Traum? Ein bisschen ist das doch so, oder? Auf einmal ist ein Leben zu Ende, man spielt plötzlich nicht mehr mit.

Ich dachte gerade: Wie fühlt sich Krusenstern jetzt?

Vielleicht, weil du der erste Mensch bist, dem ich gekündigt habe, und dann noch so ein Kaliber wie du, nicht irgend so ein Low Performer.

Was kommt da zuerst? Eine große Ruhe? Erleichterung? Das Gefühl, in einem Film zu sein? Sag's mir. Ich werde nicht mehr viele wie dich treffen, die alte Garde. Einer, der richtig dran ist, engagiert.

Ich übernehme jetzt den Laden und alles wird anders. Aber das hat ja alles eine Geschichte. Arbeiter. Samstags gehört Papi mir. Meine Hand für mein Produkt. Das hat es alles gegeben, das war die Wirklichkeit.

Wenn ich im Fernsehen die Bilder abgewickelter Belegschaften sehe, an der Öltonne vor dem Werkstor, Menschen, die kaum sprechen können vor lauter Verzweiflung. Wie sie kämpfen, mit ihren Trillerpfeifen, ihren selbst gemalten Transparenten und den unbeholfen gereimten Parolen. Mich berührt das. Ich habe solche Menschen noch nie getroffen. Oder wenn sie ausflippen, kämpfen ... Arbeiter, die ihre Fabrik besetzen, Manager als Geiseln nehmen, Politiker, die mit blutigen Mündern von ihren Bodyguards durch die aufgebrachte Menge geschleppt werden ... das ist ganz großes Kino. Hilft natürlich alles nichts, aber die brennen für was. So wie du, Krusenstern. Du nimmst das alles so ernst, das imponiert mir.

Ich würde das manchmal auch gerne können, die Faust ballen, für die Entrechteten kämpfen oder nur für die eigene Würde, und es wirklich meinen, noch richtig dran glauben können.

Leute, die ‚Arbeiterklasse' sagen, und nicht ‚die Menschen draußen im Land' oder so einen Scheiß. Leute, die wissen, wo sie hingehören.

Ich haue einfach ab, wenn es mich nervt. Aber das auszuhalten, auf verlorenem Posten. Ich hab mit Leuten zu tun, die bei Leidenschaft an Autowerbung denken, die heulen höchstens, wenn sie mal ihr iPhone verschlampt haben. Menschen wie du spielen in einer anderen Liga. Versteh mich nicht falsch, ich weiß, dass dein Konzept nicht mehr funktioniert, aber es ist trotzdem faszinierend.

Krusenstern steht auf.

KRUSENSTERN Ich habe noch zwanzig Jahre zu arbeiten. Zwanzig Jahre.

SANDOR Ja, aber das ist doch nur ein Nachspiel, oder? Dieses ‚Meine Firma Mein Leben'-Ding machst du doch nicht mehr, oder? Das ist doch auch vorbei. Das geht ja nicht mehr. Das hast du doch jetzt gesehen.

Aber das hatte schon was. Das ist wie mit Oldtimern, sie sind langsam, unpraktisch, und unökonomisch, aber sie haben einfach Stil.

Also, Krusenstern, wie fühlst du dich?

Sandor steht auf, geht zu Krusenstern, der vor ihm etwas zurückweicht.

KRUSENSTERN Rück mir nicht so auf die Pelle. Ihr kommt mir immer zu nah.

SANDOR Jetzt sag doch mal.

Sandor legt Krusenstern die Hand auf die Schulter, Krusenstern schlägt die Hand weg und gibt Sandor zwei schallende Ohrfeigen, Sandor verliert das Gleichgewicht, stürzt zu Boden. Krusenstern steht wie versteinert da. Die Tür fliegt auf, John kommt hereingestürzt, sieht Sandor am Boden liegen.

JOHN Sind Sie komplett wahnsinnig geworden?

John geht zu Sandor.

Bist du okay? Soll ich einen Arzt holen?

SANDOR Ich bin okay.

John geht zu Krusenstern.

JOHN Das ist die fristlose Kündigung, ist Ihnen das klar? Geben Sie mir den Umschlag zurück und hauen Sie ab. Sofort. Ich will Sie nicht mehr sehen! Raus!

SANDOR Lass ihn.

JOHN Ich hole Mayumi, sie soll sich um dich kümmern.

SANDOR Lässt du uns alleine?

Sandor rappelt sich auf, reibt sich die Wange.

JOHN Entschuldigen Sie sich, sofort.

SANDOR John? Hau jetzt ab, okay? Das ist ein privates Gespräch.

JOHN Ich bin im Nebenraum.

John geht zu Krusenstern, droht ihm kurz, geht dann, lässt die Tür offen. Sandor steht auf, schließt die Tür, er wirkt noch etwas lädiert.

KRUSENSTERN Das tut mir furchtbar leid. So etwas ist mir noch nie passiert. Entschuldigen Sie, bitte.

Sandor sieht Krusenstern an.

SANDOR Mich hat noch nie jemand geschlagen.

KRUSENSTERN Ich habe das auch noch nie gemacht. So was darf nicht passieren. Ich verstehe das nicht ...

Krusenstern bricht in Tränen aus. Stille.

Ich gehe jetzt. Ich kann hier nicht mehr sein.

Krusenstern setzt sich, er bekommt seine Tränen nicht unter Kontrolle.

SANDOR Warum gehst du nicht?

KRUSENSTERN Gleich, einen Moment, ich habe mich gleich wieder ...

SANDOR So ist das also? Du hast Lust, jemanden zu schlagen?

KRUSENSTERN Nein, habe ich nicht, das wäre nicht passiert, wenn ... du hättest mich alleine lassen sollen, ich muss das mit mir ausmachen ... ich muss jetzt alleine sein, ich muss nachdenken, ich habe das doch noch nicht ... ich wusste, dass die Gefahr besteht, dass ich ... aber doch nicht so ... wieso bist du denn jetzt am Ruder, wo kommt das denn her?

Und wo sind die Leute, mit denen ich gearbeitet habe? Das hat doch funktioniert? Das war doch nicht falsch, die müssten doch jetzt auch hier sein. Wo sind die denn alle? Wieso finden das alle richtig? Wenn du recht hast, bin ich ein Irrtum. Aber ich kann mich doch nicht zwanzig Jahre geirrt haben? Ich hätte das doch gemerkt, ich war jeden Tag da, wieso spielt das denn alles keine Rolle mehr. Ich weiß doch, dass das alles falsch ist, deine Ideen, wo kommt das denn plötzlich her, wieso merkt das denn keiner außer mir? Wann ist das denn passiert?

Sandor gibt ihm ein Taschentuch.

SANDOR Du erträgst mich nicht.

KRUSENSTERN Das hier. Das kann doch alles nicht sein. Das muss aufhören.

SANDOR Du hasst mich.

KRUSENSTERN Kannst du nicht einfach aufhören?

SANDOR Ich bin eine Provokation für dich.

KRUSENSTERN Kannst du bitte aufhören!

SANDOR Womit.

KRUSENSTERN Mit allem. Zu existieren! Bitte. Tu mir den Gefallen.

Ich kann nicht mehr. Lass mich in Ruhe!

Stille.

SANDOR Du bist Valerie. Sie hat auf Andy geschossen. Sie war ambitioniert, erfolglos und sie hat Andy gehasst. Sie hat die factory verändert, sie hat den Mythos geschaffen und ist selbst in einer billigen Absteige krepiert. Aber sie hat widerstanden, ist seinem Charme nicht erlegen, sie hat Andy durchschaut und er wusste das. Er hat sie gebraucht. Sie war einzigartig. Viel einzigartiger als all die Superstars, die Valerie immer gehasst haben. Aber Andy wusste, was er an ihr hat. Wie konnte ich Valerie vergessen?

KRUSENSTERN Jetzt redet der schon wieder.

SANDOR Keiner wird morgen den Mut aufbringen, Valerie zu sein. Alle werden positiv sein, locker und hirnverbrannt, so wie dieser unerträgliche John, ein dummer, arroganter Trottel, absolut austauschbar. Diese ganzen Kreativen. Du bist total anders. Danke, ich wusste, dass ich etwas bei dir lernen kann. Danke.

Sandor holt einen Revolver und eine Perücke aus der Kostümkiste. Er gibt Krusenstern den Revolver, setzt ihm die Perücke auf.

KRUSENSTERN Verschwinde aus meinem Leben. Das ist alles, worum ich dich bitte.

SANDOR Danke. Das war sehr interessant.

Sandor geht, Krusenstern bleibt auf dem Sofa sitzen.

7. SZENE

Krusenstern, mit Perücke, Revolver und Sonnenbrille auf dem Sofa. John, Mayumi und Ella kommen herein, jetzt wieder in ihrer normalen Kleidung. Sie kommen zu Krusenstern, betrachten ihn, dann stupst ihn Mayumi sanft an. Krusenstern bemerkt sie.

JOHN Na? Wieder ein kleines Nickerchen gemacht? Richtig so, Sie haben es sich verdient.

MAYUMI Ich freue mich so für Sie.

KRUSENSTERN Was ist denn?

JOHN Sandor will einen zweiten Screentest mit Ihnen.

KRUSENSTERN Was heißt das?

ELLA Er möchte ein AC für eine mögliche Wiedereinstellung.

JOHN Er ist interessiert an Ihnen, Krusenstern. Na? Was sagt man dazu?

Krusenstern reagiert nicht.

ELLA Es ist noch nichts entschieden.

JOHN Ja, gut. Aber das ist doch eine Riesenüberraschung. Sie sind ein Satansbraten, Krusenstern, Respekt. Kommen hier an, machen alles falsch, lassen keinen Fettnapf aus, gehen allen auf die Nerven, kapieren nichts und auf den allerletzten Meter reißen Sie alles wieder raus.

Als ich vorhin hier hereinkam, dachte ich wirklich, was ist in den Mann gefahren, geht es immer noch schlimmer? Aber Sie sind mir einen Schritt voraus, spielen ihr Ass aus, kurz bevor die Grube zugeschaufelt wird.

ELLA Es ist okay, John.

JOHN Ist sie nicht wunderbar? Sie will sagen, hör auf zu schwafeln. Aber sie sagt. Es ist okay.

KRUSENSTERN Ich weiß.

MAYUMI Möchten Sie einen Tee?

KRUSENSTERN Earl Grey.

MAYUMI Das weiß ich doch.

Mayumi ab.

JOHN Herr Krusenstern, ich kann verstehen, dass Sie durcheinander sind, eine Kündigung ist belastend, auch für mich. Aber zu den guten Seiten des Berufes gehört auch, sagen zu können: Auf ein Neues, alles Gute.

Hals- und Beinbruch. So, Ella wird alles Nötige mit Ihnen vorbereiten.

John geht zur Tür, dreht sich noch mal um.

Das ist wirklich auffällig, was Sie da anhaben. Es ist für einen Mann wie Sie ... nun ... ja ... ungewöhnlich.

John geht lachend ab, Ella blättert in ihrem Notizenbuch.

ELLA Zuerst muss ich Ihnen ein paar Fragen stellen. Eine reine Formalität. Sind Sie bereit? Gab es in Ihrer Familie Fälle von Depression?

KRUSENSTERN Nein.

ELLA Gibt Ihnen Ihre Familie Rückhalt?

KRUSENSTERN Ja.

ELLA Haben Sie ein erfülltes Privatleben? Hobbys? Einen Freundeskreis?

KRUSENSTERN Ja.

ELLA Jemals Angstzustände gehabt? Selbstmordabsichten?

KRUSENSTERN Nein.

ELLA Wären Sie auch bei veränderten Konditionen bereit, für die Firma zu arbeiten?

KRUSENSTERN Ja.

Stille.

ELLA Warum tun Sie sich das an?

KRUSENSTERN Gehört das noch zum Fragenkatalog?

ELLA Nein. Der ist abgeschlossen. Sie sind belastbar. Ich frage Sie das. Warum gehen Sie nicht einfach? Warum machen Sie das alles mit? Warum lässt sich ein so kultivierter und beherrschter Mann wie Sie dazu hinreißen, sich wie ein Schuljunge zu prügeln?

KRUSENSTERN Dafür schäme ich mich, ich habe die Nerven verloren.

ELLA Das wundert mich nicht. Doch es wundert mich, dass Sie es so weit kommen lassen. Wie weit Sie gehen. Sie sitzen da in dieser albernen Kostümierung und lassen sich alles gefallen. Wo sind Ihre Wertmaßstäbe, Ihr Gefühl für die Grenzen des Hinnehmbaren? Können Sie noch in den Spiegel sehen? Haben Sie nicht das dringende Bedürfnis, auf den Tisch zu hauen und den ganzen Spuk zu beenden? Als wir vorhin miteinander sprachen, hatten sie noch ein klares Empfinden, was richtig und was falsch ist. Und jetzt? Wollen Sie mir erzählen, dass dieser ganze Klamauk Sie überzeugt hat?

KRUSENSTERN Vielleicht hat er ja recht? Vielleicht ist die Zeit über mich hinweggegangen. Vielleicht bin ich seit Jahren tot und abgeschafft und habe es nicht gemerkt?

ELLA Herr Krusenstern, Sie sind ein verdienter Mitarbeiter, Sie haben der Firma immer die Treue gehalten, Sie haben geholfen, sie groß zu machen. Jetzt wollen Sie in ein Team, das Ihre Leistungen ignoriert. Wollen Sie sehen, wie Ihr Arbeitplatz zu einer Spielwiese von Karrieristen wird?
Menschen, die schon an ihrem ersten Arbeitstag anfangen, nach einer besser dotierten Stelle zu suchen und die sich einen Dreck darum scheren, warum es diese Firma überhaupt gibt, wer die Büros gebaut hat, in denen sie ihre Füße auf den Tisch legen und an ihren Karrieren feilen. Menschen ohne Verantwortung, keiner von denen hat wie Sie von der Pike auf gelernt, keiner hat Demut vor dem Geleisteten, es sind Aasgeier, die auf maximalen Gewinn dressiert sind. Kampfhunde, die Ihre Loyalität für Schwäche halten.
Denen wollen Sie das Feld überlassen? Denen dienen Sie sich an? Erst werden Sie geprügelt, dann gestreichelt, und Sie nehmen das hin?

KRUSENSTERN Ich muss arbeiten, was soll ich denn sonst tun?

ELLA Unter allen Bedingungen?

KRUSENSTERN Ich kann arbeiten. Ich weiß, was ich kann.

ELLA Und Sie waren so naiv zu glauben das genügt? Sie dachten, man belohnt Sie hier für Ihre gute Arbeit? Spüren Sie nicht, wie John über Sie denkt? Oder diese kleine Göre, die glaubt, sie müsse nur ein bisschen mit Ihren Brüsten wackeln und schon sind Sie Wachs in ihren Händen? Denen sind Sie scheißegal. Sie sind ein Spielball, mehr nicht. Warum gehen Sie nicht?

KRUSENSTERN Ich habe eine Familie zu ernähren.

ELLA Und dafür opfern Sie Ihre Würde? Ihre Selbstachtung?

Krusenstern nimmt die Perücke ab.

KRUSENSTERN Sie reden von Würde und Selbstachtung! Ausgerechnet Sie! Ich habe Ihnen vertraut, ich dachte, mit Ihnen kann man vernünftig reden, Sie verstehen mich, Sie teilen meine Meinung, das haben Sie gesagt, eine Wohltat sei es, mit mir zu reden. Ich habe keines Ihrer Worte vergessen.
Sie hatten so viele Gelegenheiten einzugreifen und zu sagen: Nein, so behandelt man einen Menschen nicht. Oder mir zu sagen, worum es hier geht. Aber kein Wort, kein Hinweis, Sie haben nur Ihre eigene Haut gerettet. Schlimmer noch, Sie haben mir das Gefühl gegeben, eine Verbündete zu haben, immer wieder, und ich habe Ihnen geglaubt, weil ich dachte, es muss hier doch wenigstens einen Menschen geben, der mich versteht. Das ist vorbei, Sie sind die Schlimmste von

allen, und ich will mir gar nicht vorstellen, was Sie alles getan haben, um diesen Auftrag zu bekommen. Wenn Sie von Loyalität sprechen, müsste Sie der Blitz treffen, Sie sind ein Henkersknecht, schämen müssten Sie sich für Ihr Verhalten.

Ich werde nicht gehen, den Gefallen tue ich Ihnen nicht. Ich werde bleiben und ich hoffe, dass man Sie dafür verantwortlich machen wird, ich werde da sein, mehr nicht, keiner kann auf mich zählen, und wenn die Firma jetzt scheitert, bin ich der Erste, der eine Kerze für Ihren Untergang anzündet. Man wird mich ertragen müssen, ich werde dafür sorgen, dass die Raumtemperatur sinkt, wenn ich ein Büro betrete, dass Gespräche verstummen, E-Mails nicht beantwortet werden, Informationen nicht weitergegeben werden, man kann mich feuern, ich werde wiederkommen, und wenn jemand auf meinem Stuhl sitzt, sitze ich auf einem Hocker daneben und starre ihn acht Stunden lang an, man wird mir nichts nachweisen können.

Ich bin der Mann, zu dem sich niemand in der Kantine setzt, ich werde einen schmutzigen Krieg führen, und weil ich nichts mehr zu verlieren habe, werde ich gewinnen. Das ist meine Würde, das ist meine Selbstachtung, und wenn ich irgendetwas dazu beitragen kann, dass Sie nie wieder einen Auftrag bekommen, werde ich das mit Freuden tun. Haben Sie mich verstanden? Ist das angekommen?

ELLA Vielen Dank, Herr Krusenstern.

Stille, Ella klappt ihr Notizbuch zu und geht, Krusenstern sitzt zitternd vor Wut auf dem Sofa, Mayumi kommt mit dem Tee herein.

MAYUMI Ihr Earl Grey.

KRUSENSTERN Er ist lauwarm. Hat man dir nicht beigebracht, wie man Tee kocht?

MAYUMI Ich wollte Ihr Gespräch nicht stören.

KRUSENSTERN Wenn ich Tee bestelle, möchte ich heißen Tee, ist das klar?

MAYUMI Sorry.

KRUSENSTERN Wie heißt das? Wie? Kapierst du überhaupt irgendwas?

MAYUMI Tut mir leid.

KRUSENSTERN Davon kann ich mir auch nichts kaufen. Also los. Oder soll ich mir jetzt etwa selbst einen Tee kochen? Wofür wirst du bezahlt?

MAYUMI Sofort.

KRUSENSTERN Und räum diesen Mist hier weg. Das sieht aus wie im Schweinestall.

Mayumi beginnt die Kostüme zusammenzuräumen.

Und was ist mit meinem Tee?

MAYUMI Ich dachte ...

KRUSENSTERN Wirst du fürs Denken oder fürs Arbeiten bezahlt?

Mayumi räumt alles zusammen. Krusenstern nimmt die Perücke und den Revolver, geht zu Mayumi, schmeißt sie ihr vor die Füße. Sie hebt sie auf, Krusenstern betrachtet sie zu seinen Füßen.

Bist ein hübsches Ding.

MAYUMI Danke.

KRUSENSTERN Wie viele Tore hast du denn kassiert?

MAYUMI Ich bin ganz gut im Kickern.

KRUSENSTERN Wir können ja mal eine Runde spielen. Mal sehen, wie weit wir kommen. Ich bin ein guter Torschütze.

MAYUMI Ich mache Ihnen jetzt Ihren Tee.

Mayumi schnell ab. Krusenstern setzt sich, er wirkt sehr erschöpft, legt sich hin, schließt die Augen.

8. SZENE

Krusenstern schläft auf dem Sofa, Sandor und Mayumi kommen herein. Mayumi stellt eine Kamera auf, richtet sie auf Krusenstern und schaltet sie an. Sandor hört sich auf dem Diktaphon Sätze von Krusenstern an.

TAPE ... ein schmutziger Kleinkrieg ... dass die Raumtemperatur sinkt, wenn ich hereinkomme ... das ist meine Würde, das ist meine Selbstachtung ...

Währenddessen kommen John und Ella herein.

SANDOR Danke, Ella, das ist großartig, wirklich, sehr berührend.

ELLA Er war richtig in Fahrt.

SANDOR Nicht nur das. Auch was du am Anfang sagst, es ist so ... pur ... so real.

JOHN Du wusstest genau, wie er sich fühlt.

SANDOR Das ist bemerkenswert, wirklich.

ELLA Das ist meine Aufgabe.

SANDOR Wundervoll. Gut. Können wir das jetzt mal durchgehen, John?

JOHN Ich habe jetzt leider nur seine Personalakte.

SANDOR Und das Dossier?

JOHN Das wurde gelöscht.

SANDOR Uups. Das ist wirklich schade. Das schwarze Buch ist weg. Du bist ein Personalchef ohne schwarzes Buch.

JOHN Warum hast du das denn sofort gelöscht, Mayumi?

MAYUMI Du hast es mir gesagt.

JOHN Aber das heißt doch nicht, dass du sofort ...

SANDOR Es ist okay, John. Es ist okay.

JOHN Okay.

SANDOR Also dann das goldene Buch.

John schlägt die Personalakte auf, liest.

JOHN Krusenstern kümmert sich um seine Mitarbeiter und übernimmt gerne Verantwortung, gerade im Ausbildungsbereich hat er hohe soziale Kompetenz und ist beliebt.

SANDOR Ja, ich erinnere mich. Weißt du noch, seine Ratschläge, Mayumi?

MAYUMI Er konnte richtig väterlich sein.

JOHN Das hat sich erledigt.

ELLA Ich denke auch.

JOHN Große Eigenständigkeit bei betrieblichen Entscheidungen.

SANDOR Er wird mit der gleichen Begeisterung gegen uns arbeiten.

JOHN Ausgeprägte Bereitschaft, in laufende Projekte zusätzliche, auch unbezahlte, Zeit zu investieren.

ELLA Dienst nach Vorschrift. Wenn überhaupt.

JOHN Höflich und kollegial.

SANDOR Was meinst du dazu, Mayumi?

MAYUMI Sorry. Aber er war gerade einfach ekelhaft.

JOHN Motivation?

ELLA Null.

JOHN Ausgeprägte Loyalität.

ELLA Er kommt nicht von der Firma los, er wird bleiben, er kann sich kein anderes Leben vorstellen.

SANDOR ,So klammert sich der Schiffer endlich noch am Felsen fest, an dem er scheitern sollte.'

Stille, sie betrachten Krusenstern.

Wird er leiden?

ELLA Er wird somatisieren, ich denke, sein Leberschaden wird sich bemerkbar machen, ohne jedoch lebensbedrohlich zu werden. Abnehmende Schrittgeschwindigkeit, eine zunehmende Schwerfälligkeit, vielleicht etwas Übergewicht. Sein Immunsystem wird schwächer, aber nichts wirklich Bedrohliches.

SANDOR Sein Hass wird ihn stark machen, jeder Erfolg ein Ansporn, jedes Scheitern ein Triumph. Mein Krusenstern, mein Feind. Das hat gefehlt. Der Gegenpol. Der Mann aus der Vergangenheit, vor dem alle Angst haben und dem man lieber nicht begegnen möchte. Das Menetekel, bei dem sich alle Mitarbeiter in schwachen Momenten fragen:

Werde ich jetzt wie Krusenstern? Ist das mein Schicksal? Er soll brillant gewesen sein und was ist aus ihm geworden?
Das beste Mittel gegen Denkfaulheit und Gewöhnung. Das schlechte Beispiel, das niemanden gleichgültig lässt. Der große Verhinderer. An ihm werden sie sehen, wozu sie da sind.
Was man an Krusenstern vorbei bekommt, hat Bestand. Über diese Barrikade muss jede Idee. Mein dunkler Schatten. Die Antimaterie all der charmanten, hochbegabten, freundlichen Bastarde, die morgen kommen.

JOHN Genial.

SANDOR Mayumi?

MAYUMI Er tut mir leid.

SANDOR Er ist jetzt wichtiger für die Firma als vorher. Ella, du sagst nichts?

ELLA Ich mag ihn.

SANDOR Ich liebe ihn.

ELLA Sicher.

JOHN Ich muss die Pressemeldung rausgeben. Soll ich ihn auch erwähnen?

SANDOR Natürlich. Lass dir was einfallen.

JOHN Es ist uns gelungen, Adam Krusenstern für das neue Team zu gewinnen, er steht für die Kontinuität einer großen Firmentradition bei diesem radikalen Neuanfang.

SANDOR Das hast du sehr schön gesagt, John. Danke.

ELLA Und morgen? Ich glaube nicht, dass er sich noch mal auf dein Konzept einlässt.

SANDOR Wir werden das anders machen. Die Factory Idee langweilt mich.

JOHN Und was hast du vor?

SANDOR Ich mochte sein Meeting, diese schräge Nummer mit Papier, Stiften und Protokoll. Das hatte was. So machen wir das.
Retro-Kapitalismus. Tagesordnung. Kurzreferate. Richtig old school.
Was meint ihr? Das könnte doch Spaß machen. Krusenstern könnte ein Referat über die Firmengeschichte halten. Redest du nachher mit ihm?

ELLA Ich fürchte, er wird nicht mehr mit mir sprechen.

SANDOR Nein? Das ist schade, Ella. Sehr schade.

ELLA Ich kann das aber trotzdem vorbereiten.

SANDOR Weißt du, Ella. Ich überlege, ob es noch nötig ist, dass du morgen überhaupt dabei bist. Du hast das alles so wunderbar vorbereitet, ich denke, wir sind jetzt auf einem Weg, den du gar nicht mehr begleiten musst. Du hast das alles sehr gut gemacht.

ELLA Danke.

SANDOR Wir rufen dich an, okay?

ELLA Okay.

SANDOR Aber bleib doch noch zum Abendessen.

ELLA Gerne.

SANDOR Sollte die Meldung jetzt nicht raus, John?

John und Ella gehen ab.

Schön, sehr schön. Gute Arbeit. Sollen wir nach dem Abendessen noch einen Wein zusammen trinken, Mayumi?

MAYUMI Ja. Gern.

Sandor geht.

Soll ich ihn wecken?

SANDOR Lass ihn noch etwas schlafen. Er hat hart gearbeitet. Verwöhn ihn ein bisschen. Koch ihm einen Tee, sei lieb zu ihm.

Mayumi und Sandor ab.

9. SZENE

Krusenstern sitzt mit geschlossenen Augen auf dem Sofa, Mayumi kommt mit einer Tasse Tee herein, betrachtet Krusenstern, stupst ihn leicht. Krusenstern erwacht.

MAYUMI Ich wollte Sie nicht erschrecken. Ich dachte nur, es ist hier vielleicht etwas unbequem für Sie?

Krusenstern sieht Mayumi erstaunt an.

Ich habe Ihnen einen Tee gemacht. Earl Grey. Ich hoffe, das ist richtig?

Ella, John und Sandor kommen herein.

JOHN Herr Krusenstern. Wir bereiten gerade das Teamtreffen morgen vor.

ELLA Ich wollte nur schnell Hallo sagen, ich muss nach dem Abendessen los.

Krusenstern nickt.

JOHN Könnten Sie sich vorstellen, morgen ein kurzes Referat über die Firmengeschichte zu halten? Als Einstand für die Neuen?

Was meinen Sie dazu?

Stille

KRUSENSTERN Ich gehe jetzt nach Hause.

JOHN Wie bitte?

KRUSENSTERN Ich gehe. *(zu Sandor)* Warum siehst du mich so an?

SANDOR Nichts. Ich finde das nur ... ungewöhnlich.

KRUSENSTERN Sicher. Ich gehe jetzt. Auf Wiedersehen.

Krusenstern geht, die anderen sehen ihm nach. Musik setzt ein.
Blind Willie Johnson: ‚Trouble soon'll be over.'
Langsames Black, es wird wieder heller.

10. SZENE

Krusenstern alleine auf dem Sofa, mit offenen Augen, langsames Black.

Der Lutz-Hübner-Effekt

Die vielfältigen Welten des Lutz H. und ihr Zusammenspiel mit dem Theater

„Heureka!" – zu diesem Ausruf lässt sich ein älterer Herr aus der Gruppe Zuschauer hinreißen, die sich im Dresdner Theaterfoyer zum Publikumsgespräch versammelt hat. Er ist begeistert von Lutz Hübners Komödie *Frau Müller muss weg*, lobt die „treffende moderne Sprache" und ist überzeugt: „Diese Probleme kennen doch alle, die schulpflichtige Kinder haben oder hatten. Diese hysterische Lehrerin – so SIND sie wirklich!" Eine kleine Gruppe Frauen hört seinen Ausführungen eine Weile besonders aufmerksam zu, bis sich eine von ihnen ein Herz fasst: „Also, wir sind allesamt Grundschullehrerinnen. Ich persönlich kann nur hoffen, der Frau Müller nicht zu sehr zu ähneln." Trotzdem solidarisiert sie sich mit der Hauptfigur und findet „diese Eltern, die ihre verzogenen Kinder maßlos überschätzen" viel schlimmer, „wir können ja selbst ein Lied davon singen." Die Kolleginnenköpfe nicken synchron und damit hat die Fortsetzung der Elternabendkomödie *Frau Müller muss weg* jenseits der Bühne begonnen, in der sich nach und nach die Vertreter all jener Parteien zu Wort melden, die eben noch auf der Bühne gegeneinander angetreten sind – die zugezogene Lehrerhasserin aus dem ehemaligen Westen, die um Ausgleich bemühte Sozialpädagogin und die Supermutter, sekundiert von ihrem schweigenden Gatten. Solche Gespräche mitzuerleben ist unter anderem ein Grund dafür, warum die Arbeit mit Stücken von Lutz Hübner so besonders ist. Er hat die Gabe, einem gesellschaftlichen Seismographen gleich, immer wieder jene Themen zu erspüren, die gerade in der Luft liegen, die jeden Zuschauer auf eine Weise betreffen. Seine Geschichten bieten denen, die sie auf der Bühne erzählen, die Chance, ihr Publikum unmittelbar zu erreichen. Lutz Hübner schöpft aus dem Alltäglichen, sein Repertoire ist vielfältig: In *Frau Müller muss weg* thematisiert er das Ringen der Eltern um die optimale Startposition ihres Nachwuchses auf dem Weg in die Leistungsgesellschaft, in *Blütenträume* die Einsamkeit der sogenannten Best Ager und ihre Suche nach einem alternativen Lebensmodell jenseits der Familie. *Dream Team* handelt von der Perspektivlosigkeit junger Kleinkrimineller, die sie den Weg zurück ins bürgerliche Leben verpassen lässt, während *Ehrensache* die Sprengkraft aufeinanderprallender kultureller Wertesysteme schildert. Die Brisanz dieses Textes zeigt sich nicht zuletzt darin, dass der Streit um seine Aufführungsrechte bis vor das Bundesverfassungsgericht führte. Hübners jüngstes Stück *Die Firma dankt* ist eine Farce um die Gepflogenheiten der modernen Unternehmenskultur und ihrer jungen Repräsentanten, die einen erfahrenen Ritter der Old Economy in den Irrsinn treiben.

Alle Stücke entstehen in enger Zusammenarbeit mit seiner Co-Autorin Sarah Nemitz. Das Ergebnis sind perfekt komponierte Plots, die den Zuschauer über weite Strecken amüsieren, ohne die Nöte der Figuren dem Lachen preiszugeben. Das Autorenpaar achtet darauf, dass jede Figur in den treffsicher formulierten Dialogen ihren speziellen Moment bekommt. Das hübnersche Panoptikum der Gluckenmütter und späten Casanovas; der Autodiebe, Teenieprinzessinnen und genialischen Jungmanager bietet dankbares Futter für Schauspieler und erwacht durch sie doch erst wirklich zum Leben. Denn der gelernte Schauspieler Hübner lässt bei aller Genauigkeit immer genug Freiraum für die darstellerische Phantasie. So stehen am Ende lebensechte Individuen auf der Bühne, die von Hübners großem Gespür für Komik, seinem Sinn für Humor (der viel böser ist, als man vermutet) und nicht zuletzt von der Liebe zu allen seinen Figuren zum Strahlen gebracht werden. „In einem guten Stück müssen alle Figuren recht haben", sagt Hübner, „nicht die ganze Zeit, aber irgendwann jeder einmal, am besten alle die ganze Zeit, dann ist es ein Stück, welches nachhallt. Der Dramatiker muss Verständnis für das übelste Gelichter aufbringen, die borniertesten Dünkel beklatschen können und den simplen Naturen ihr simples Weltbild belassen. Nichts schlimmer als Autoren, die in jeder Zeile heraushängen lassen, dass sie eigentlich viel klüger als ihre Figuren sind." Ob es der Elternabend, das Assessment-Weekend oder der Volkshochschul-Flirtkurs 50 + ist, der Dramatiker bewegt sich souverän in all diesen Welten. Immer findet er eine authentische Sprache, ohne sich anzubiedern, was gerade bei Texten für ein jugendliches Publikum essenziell ist. Er hat sich bewusst dafür entschieden, im wahrsten Sinne des Wortes für das Theater zu schreiben. Der Profi kennt den Betrieb und schreckt nicht vor den zahlreichen Pragmatismen zurück, die es auf dem langen Weg bis zur nächsten Uraufführung zu bedenken gilt.

Die Zusammenarbeit mit Lutz Hübner in Hannover und seit 2009 in Dresden ist von einem gegenseitigen, gewachsenen Vertrauen geprägt. Er ist ein konstruktiver und bemerkenswert uneitler Partner, wenn man bedenkt, dass es sich um einen der international meistgespielten deutschsprachigen Gegenwartsautoren handelt. Der Weg von der ersten Idee bis zur Premiere ist ein gemeinschaftlicher kreativer Prozess. Während der Entstehungsphase eines neuen Stücks ist der Autor nicht nur offen für Denkanstöße oder Wünsche vonseiten des Theaters, vielmehr sucht er regelmäßig den Kontakt und überprüft im Gespräch seine jüngste Idee. Hat sie Bestand, schickt er detailliert ausgearbeitete Treatments, die mit ausführlichen Figurenbiografien einen Vorgeschmack auf den neuen Text geben. Liegt dann eine erste Fassung vor, beginnen die Gespräche zwischen Autor, Dramaturgie und Regie, beispielsweise mit der Regisseurin Barbara Bürk, die eine langjährige erfolgreiche Zusammenarbeit mit Lutz Hübner verbindet. Der Text wird gemeinsam gelesen, hier und da wird noch einmal an

Dialogpassagen, Pointen und Figurenkonstellationen gefeilt. Und wenn dann die endgültige Fassung steht, bleibt der Autor, der sich selbst eine latente „Titelschwäche" diagnostiziert, sogar gelassen, wenn zu guter Letzt eine Runde Dramaturgen auf der Suche nach der eingängigsten Variante endlos an seinen Stücktiteln herumdoktert. Die Geschichten des Lutz Hübner orientieren sich am Leben selbst und an seinen alltäglichen Untiefen. Und weil jeder Zuschauer ein Experte des Lebens ist, erreichen sie so viele Menschen. Ein besonderes Phänomen ist dabei noch zu beobachten: In Hübners Komödien, Familientragödien und Milieustudien überschreitet das Publikum immer wieder eine Grenze. Das Spiel auf der Bühne wird nicht mehr als eine Kunstform wahrgenommen, die Leistung der Schauspieler nicht nach den üblichen Maßstäben von Virtuosität, spielerischem Einfallsreichtum und sprachlichem Ausdruck beurteilt. Es passiert etwas, das meistens den ersten Theatererlebnissen in der Kindheit vorbehalten bleibt: Darsteller und Figur verschmelzen miteinander und werden eine Einheit, die Charaktereigenschaften des hübnerschen Personals werden automatisch den Schauspielerinnen und Schauspielern zugeordnet, der Zuschauer fühlt eine Vorstellung lang mit den Figuren und nimmt sie dann mit sich ins echte Leben.

Diese Reaktion, die man den „Lutz-Hübner-Effekt" nennen könnte, zeigt sich auch an dem Abend im Dresdner Theaterfoyer. Die Darstellerin der Frau Müller sieht sich plötzlich mit ernsthaft vorgebrachten Fragen zur pädagogischen Praxis konfrontiert. Ihre Kollegin (eine gebürtige Dresdnerin), die die heimwehkranke Kölnerin Marina Jeskow spielt, wird euphorisch mit dem Satz „Es geht mir genau wie Ihnen! Es gelingt mir einfach nicht, hier im Osten anzukommen" begrüßt, während eine andere leise Kritik für ihre opportunistische Haltung im Klassenzimmer einstecken muss. Den Lutz-Hübner-Effekt Abend für Abend bei den Vorstellungen mitzuerleben, macht Theatermenschen auf und hinter der Bühne glücklich. Und er entkräftet ein für alle Mal all jene Stimmen, die Hübners Stücke als massenkompatibel abtun. Er schenkt den Zuschauern ein intensives Theatererlebnis, amüsiert sie, fordert die eigene Positionierung ein und sorgt dafür, dass sie bald wieder ins Theater kommen. Der Theaterkritiker Peter Michalzik bringt es auf den Punkt: Lutz Hübner spielt „eine Hauptrolle auf deutschen Bühnen. Er vergibt keine Zensuren und er liefert auch keine Klischees. Er spitzt sehr geschickt zu, wo tatsächlich der Konflikt, die Angst und der Hass lauern. Er zeichnet nicht nur sehr genau, er überzeichnet auch, zieht die Schraube eine Drehung weiter, er steigert den Konflikt ins Groteske, bis dahin wo der Irrsinn der Wirklichkeit sichtbar wird. Hübner ist der bisher trotz allem Erfolg zu wenig geschätzte Vorreiter einer neuen, konkreten, gesellschaftsbezogenen Dramatik."

Beret Evensen ist Dramaturgin am Staatsschauspiel Dresden.

LUTZ HÜBNER

Lutz Hübner wurde 1964 in Heilbronn geboren. Nach einem Studium der Germanistik, Philosophie und Soziologie in Münster begann er 1986 seine Ausbildung zum Schauspieler an der Hochschule des Saarlandes für Musik und Theater in Saarbrücken – Engagements u. a. am Saarländischen Staatstheater Saarbrücken und dem Badischen Staatstheater Karlsruhe.

Von 1990 bis 1996 arbeitete Hübner als Schauspieler und Regisseur am Rheinischen Landestheater Neuss und dem Theater der Landeshauptstadt Magdeburg. Seit 1996 ist er freiberuflicher Schriftsteller und Regisseur in Berlin, wo er mit Frau und Kind lebt.

Lutz Hübner, bekannt für sein umfangreiches und vielfältiges Stückerepertoire, wurde 1998 für *Herz eines Boxers* mit dem Deutschen Jugendtheaterpreis ausgezeichnet. 2005 wurde sein Stück *Hotel Paraiso* zum Berliner Theatertreffen eingeladen. Stücke wie *Gretchen 89ff., Ehrensache, Blütenträume* oder *Frau Müller muss weg* machen Lutz Hübner seit Ende der neunziger Jahre zu einem der meistgespielten Gegenwartsdramatiker auf deutschen Bühnen. 2008 erhielt Hübner die Honorable Mention der ASSITEJ International. Im Jahre 2009 wurde die Inszenierung seines Stückes *Geisterfahrer* durch das Staatstheater Hannover, im Jahre 2011 die Inszenierung seines Stückes *Die Firma dankt* durch das Staatsschauspiel Dresden zu den Mülheimer Theatertagen eingeladen. Die meisten Stücke entstanden in Zusammenarbeit mit Sarah Nemitz. Lutz Hübners Stücke sind in über ein Dutzend Sprachen übersetzt worden und werden auf der ganzen Welt gespielt.

WERKVERZEICHNIS
(alphabetisch sortiert)

Alles Gute
Jugendstück
UA: 13.11.1998, GRIPS Theater Berlin

Alles wird anders, alles wird gut
Schauspielrevue
UA: 27.11.1999, Staatstheater Mainz

Ausnahmezustand
Schauspiel
UA: 28.4.2001, Deutsches Theater in Göttingen

Aussetzer
Jugendstück
Mitarbeit: Sarah Nemitz
UA 9.11.2007, Staatstheater Hannover

Bankenstück
Schauspiel
UA: 20.3.2004, Maxim Gorki Theater Berlin

Blütenträume
Schauspiel
Mitarbeit: Sarah Nemitz
UA: 16.9.2007, Theater Essen

Creeps
Jugendstück
UA: 1.4.2000, Deutsches Schauspielhaus Hamburg

Don Quixote
Kinderstück nach Cervantes
UA: 12.11.2000, Staatstheater Hannover

Dramoletti
Kabarett
UA: 22.11.2003, Theater Rampe Stuttgart

Dream Team
Jugendstück
Mitarbeit: Sarah Nemitz
UA: 9.1.2009, Schauspiel Essen

Ehrensache
Jugendstück
UA: 10.12.2005, Theater Essen

Einfache Freuden
Schauspiel
UA: 10.1.2003, prinz regent theater, Bochum / Koproduktion mit dem Theater Rampe Stuttgart

Die Firma dankt
Schauspiel
Mitarbeit: Sarah Nemitz
UA: 27.1.2011, Staatsschauspiel Dresden

Die Franklin-Expedition
Musiktheater
Musik von Cong Su
UA: 15.9.2000, Theater Bielefeld

Frau Müller muss weg
Schauspiel
Mitarbeit: Sarah Nemitz
UA: 22.1.2010, Staatsschauspiel Dresden

Für alle das Beste
Schauspiel
Mitarbeit: Sarah Nemitz
UA: 29.9.2006, Staatstheater Hannover

Geisterfahrer
Schauspiel
Mitarbeit: Sarah Nemitz
UA: 21.9.2008, Staatstheater Hannover

Gotteskrieger
Schauspiel
UA: 3.5.2005, Maxim Gorki Theater Berlin

Gretchen 89ff.
Kabarett
UA: 29.10.1997, Baracke am Deutschen Theater Berlin

Das Herz eines Boxers
Jugendstück
UA: 19.10.1996, GRIPS-Theater Berlin

Herzmündung
Schauspiel
UA: 11.4.1999, Staatstheater Mainz

Hotel Paraiso
Mitarbeit: Sarah Nemitz
Schauspiel
UA: 8.10.2004, Staatstheater Hannover

Leichen im Keller
Schauspielrevue
UA: 25.2.2002, Stadttheater Gießen

Letzte Runde
Schauspiel
UA: 21.11.1995, Theater der Landeshauptstadt Magdeburg

Die letzte Show
Schauspiel mit Musik
Koautorin: Sarah Nemitz
Musik: Tobias Philippen und Marc Schäfers
Ring UA: 1.2006, Staatstheater Hannover / Theater der Jugend, Wien / Junges Schauspielhaus Düsseldorf / Neuköllner Oper Berlin

Der Maschinist
Opernlibretto
Musik von Hans Schanderl
UA: 17.9.2000, Oper Magdeburg / EXPO 2000, Hannover (Deutscher Pavillon)

Der Maschinist
Schauspiel
UA: 3.10.2004, Staatstheater Braunschweig

Nachtgeschichte
Schauspiel
Mitarbeit: Sarah Nemitz
UA: 26.9.2009, Theater Essen

Nellie Goodbye
Jugendstück
UA: 2.11.2003, Theater Hagen

Oh, Theodora!
Schauspiel
UA: 26.2.2000, Theater der Landeshauptstadt Magdeburg

Scratch!
Jugendstück
UA: 27.9.2003, Düsseldorfer Schauspielhaus

Tränen der Heimat
Monolog
UA: 20.10.1994, Theater Oblomow, Berlin

Wallenberg
Opernlibretto
Musik von Erkki-Sven Tüür
UA: 5.5.2001, Oper Dortmund

Winner & Loser
Jugendstück
UA: 17.1.2002, Staatstheater Hannover

Der Zauberer von Camelot
Kinderrevue nach Mark Twain
Mitarbeit: Sarah Nemitz
Musik: Marc Schubring
UA: 28.10.2007, Friedrichstadtpalast, Berlin